本 书 系

国家2011计划·司法文明协同创新中心

系列成果

中国法治实践学派书系

中国法治实践学派的基本精神

钱弘道 著

中国法治实践学派书系编委会

中国法治实践学派书系
顾问和学术委员会

顾　　问　罗豪才

学术委员会（按姓氏笔画排序）

马怀德	王利明	王振民	王晨光
公丕祥	付子堂	朱新力	刘作翔
江　平	孙笑侠	李步云	李　林
邱　本	张文显	张守文	张志铭
张宝生	陈兴良	武树臣	林来梵
罗卫东	罗厚如	季卫东	郑永流
郑成良	赵秉志	胡建淼	姜建初
姚建宗	钱弘道	郭道晖	黄　进
梁治平	葛洪义	韩大元	

Susan Tiefenbrun［美］

总　序

中国法治实践学派是对法治中国伟大实践的理论回应。

1999 年，《宪法》修正案规定："中华人民共和国实行依法治国，建设社会主义法治国家。"中国终于选择了法治道路，并将之载入具有最高法律效力的宪法。

2014 年，中共中央出台《关于全面推进依法治国若干重大问题的决定》。这是中国共产党的法治宣言书，是法治中国建设的总纲领。

法治中国建设是一场伟大的政治实验。这场伟大实验的目标是开创一条中国自己的法治道路。这场伟大实验正在给中国带来深刻的变革。反腐败斗争正在改变中国的官场生态，立法正在朝着科学化方向发展，政府正在努力将工作全面纳入法治轨道，司法改革正在朝着公正、高效、权威的目标加快推进，全社会厉行法治的积极性和主动性正在逐步增强。法治正在对全面深化改革发挥引领和规范作用。法治普遍规律的中国表现形式正在展现其不可忽视的影响力。虽然在前行的道路上，有暗礁，有险滩，有种种困难，但全面推进依法治国这场治理领域的深刻革命正在改变中国。

中国法学研究已经出现重大转向，这个转向以"实践"为基本特征。法治的生命在于实践。走进实践，以实践为师，成为一大批法学家的鲜明风格。"中国法治实践学派"正是对这种重大转向的学术概括。中国法治实践学派以中国法治为问题导向，以探寻中国法治发展道路为目标，以创新法治规范体系和理论体系为任务，以实践、实证、实验为研究方法，注重实际和实效，具有中国特色、中国风格、中国气派。

法治中国的伟大实践必然催生新思想、新理论，必然带来思想和理论的深刻革命，必然为普遍的法治精神形成创造条件。中国客观上正在进行一场持久的法治启蒙运动。在欧洲，发生在17—18世纪的启蒙运动的成就之一是孕育了一个在世界上占主导地位的法学学派——古典自然法学派。古典自然法学说成为新兴资产阶级反对封建压迫和争取民族独立的武器，成为美国《独立宣言》、法国《人权宣言》的理论基础。正是古典自然法学派的出现，私有财产神圣不可侵犯、契约自由、法律面前人人平等、罪刑法定等法治原则才得以提出。正是以古典自然法学派为代表的学术流派的形成，才使得西方法治理论、西方法治精神形成一个系统。启蒙运动、契约精神的弘扬、自然法学派的产生、现代法律体系的构建、西方法治理论和法治精神的形成，是一个合乎历史逻辑和社会实践的有机整体。启蒙运动从根本上打造了西方近现代意义上的法治精神。在中国，法治启蒙运动的一个伴生现象也必然是学派的形成。伴随这样一个法治启蒙运动，法治实践不断推进，法治理论不断创新，法学学派在中国兴起，法治精神终将成为社会的主流精神，法治终将成为信仰。

　　我们组织力量编辑出版"中国法治实践学派书系",是为了强化中国法学研究的实践转向,展示中国法治理论的风貌,传播法治精神,支持中国法治的具体实践,扩大中国在世界上的法治话语权。我们每年精选若干具有代表性的著作,由人民出版社出版,形成系列。这些著作具有鲜明的问题导向,注重中国具体实践问题的探索,注重理论的实际效果。我们相信,这套书系一定会对法治中国建设发挥良好作用。

　　时代赋予我们一种不可推卸的责任,我们不会袖手旁观,我们不会推卸责任。"为天地立心,为生民立命,为往圣继绝学,为万世开太平"是我们从先贤那里汲取的精神,"知行合一"是我们坚守的信条。中国并不缺少高谈阔论,中国并不缺少牢骚抱怨,中国需要的是身体力行、脚踏实地的行动。我们愿意不遗余力地推动中国法治实践学派的发展,我们愿意在法治中国的伟大进程中奉献热血、辛劳和汗水,我们愿意在法治中国的伟大进程中殚精竭虑、鞠躬尽瘁。

　　法治关涉每个人的权利,法治关涉每个人的财富,法治关涉每个人的命运。让我们大家携起手来,一起行动,共同关注中国法治实践学派,共同编织法治中国梦想,共同为实现法治强国而奋斗!

钱弘道

2017 年 1 月 20 日

C目录 ONTENTS | 中国法治实践学派书系
中国法治实践学派的基本精神

前　言

　　2012 年，我提出"中国法治实践学派"这个学术概念，迄今已逾四年。这本文集是我关于中国法治实践学派的初步思考与论证。

　　中国法治实践学派这个概念产生的大背景是法治中国伟大实践，直接渊源是我推动的中国内地首个法治指数、中国首个司法透明指数以及首个电子政府发展指数三大指数的具体实验。三大指数的实验让我有机会直接走进实践，让我有机会与实务部门的同志一起探讨实践中的法治，让我有机会以更加微观的视角观察并分析文本法治、理论法治和实践法治的异同。

　　中国法治实践学派的提出不是个人的随机动念，而是源于一批法学家与实务部门协力推进的法治实验活动。三大指数实验的研究团队来自浙江大学、中国社会科学院、司法部、国家统计局、中央党校、中国人民大学、清华大学、复旦大学、中国政法大学、上海交通大学、香港大学等多家大学、科研和政府司法机关。江平、李步云等著名法学家直接参与支持了法治指数等实验活动。

　　在多年的实验研究中，我发现中国法治研究的实践性严重不足。

我们以往的研究实际上大多停留在法治思想理论的解释层面，而中国实际运行的法治远非那么简单。我深有体会。我在北大读博士的方向是西方法律思想，脑子里装的大多是西方大师们的理论。当我们置身中国的法治实践，就无法像在课堂里那样慷慨激昂地宣讲西方大师们气势恢宏的理论，而是必须像进行自然科学实验一样，仔细观察法治实践的细微末节和真实向度。政府官员们脑子里的法治和我所追求的法治理想不是完全一样的。如果我执拗于自己的法治理想，就无法推进在基层开展的实验性研究。原因很简单，实验性研究关注的是如何解决实际问题，而学者大都忽视了这一点。一个学者，不管他读了多少书，写了多少文章，发表了多少演讲，都不代表他解决实际问题的水平，并不代表他的理论会产生实际效果。比如，当我们在研究法治指标时，立刻就会发现西方法治观念、国际组织所设计的指标和中国法治实践之间不可避免的矛盾。中国法治指标只能根据实际情况来设计。法治指数在中国内地诞生伊始，就有人提出质疑，认为中国的法治指标应该接轨世界，应该适用普世性法治标准。我只能说，这样的学者还不够接地气。

受多种因素制约和影响，中国法学研究方法有很大的局限性。以往，我们把时间基本上用在研读经典名著、查找已有的文献上，但资料中往往没有现成可行的答案；即便有答案，也没有经过中国实践的检验。在实验性的研究中，许多问题和结论是在实验过程中发现的。我发现，与以往的书斋式、规范性研究相比，法治的实验性研究更接地气，更具开创性。法治的实验性研究是从书斋里走出来，从教义中走出来，走进实践，把一个地方作为实验场域，以实际问题为导向，以解决实际问题为目标。

在对实验性研究进行阶段性总结时，我试图进行学术判断和概括，并提出了"中国法治实践学派"这个概念。我认为这个概念最能体现一批中国学者走进实践、开展法治研究的理论特质。我最早分别在 2012 年 12 月 15 日中国法治国际会议和 16 日中国社会科学论坛上提出"中国法治实践学派"概念，最早的文章是发表在 2013 年 2 月 6 日《中国社会科学报》上的《中国法治实践学派》一文。我认为，中国法学界有一批学者明显具有"实践式"特点，这类学者积极参与中国法治建设的实践，与政府、社会各阶层联手共建法治国家、法治政府、法治社会。这个群体的研究模式和理论，可以用"中国法治实践学派"来概括。中国正在形成这个学派。中国法治实践学派并不局限于一时一地，它由一个包容力极强的群体构成。他们致力于制度创新，集合法学、社会学、管理学、经济学、统计学等多种学科的力量，追求法治研究的实践性和实证性。中国法治研究出现一个重大转向，即实践转向。法治研究已经不能拘泥于价值讨论或者概念争论了，也不能满足于躲在书斋中编织理论或者一味套用西方理论高谈阔论了。一个法学家的贡献，要看他解决了中国法治实践的什么问题，针对中国法治实践创新了什么理论。

　　中国法治实践学派是一批法学家的集体智慧。没有法学界同仁的鼎力支持和合作，一切都难以实现。提出中国法治实践学派，实际上是提出一种学术目标和理想。法学家秉承中国法治实践学派宗旨，互相砥砺，共同努力，中国法治就更加有希望。我们怀抱法治理想，我们是理想主义者；我们走进实践，身体力行，我们同时是实践主义者。中国法治实践学派是实践理想主义者群体。

　　围绕中国法治实践学派主题，我们在《浙江大学学报》（人文社会科学版）开辟"中国法治实践学派及其理论"专栏，在武汉大学《宏观质量研究》开辟"法治质量和中国法治实践学派"专栏。从 2014

年开始，我们每年编辑出版《中国法治实践学派》，由法律出版社出版。从 2017 年开始，我们隆重推出"中国法治实践学派书系"，由人民出版社出版。

围绕中国法治实践学派，我提出了若干新概念。

2006 年，在"法治浙江"之前，我提出"量化法治"概念。这主要是基于对世界银行报告中的法治指数的研究以及对中国法治发展的一种判断。我觉得学术研究必须跳出法治价值探讨的局限，要面对实践中的动态法治，进行更精准的研究。在提出中国法治实践学派之后，在量化法治的基础上，我又进一步提出"大数据法治"，以表示区别于传统法治。大数据是创新的一个代表。如果说数字经济是经济发展的一个方向，那么大数据法治就是法治创新的一个方向。大数据法治是一种法治新样态。

我用"实验式法治"来概括中国法治的一个特征。中国法治是实验式的，中国法治可以概括为"实验式法治"。中国法治是一个实验、发现问题、再实验、再发现，如此反复交错、不断完善、最后走向成功的过程。

我提出"实践主义法治"概念。中国法治实践学派秉持实践主义。中国法治实践学派试图实现方法论的变革，就是强调实践在法学研究中的核心地位。实践主义蕴含了中国法治实践学派的本体论立场。中国法治实践学派反对"法治教条主义"。中国法治实践学派的主张可以称为"法治实践主义"或"实践主义法治"。

我提出"实验主义法治"概念。中国法治实践学派倡导在法学研究中运用实验方法。我们尝试引入实验主义治理理论，结合中国法治实践学派的方法论，提出实验主义法治构想。实验主义法治理论是中国法治实践学派理论建构的题中之义。

　　我提出"实效法治观"概念。法治建设应当"以效果为导向"。积极倡导以效果为导向是中国法治实践学派的一个特征。中国法治实践学派之所以倡导以效果为导向，是因为中国法治建设长期以来存在着严重的形式主义。形式主义是忽视实际效果的，而且特别有害。

　　这些新概念、新范畴有待深化研究，毕竟中国法治实践学派刚刚起步，正处于从无到有的过程中，一切有待大家探索。中国法治实践学派的理论创新是一件任重道远的工作，我们无法抄袭现成的东西。后边的路很长，任务也很重。我会一如既往地努力，会在这本文集的基础上深入研究，会进行比现在更成熟的思考，会拿出更令人满意的成果。

　　推进中国法治实践学派发展不是几个人的工作，必须群策群力。我对中国法治实践学派的前途充满信心。经过若干年的努力，中国法治实践学派现已形成良好态势，这已经超出我的预期。中国法治实践学派浙江基地、江苏基地、重庆基地、河北基地已相继建立。越来越多的法学家支持和加盟中国法治实践学派，越来越多的法学家开始以问题为导向，以效果为导向，越来越多的法学家积极走进实践，以实践为师。中国法学研究的实践转向越来越明显。中国法治实践学派需要有自己的理论范式、基石范畴和方法论。我相信，会有更多的人来共同实现这一目标。

2017 年 1 月 22 日

于弘道书院

中国法治实践学派的基本精神

中国法学界出现一个重要的学术话题：中国法治实践学派。"中国法治实践学派"这个概念从 2012 年首次被提出，到 2014 年中国共产党全面推进依法治国宣言的出台，再到今天司法改革等一系列法治措施的实施以及法治理论的深入探讨，已经成为中国学术界的一个重要学术符号。这个符号通过新闻媒体、学术刊物、国内国际研讨会的传播，已成为一种不可忽视的学术声音。现在是中国法治实践学派阐明自己的背景、使命及前景的时候了。

一、中国法治实践学派的产生

中国法治实践学派的产生具有深刻的时代背景，这个背景就是转型期波澜壮阔的改革实践。中国改革带来了政治、经济、社会的巨大变化，这种变化在治理领域首先表现为法治革命时代的到来。

1999 年的《中华人民共和国宪法修正案》是一个宣言、一个里程碑、一条分水岭，它向全世界宣告中国从此开始走向法治时代。从此，中国人不再纠缠于"人治"和"法治"的是与非，不再将法治视为资本主义的专利品，法治开始被《宪法》确认为治国方略。

2014 年《中共中央关于全面推进依法治国的若干重大问题的决定》（以下简称《法治决定》）是一篇共产党人的新宣言，是一个法治中国建设的纲领性文件。它是中国共产党向中国人民和全世界人民作出的承诺。中国法治建设将不再停留于《宪法》的文字上，中国政府不再在法治问题上犹豫不前，而是全面推进，加快步伐，开启了迈向法治中国的新进程。

中国法治实践学派的概念产生于习近平同志任浙江省委书记时推行的"法治浙江"实践。"法治浙江"成为一大批法学家深入基层法治实践、进行协同创新的一个契机，法治指数的实验因此成为法治创新实践的一个样板。正是发生在浙江的法治指数、司法透明指数、电子政府发展指数等一系列法治实验，孕育了中国法治实践学派。

中国法治实践学派，或者叫"法治实践的中国学派"，是以中国法治实践为研究对象，以探寻中国法治发展道路为目标，以创新中国法律制度和法治中国理论体系为具体任务，以实践、实证、实验为研究方法，注重实际、实效，具有中国特色、中国风格、中国气派的学术流派。一个"实"字可以概括中国法治实践学派的全部特征。所谓"实"，就是指中国法治实践学派注重"实际""实践""实证""实验""实效""实学"。中国法治实践学派追求理想主义、现实主义、实践主义的科学结合，既强调思想，又强调行动。中国法治实践学派践行实事求是、知行合一的思想，是实践理想主义者。

二、中国法治实践学派的使命

（一）中国法治实践学派致力于探寻中国法治发展道路

中华民族不是一个亦步亦趋的民族，中国历来都有自己鲜明的风格，中国下定了决心、坚定了信心要走一条有自己特色的法治道路。因此，中国法治实践学派义不容辞地以探寻中国法治发展道路为使命。中国法治发展道路必须植根于中国社会，符合中国现实国情，反映中国人民意愿，顺应世界潮流。法治有客观规律，规律有不同的表现形式。中国法治道路是世界法治规律的中国经验，是世界法治规律的中国表现形式。中国法治道路的核心要义是坚持中国共产党的领导，坚持中国特色社会主义制度，贯彻中国特色社会主义法治理论。这个核心要义确立了中国法治发展的方向。在法治征途上，我们刚迈开步子，道路还很长，新的道路还需要不断探寻，不断开辟；在法治道路问题上，我们无法依赖别人，我们不能全盘照搬任何国家的制度，摘抄任何国家的路线图。我们需要虚怀若谷地借鉴，但更需要自己的智慧、实践和经验。

（二）中国法治实践学派致力于创新中国法律制度

法治首先意味着有一套良好的法律制度，良法是善治的前提。中国已经有一套法律制度体系，但并不完善，存在种种缺陷，与法治需要的良法还有很大距离。公权力腐败、私权得不到保护、国家治理体系存在种种弊端等都与法律制度缺陷密切相关。中国法治实践学派就是要以创新和完善以宪法为核心的法律制度体系为己任。中国的宪法实施机制尚不健全，立法工作的体制和机制尚不科学，权利公平、机会公平、规则公平的法律制度尚不完善，市场法律制度存在种种缺陷，民主政治法治化没有充分体现，生态环境、食品安全、医疗卫生、社会保障等一些重点领域的法律制度建设没有让人民真正满意。这一系列问题摆在我们面前，需要我们挑起重担，担当责任。中国法治实践学派应当也必须拿出学术勇气和智慧来回应转型期法治建设面临的各种制度创新难题。

法治中国理论体系是法治中国的重要内涵，有什么样的法治理论，就有什么样的法治中国。法治理论是全面推进法治中国建设的行动指南，中国法治实践学派就是要担当起为法治中国的伟大实践进行理论总结、提供理论指导、提供学理支撑的重任。中国法治实践学派毫不隐讳地宣称，它的一切理论就是直接服务于法治中国的伟大实践。中国法治实践学派在创新法治中国理论的过程中，自始至终坚持实践特色，即一切理论都来源于法治中国的实践，都要经过实践检验，都以产生实效为依归。中国法治实践学派的学者们通过亲历实践、协同创新、田野调查等方法，从实践中取得第一手材料，综合运用社会科学甚至自然科学的各种研究方法，以实证研究为鲜明特色。中国法治实践学派倡导运用社会科学的实验方法，通过一系列法治实验，从而以一反三，以点带面，促使成功经验的普遍实施。中国法治实践学派致力于构建符合中国实际、具有中国特色、体现社会发展规律的法治理论，中国法治实践学派有足够的信心为法治中国实践提供理论指导和学理支撑。

（三）中国法治实践学派致力于弘扬法治精神

法治精神是法治的灵魂，一切制度的实施、一切思想理论的实践都有赖于法治精神的弘扬。法治精神是法治观念、法治素养、法治信仰等内容的综合形态，它渗透于法律制度，表现于人们的行为，沉淀于一个国家的文化之中。法律的权威来自人民的真诚信仰，法治只有成为信仰，成为自觉，才能彰显力量。中国的传统不是法治传统，不少人尚不习惯法治思维，人治思维、潜规则思维仍然顽固。中国法治精神的培育面临巨大困难，任务十分艰巨。中国法治实践学派把弘扬法治精神作为学术思想传播的一种实践行动。中国法治实践学派是法治精神的布道者，是法治精神的践行者。

三、中国法治实践学派的前景

我们有理由以乐观的心态预测中国法治实践学派的前景。

中国正处于一个特殊的时代，这个时代为中国法治实践学派提出了明确的任务，创造了兴起的条件，搭建了繁荣的舞台。三十多年前，中国不知道市场经济为何物；三十多年前，法治在不少人的脑海里还没有概念；三十多年前，中国的大门对世界还紧紧关闭。然而，短短三十多年后的今天，尽管中国的政治体制、市场经济等各方面还存在这样那样的缺憾，但谁也不能否定中国已经取得举世瞩目的成就。从现在开始，三十年甚至十至二十年，中国将会发生划时代的重大变化。中国改革大戏的前景是可以想见的，中国法治实践学派的前景是可以预期的。中国改革开始步入深水区，法治已经成为政治改革的突破口，反腐败正在产生效果。法治中国有多大的前途，中国法治实践学派就有多大的前景。

我们有理由相信，中国法治实践学派将成为法治中国理论建设的重要贡献者。

法治中国建设是一个需要集全国力量、全民智慧才能取得良好效果的系统工程，必须依靠合力。无论是法治理论工作者还是法治实践工作者，无论是实践式的研究、经院式的研究，还是批判式的研究，都将为法治中国理论的构建作出自己的贡献。中国法治实践学派之所以及时回应了时代，之所以符合当代法治中国建设的要求，是因为它坚持从中国实际出发，坚持从书本走向行动，坚持用实践检验一切理论。

我们有理由相信，中国法治实践学派将复兴中国实学传统。

实学传统是中国传统的一种精神。从孔子、孟子到王阳明，从叶适、陈亮到黄宗羲，从沈家本到今天的中国法治实践学派，其主要共同点即是经世致用的实学传统。"知行合一"成为传承不绝的治学指南，也是许多学者的根本准则。"修身、齐家、治国、平天下"一直是中国知识分子的理想追求，"为生民立命，为往圣继绝学，为万世开太平"鼓舞了一代又一代学者。中国实学传统以浙江永嘉学派、永康学派最具代表性，中国法治实践学派概念产生于浙江，这之间的传承脉络清晰，必然中带有偶然，偶然中带有必然。当然，中国法治实践学派群体具有极强的包容力，它从一开始就指称在中国法治问题研究上具有实践、实证、实验特色的全国范围内的法学家。中国法治实践学派的出现将成为实学传统复兴的重要标志之一。实学传统通过法治领域的复兴运动，通过中国法治实践学派，正在通过各种途径向世界传播。

我们有理由相信，中国法治实践学派将为世界法治文明注入崭新的中国元素。

古希腊人、罗马人、英国人、法国人和美国人以及其他许多民族都为世界法治文明作出了不朽的贡献。

在古希腊，人们崇尚法律，珍视法律的权威，将遵从法律看作是一种美德。亚里士多德是西方法治理论的开拓者和奠基人，直到今天，人们仍不厌其烦地重复亚里士多德的经典法治论断："法治应包含两重意义：已成立的法律获得普遍的服从，而大家所服从的法律又应该本身是制定得良好的法律"。正是以亚里士多德为代表的思想家们的努力，才为法治构筑了坚实的古典思想根基。

《罗马法》是"商品生产者社会第一个世界性法律"，以至于"一切后来的法律都不能对它做任何实质性的修改"。《罗马法》正是一批顶级法学家的杰作。被那个时代所倚重的罗马法学家们形成了不同的学派，他们的杰出思想铸就了《罗马法》，罗马法学因此成为罗马法的渊源之一。罗马法学家将自然法中的自由、平等理念转化为实在法的原则，揭示了法治的核心要素，从而奠定了古罗马在世界法治文明中的卓越地位。

在世界法治文明中，以自由为核心精神的英国法治堪称世界法治的典范之一，贡献重大。英国正是以近现代法治文明发源地的身份屹立于世界。英国之所以在全世界范围内较早进入法治社会，普通法传统是一个主要原因。英国的幸运是因为较早使政治权力进入法律的控制轨道，避免了长时期的绝对专制弯路。1215年的《大宪章》以法律限制了英国王室的绝对权力，就是鲜明的见证。《大宪章》超越了英国，影响了世界。以自由主义鼻祖洛克、功利主义法学创始人边沁、分析实证主义创始人之一奥斯丁、历史法学派代表人物梅因、新分析法学代表哈特等为代表的法学家群体为英国法治立下了不朽的功勋。梅因的一句名言被广为传播："迄今为止，所有社会进步的运动，是一个'从身份到契约'的运动。"正是梅因这样杰出的法学家的精辟概括使得契约精神更加深入人心。契约精神是法治的核心精神，其实质内容是自由、平等，而自由、平等是人们执着追求的永恒的法治价值。

法国启蒙思想家卢梭"站在巨人的肩膀上",以超群绝伦的智慧奉献给世人一部被称为资产阶级革命福音书的《社会契约论》。卢梭的名言至今仍然惊世骇俗:"人是生而自由的,但却无往不在枷锁之中。"卢梭试图运用契约思想寻找政治社会的自由,设计理想的民主法治共和国。《社会契约论》成为西方民主制度的基石,成为世界大革命的先声。法国启蒙思想家孟德斯鸠的《论法的精神》被誉为"法学的百科全书"。他在英国洛克分权思想的基础上提出"三权分立"学说,成为以美国为代表实行的三权分立制度的理论基础及西方法治的重要内涵。法国《人权宣言》之所以能够成为世界法治文明的一面镜子,与卢梭、孟德斯鸠这样不朽的名字是分不开的。《人权宣言》全面而深刻地阐述了现代法治精神和追求目标。

在世界法治文明中,美国法治的影响力不可低估。自由契约论、理性选择理论、政治多元主义理论等深深影响了美国的制宪者。美国联邦宪法的制定是一个奠定美国法治大厦、具有世界意义的创举,美国对世界法治文明的重要贡献是不言而喻的。美国法学家群星璀璨,光彩耀人,实用主义法学创始人霍姆斯、社会学法学派奠基人庞德、新自然法学派代表德沃金、经济分析法学派代表波斯纳、现实主义法学派代表弗兰克,等等,这些名字让无数法律人敬佩。正是他们的卓越贡献,使得美国能够在世界法治软实力竞争中占据重要地位。

法治潮流,浩浩荡荡,中国这艘巨轮顺流起航。《法治决定》凝聚了包括法学家在内的许多人的智慧,它是当前中国的也是中国法治实践学派的法治行动纲领。可以预言,这个纲领的出台是法治中国建设极其重要的转折点,意义深远。这个纲领正在全方位推动中国的法治车轮加速前进,法治将引领中国的改革。

自从中国有法学以来，一直没有出现可以与世界法学流派竞争的学术流派。我们一直引经据典，皓首穷经，忙于学习、揣摩、解释西方法学流派，我们几乎从来没有勇气也没有能力超越他们。这是中国法学界深深的遗憾。今天，我们可以底气十足地宣告，言必称希腊的时代将一去不复返，具有中国特色、中国风格、中国气派的中国法治实践学派将以崭新的姿态出现在世界法学界。我们可以预言，世界法学流派格局将发生变化。我们有理由相信，中国法治实践学派将改变西方法学流派一统天下的局面，中国将诞生一批引领时代的法学家和世界级的法学大师。毋庸置疑，这个时代是一个诞生思想巨子的时代。

中国正在成为世界法治进程的"实验田"，法治中国注定会成为世界法治文明版图举足轻重的一部分。西方法治话语权的支配地位注定会被瓦解，中国注定能够赢得一个大国应有的法治话语权。法治将成为中国最主要的软实力。中国不仅会成为世界经济强国，也会成为世界法治强国。中国法治实践学派一定能够担当起特殊时代赋予的特殊使命，一定能够成为一个值得历史记载的学术流派，一定能够为世界法治文明注入中国元素作出应有的奉献。

中国这头狮子醒了！中国改革的未来值得期待，中国法治的未来值得期待，中国法治实践学派的未来值得期待！

| 后　记

本文原载于《浙江大学学报》（人文社会科学版）2015 年第 4 期。

本文是我 2015 年 1 月 23 日出席"首届法学前沿论坛——理论建构

与现实回应：法治中国视野下的法学研究"的演讲。该论坛由中国人民大学和中国社会科学杂志社联合主办。当时的题目是《中国法治实践学派宣言》。会上，我的发言引起与会者的兴趣，一些学者围绕中国法治实践学派这个话题进行了讨论。

1月24日，我邀请江平、李步云、郭道晖、武树臣、李林、胡建淼、张志铭、郑永流、刘作翔、季卫东、杜宴林、王敬波等学者在北京座谈，围绕中国法治实践学派主题展开讨论，讨论十分热烈。讨论时，《中国法治实践学派宣言》作为提供给每位学者的参考资料。参加座谈会的学者对本文提出了若干修改建议。本文发表时题目改为《中国法治实践学派的基本精神》。后来，本文作为《法治参考》内容，呈送给《中国法治实践学派》学术委员会成员和有关部门领导参阅。

以实践为师

中国法治实践学派的一个关键词是"实践"。中国法治实践学派倡导"以实践为师"。以实践为师是中国法治实践学派的一个特征，一个标志，一种行动理念。通过以实践为师，实践哲学、实践主义精神、实践方法得到有机统一，中国法治实践学派的特征得到充分体现。

一、一种实践主义的态度

中国法治实践学派最大的特征就是强调"实践"。这是对中国法学经过反复研究、认真讨论作出的重要总结、判断和选择。这与习近平同志在 2016 年 5 月 17 日召开的哲学社会科学座谈会上的讲话精神是一致的。习近平同志在讲话中多次强调"实践"。他在谈到民族性时说，"把中国实践总结好，就有更强能力为解决世界性问题提供思路和方法"；他在谈到研究方法时指出，"要推出具有独创性的研究成果，就要从我国实际出发，坚持实践的观点、历史的观点、发展的观点，在实践中认识真理、检验真理、发展真理"；他在谈到原创性、时代性时强调，"我国哲学社会科学应该以我们正在做的事情为中心，从我国改革发展的实践中挖掘新材料、发现新问题、提出新观点、构建新理论"。可见，中国法治实践学派及时反映了法学研究的重大走向，是符合改革需求的理论设计，也是符合时代精神的实践谋划。

中国法治实践学派秉持实践主义。中国法治实践学派试图实现方法论的变革，就是强调实践在法学研究中的核心地位。实践主义蕴含了中国法治实践学派的本体论立场。针对经院哲学的先验主义，培根提倡经验主义；针对经院哲学的信仰主义，笛卡尔提倡理性主义；针对经院哲学的形式主义，培根和笛卡尔都提倡具体的科学研究。① 中国法治实践学派则提倡实践主义，以表明与经院哲学的信仰主义、先验主义和形式主义的区别。当然，中国法治实践学派的实践主义不是"唯实践主义"。

中国法治实践学派反对"法治教条主义"。法治教条主义或者把马克思主义变成教条，或者"言必称欧美"。法治教条主义的特点就是不从中国实际出发，脱离或轻视实践。与法治教条主义正好相反，中国法治实践学派主张一切从中国实际条件出发，向实践学习，做实践的学生，以破解中国法治实践难题为己任。中国法治实践学派的主张可以称为"法治实践主义"，或"实践主义法治观"。法治实践主义既体现了以实践为本体论关怀的思想指向，又表达了人作为主体的能动性意蕴。

中国法治实践学派反对法学研究中长期存在的不良学风。急功近利、闭门造车、坐而论道等不良风气严重破坏了学术生态。中国法治实

---

① 参见王太庆：《笛卡尔生平及其哲学》，见［法］笛卡尔：《谈谈方法》代序，商务印书馆 2009 年版，第 8 页。

践学派秉持实践主义精神，倡导以实践为师，积极营造经世致用、风清气正的学术生态，积极营造不同风格的学派互相切磋、平等讨论的氛围。

二、为权利而斗争

法学家以实践为师，就意味着要为权利而斗争。实践主义法治观不同于一般意义上的权利主义和方法论立场，它所倡导的是以实践为本体论前提的权利主义和方法论立场。在实践主义法治观的理论预设中，中国法治实践学派的权利观可以被称为"实践主义权利观"。① 为权利而斗争就是实践主义权利观的具体表现。

德国著名法学家耶林在《为权利而斗争》这本小册子中说，"法的生命是斗争"，②"只有斗争才是法的实践"。③ 法治是公权和私权、公权和公权、私权和私权的博弈。法治是每个人的财富，每个人都应当肩负捍卫权利的责任。每个人的权利都面临被侵害的危险，每个人都有义务为权利而斗争。捍卫自己的权利，就同时捍卫了他人的权利；捍卫他人的权利，也同时捍卫了自己的权利。这正是一种实践的辩证法立场。

在耶林看来，为权利而斗争就是为法律而斗争，为权利而斗争就是培养国民的"法感情和民族力量"："民族力量与法感情的力量为同义语，培养国民的法感情就是培养国家的健康和力量。"④ 法治的前途实际上依

---

① 武建敏教授对本文提出了修改意见。"实践主义权利观"是本人与武建敏教授一起讨论确定的概念。
② ［德］鲁道夫·冯·耶林：《为权利而斗争》，胡宝海译，中国法制出版社 2005 年版，第 1 页。
③ 同上书，第 3 页。
④ 同上书，第 77 页。

赖于每个人为权利而斗争所付出的努力,依赖于人们在为权利而斗争的过程中培养起来的"法感情"和法治精神。

为权利而斗争是法学家的职责。法学是权利之学,法学家研究权利理论,为实践中的权利斗争提供智慧和指引。法学家参与立法,为捍卫权利提供制度保证。法学家宣讲法治,开展法治启蒙教育,培育捍卫权利的权利精神。法学家关注典型个案,努力让人民群众在每一个司法案件中感受到权利得到切实保护。

中国法治实践学派倡导以实践为师,就是倡导法学家积极为权利而斗争。在捍卫权利面前,法学家没有理由态度暧昧,没有理由明哲保身,没有理由高高挂起。为权利而斗争的点滴努力,都能体现法学家的贡献。

三、作为工程师和改革家的法学家

《法治决定》指出:"全面推进依法治国是一个系统工程,是国家治理领域一场广泛而深刻的革命,需要付出长期艰苦努力。"法治建设是一个系统工程,法学家理所当然是"法治工匠""法治工程师",他们的设计与操作对推动法治进程具有重要价值。法治是一场革命,法学家也理所当然是"法治改革家"或"法治革命家",他们努力将行动融入到法治进程当中。中国法治实践学派应当竭尽全力发挥"法治工程师""法治改革家"或"法治革命家"的作用。

早在1979年,钱学森就提出:"社会主义法治要一系列法律、法规、条例,从国家宪法直到部门的规定,集中成为一个法治的体系、严密的科学体系,这也是系统工程,法治系统工程;它的特有基础是法学。"①法治系统工程表现为一种动态的实践过程。在动态的实践过程中，法治系统工程将法系统学、法系统技术学、运筹学、电子计算机技术等融为一体。虽然，法治系统工程无法由法学家单独来完成，但法学家无疑是"法治工程师"队伍的主力。

法治之所以是一场革命，是因为从人治走向法治的过程，是治理体系和治理方式的变革过程，是因为这样的变革过程必然触动利益、触及人的灵魂。既得利益者是不会轻易放弃利益的。事实上，中国的法治革命已经遭遇、正在遭遇、将来会不断遭遇重重阻力。

作为"法治改革家"或"法治革命家"，法学家需要具有革命的热情。德国著名思想家马克斯·韦伯说："没有这种被外行讥笑的沉醉，没有'融入其中，千年弹指过；隔离其外，静待上千年'的激情，你就没有从事科学的使命感，你将从事别的职业。因为除非一个人有热情投入其中，否则没有什么东西让人觉得值得成为某种人。"②"热情是具有决定意义的'驱动力'的前提。"③ 没有热情，就不可能有责任心。法学家的责任是时代赋予的，是不可推卸的。一个社会，如果缺少法学家的责任心，法治就不会有希望，法治就是一句空话。一个没有责任心的时代，是没有前途的。

中国法治实践学派试图构架自己的理论范式、基础范畴，试图推进法学研究的方法论变革，试图改变世界法学流派格局，这是一种理想，一种热情，一种激情，一种责任心。中国法治实践学派正是通过以实践

---

① 钱学森:《大力发展系统工程，尽早建立系统科学的体系》，载《光明日报》1979 年 11 月 10 日。

② ［德］马克斯·韦伯:《学术贵族与政治饭碗》，刘富胜、李君华译，光明日报出版社 2016 年版，第 9 页。

③ 同上书，第 9—10 页。

为师，将理想、热情、激情化为脚踏实地的行动。中国法治实践学派正是通过以实践为师，创新制度，创新理论，培育法治精神。中国法治实践学派正是通过以实践为师，担当"法治工匠""法治工程师""法治改革家""法治革命家"的角色，展示理想与现实相统一的实践精神，推进法治系统工程建设，推动法治革命走向胜利，创造美好的法治世界。

| 后 记 --

本文原系《浙江大学学报》（人文社会科学版）2016 年第 4 期"中国法治实践学派及其理论"专栏主持人语，后作为《中国法治实践学派》第三卷卷首语。

文章提出"以实践为师是中国法治实践学派的一个特征"，实际上是明确提出把"以实践为师"作为中国法治实践学派的标志性符号。本文提出"法治实践主义""实践主义法治观""实践主义权利观"等新表述，明确把"法治教条主义"作为对立面。本文把法学家称为"法治工匠""法治工程师""法治改革家""法治革命家"，意在强调法学家的职责和担当精神。

中国实验式法治的基本逻辑

中国全面推进依法治国的实践是世界政治发展史上的重大事件。中国法治是实验式的，可以概括为"实验式法治"。中国法治是一个实验、发现问题、再实验，如此反复交错，最后走向成功的过程。

一、"实验式法治"成为中国法治的一个特征

法治是一个制度创新的过程。实验是制度创新的基本方法。不同国家法治模式的区别是，国情不同，创新程度不同，实验的广度和深度不同。有的国家大量借鉴、移植、复制他国的模式，有的国家更强调自己的特色。中国在世界上是一个尤其强调自身特色的国家，这就决定了中国法治尤其具有创新和实验特色。中国法治的一个原则——坚持从实际出发，就是这种鲜明实验特色的条件预设。中国政府反复强调"借鉴国外法治有益经验，但绝不照搬外国法治理念和模式"，这一条也只有通过不断实验、不断创新才能让中国模式具备说服力。不通过实验，借鉴

经验可能水土不服；不通过实验，国外有益的经验会被弃之一边；不通过实验，盲目推行不科学的决策或设计就是浪费资源。

从世界范围看，中国法治更具实验式特征，具体表现为两种模式。

一种是地方实验上升为顶层决策或普遍经验。《中共中央关于全面深化改革若干重大问题的决定》（以下简称《改革决定》）和《法治决定》中的许多内容都来自于地方实验。例如，《改革决定》规定"建设科学的法治建设指标体系和考核标准"，就是在地方法治评估实验的基础上形成的顶层决策。

另一种是在顶层设计的框架下推行实验。这样的实验既有中央统筹安排的，也有地方主动开展的。《改革决定》和《法治决定》出台后，中央统筹安排的司法改革第一批、第二批、第三批的改革试点，司法责任制、员额制、司法机关人财物统一管理等措施逐步铺开，就是实验模式。实际上，"试点"已经成为中国整个改革的关键词。各种"试点"就是中国法治实验模式的具体表达。

在实验式法治框架下，初始的方案和目标只是被暂时设定。在实验过程中，初始方案和目标不断被修正。

从世界范围看，中国的法治建设整体上就是一场规模宏大的法治实验。这整体的法治实验由无数大大小小的单个实验组成。客观上，中国是世界上最大最具特色的法治实验场域，中国的实验最具挑战性。中国法治实验的目标是要建设一种"中国特色的社会主义法治"，是要为世界法治文明提供中国元素。

二、法治评估成为中国法治建设的必经环节

实验式法治的一个必然逻辑是应当进行效果评估。实验的效果，如果不通过评估，实验就失去了意义。只有通过评估，才能总结经验，进而加以推广。由此可见，法治评估是中国实验式法治的必经环节。

早在 2006 年，一批学者启动余杭法治指数实验的时候，法治是否可以量化评估，引起了不少争议。时至今日，人们已经不再争议这个问题。相反，法治评估已经成为法学研究的一个热点领域，法治建设指标体系和考核标准已经成为顶层决策的内容，法治评估已经成为中国法治发展的一个增长点。

法治评估需要重新定位。法治评估不能局限于法治指数、司法透明指数等若干指数形式的评估类型上，而应该把法治评估应用到整个法治建设的进程中。中国法治既然是"实验式法治"，那么，一切实验都要进行评估，法治评估的范畴应该是全方位的。

例如，从次序上讲，法治评估可以分为事前、事中、事后三个阶段。任何法治实验，实际上都是大小不同的工程，涉及大量的人力、物力等各种资源。任何法治实验都是有成本的。中国是一个最容易犯"拍脑门"决策错误的国家，好像"一把手"越能果断地"拍脑门"，越能显示决策水平。为避免错误决策，我们必须进行实验前的可行性评估、风险评估、成本收益评估，这叫事前评估。法治实验在进行过程中，要及时进行评估，及时把脉、纠正实验中出现的各种问题，这叫事中评估。一次法治实验完成后，要进行科学的效果评估。实验失败，或效果差的放弃或重新设计实验方案，效果好的加以推广，这叫事后评估。

又如，从评估主体讲，可以分为两大类型。一种是以"管理"为核心功能的法治评估。这种类型由国家机关主导，遵循"薄"的法治观，秉持绩效评估的行政管理理论话语，采取一种形式性、执行性和确定性的内部视角。另一种是以"法治"为核心功能的法治评估。这种评估由理论界主导，遵循"厚"的法治观，秉持实验主义的法治理论话语，采取一种实质性、超越性和实验性的外部视角。

再如，法治评估可以根据内容分为立法评估、法治政府评估、司法评估等各个领域的专项评估。我们还可以有其他的分类方法。概而言之，法治评估不能被狭义化，而应该从更广泛、更长远的意义上来认知法治评估。

三、注重实践成为中国法治理论研究的首要走向

实验式法治决定了中国法治发展道路一定具有"中国特色"。这个道路叫"中国特色的社会主义法治道路"。这个道路的内容最根本的有三条：一是坚持中国共产党的领导；二是坚持中国特色社会主义制度；三是贯彻中国特色社会主义法治理论。这条道路是顶层设计中的顶层设计，不容违反。那么反过来，这条道路决定了中国法治理论必须建立在"中国实践""中国实验"基础上，即必须充分表现法治理论的中国实践性，这就决定了中国法治理论的一个主要特征——实践走向。

实践走向决定了中国法治研究乃至整个法学研究的方法论转变。实践走向要求法学家们走进实践，要求法学家们充分表现出行动力量。《改革决定》和《法治决定》是法治研究实践转向的重大标志，是中国法治理论实践走向的指南。法学家们将因此更加注重问题导向，更加注重解

决实践中的种种法治难题，更加注重实践、实证、实验的研究方法，更加注重理论的实践效果，更加注重与政府的协同创新。

在今后五至十年的时间，在世界法治版图中，会出现一个以中国法治实践为问题导向，坚持从中国实际出发，注重实践、实证、实验的研究方法，注重理论的实践效果，具有中国特色、中国风格、中国气派的学术群体。"中国法治实践学派"这个概念可以作为这个学术群体和理论的基本概括。

| 后 记

本文原载于《浙江大学学报》（人文社会科学版）2016年第3期。

"实验式法治"是我提出的新概念。我把中国法治概括为"实验式法治"。我提出，法治评估成为中国法治建设的必经环节，实验式法治的一个必然逻辑是应当进行效果评估。我还提出，注重实践成为中国法治理论研究的首要走向。

该文原是我在2015年11月13—15日首届"法治与改革国际高端论坛"上的演讲（杭州望湖宾馆）。此次论坛以"公法与国家治理现代化"为主题，由浙江大学主办，中国法学会指导，国家"2011计划"司法文明协同创新中心、浙江大学光华法学院、浙江大学社会科学研究院共同承办。

中国法治研究的重大转向

中国法治研究出现一个重大转向，即实践转向。客观地讲，今天的法学理论工作者不管喜欢与否，都无法拒绝这种转向。法治研究已经不能拘泥于价值讨论或者概念争论中了，也不能满足于躲在书斋中编织理论或者一味套用西方理论高谈阔论了。法治研究的一个核心评价指标，应当是看一个研究者解决了中国法治实践的什么问题，针对中国法治实践创新了什么理论。

一、顶层设计直接推动法治研究的实践转向

我们必须正视一个现实，那就是，中国的法治研究受中央顶层设计影响之大，在世界上恐怕是最典型的。一方面，理论研究和地方实践推动顶层设计；另一方面，中央对法治的态度和顶层设计直接影响法治研究。当前中国法治研究最重大的主题都与中央顶层设计有关。当中央把依法治国作为治国方略，当《宪法》置入法治条款，当地方政府把法治

建设作为重大任务，法治研究才不断出现新契机。

以法治评估为例。正是中央把依法治国作为治国方略，时任浙江省委书记的习近平同志力推"法治浙江"，法学家们才有可能作为智囊被邀请为地方法治建设出谋划策，中国第一个法治评估体系——余杭法治评估体系、中国内地第一个法治指数——余杭法治指数才有可能及时问世。中央《改革决定》明确规定"建设科学的法治建设指标体系和考核标准"之后，法治评估才有可能实现从地方实验到全国推广的转型。法治指标体系和考核标准的研究因此成为中国法治研究的重大课题，法治评估研究因此得到更有力的推进。

再以司法改革为例。在中央十八届三中、四中全会分别推出《改革决定》和《法治决定》以前，司法改革在某种程度上进展缓慢，相应的，司法改革研究也踯躅不前。十八大三中、四中全会确定司法改革目标和步骤之后，员额制、司法机关人财物统一管理、跨区设立法院等一系列改革措施陆续付诸实施，相应的改革措施也就成为法治研究的重大课题。

中央的顶层设计本身就是对实践的回应、对发展的回应。例如，互联网、大数据的发展正在变革我们的时代。中央"十三五"规划建议及时提出实施"互联网＋"行动计划，发展互联网技术和应用，促进互联网和经济社会融合发展，实施国家大数据战略，推进数据资源开放共享。由此，法治研究就必须回应这样的现实，必须回应这样的中央顶层设计，"互联网＋司法""大数据＋法治"等就自然成为法学家必须深入研究的课题。"十三五"规划建议要求加快金融体制改革，提高金融服务实体经济效率，积极培育公开透明、健康发展的资本市场，规范发展互联网金融，相应的，金融法治的研究就必须及时回应这样的顶层设计，及时把脉金融市场。

二、实践转向促进法治研究方法发生变革

法学界关于规范和实证研究的争论正在持续。现在恐怕已经到了不是争论实证方法于法学研究究竟有多大意义或者法学的实证研究在多大程度上能实现客观性的时候，而是考验一个法学研究者能否自如运用实证方法的时候。尽管还有许多法学研究者没有意识到实证研究的重要性，不会或不愿运用实证研究方法，但是，中国法治实践正在为那些自觉运用实证研究方法的学者们提供广阔的舞台，接踵而至的法治实践难题逼使学者们走向实践、走向田野。

以笔者主持的教育部重大攻关课题"中国法治政府建设指标体系研究"为例。如何设计法治政府建设指标体系和考核标准？已有的法治政府理论成果尚不能给出有效答案，以往的理论过于"书本化"，过于"理论化"，甚至过于落后，与活生生的不断发展着的法治政府实践存在很大距离。法治政府建设指标体系涉及行政立法、组织领导、政府职能、队伍建设、行政决策、行政执法、行政监督、政务公开、行政救济、行政效能等一级指标，从理论上给出这些一级指标也许并不觉得有何困难及多么高深，但是这些理论上形成的指标只能称之为概念指标、理论指标，并不能自动成为可操作性指标、评估指标。而且，若要由此再细分出二级、三级指标，并设计出科学的量化考核标准，则更是不能想当然，不能从书本到书本，不能照抄照搬，而是必须走到实践中去，必须运用实证方法，否则就很难获得科学的研究结论。

再如司法公开问题。最高法院的三大平台公开效果究竟如何，我

们无法从理论中推导出来，必须到司法公开的受众那里去了解。于是，研究工作者就要想办法知道公众与司法公开究竟处于什么样的关系，公众是如何评价司法公开的实际效果的。于是，研究工作者就需要通过调研，通过问卷调查，采集第一手资料，然后才有可能进行科学的分析。

法治研究应当充分运用实验方法。实验是实证方法的一种。中国法治具有实验特征，是一种"实验式法治"。这种"实验式法治"模式为我们开展实验式研究提供了良好的条件。当然，研究者也可以自己设计实验方案，开展法治的实验研究。余杭法治指数、吴兴法院司法透明指数、杭州市电子政府发展指数都是典型的实验式的法治研究。

法治是一项庞大的系统工程。传统的隔行如隔山的研究已经不能适应法治作为一项庞大系统工程的需要。法治研究不能局限于法学一门学科内，法治研究应当是也必须是跨学科的研究。哲学、政治学、经济学、社会学、数学、统计学等等学科都应当恰到好处地应用到法治研究中来。当前，面对全面深化改革，面对全面推进依法治国，中国法治研究队伍明显出现软肋。跨学科的协同创新成为推进中国法治研究顺利实现实践转向的可行之策。

三、实践转向催生中国法治实践学派

中国正在进行的全面深化改革，全面推进依法治国，是一场意义深远的革命。中央"十三五"规划建议要求，在"十三五"期间，国家治理体系和治理能力现代化取得重大进展，各领域基础性制度体系基本形成，法治政府基本建成，司法公信力明显提高。如果按照"十三五"规划建议的要求，到 2020 年法治政府基本建成，那么可以预判，今后的五至十年中国将形成法学流派。这是合乎逻辑的推论，否则，法治政府基本建成就是一句空话。实际上，中国的法学流派正在形成过程中，正在发展壮大中。

在中国法学界，经院式的、批判式的、教条式的、实践式的等各种不同特征的法学研究群体正在分化组合，不同特色的法学家们正在从不同角度对中国法治作出不同程度的贡献。法治研究已经跨入量化实证研究阶段。经院式的、批判式、教条式的法治研究无法满足中国法治实践的理论需求，实践式的研究最符合当前中国法治建设的实际，最能产生理论研究的效果。实际上，实践式的研究正是中国法治实践倒逼一大批学者作出的合乎时代要求的必然选择。因此，以"实践"为特征的法学家们将成为中国法治研究最主要的学派群体。正是中国法治建设的伟大实践，正是由此带来的中国法治研究的实践转向，催生了中国法治实践学派。中国法治实践学派的出现不仅代表中国法治研究方法的一种变革，也代表中国法治理论向世界展示自己的崭新面貌。总结梳理独具风格的中国法治实践的理论谱系，提出学派概念，从学派角度对中国法治进行系统化研究是一种创新研究进路，也及时回应了时代主题和法治中国实践的需要。

中国法治实践学派的特征是，旗帜鲜明地强调把"中国法治实践"作为问题导向，把探寻中国法治发展道路作为目标，把实践哲学作为自己的理论基础，把实证研究作为常规研究范式，倡导社会科学的实验方法，倡导行动哲学和知行合一的精神。中国法治实践学派也是实学传统精神在法学领域的复兴。中国实学传统精神在当今伟大的法治实践时代找到了理想的传承者，法治实践为实学传统精神的传承创造了千载难逢的机遇。"中国法治实践学派"这个词汇最好地概括了全国范围内具有明显"实践"特色的法治研究群体及其研究成果。从世界范围看，中国的法治实践区别于其他任何一个国家，特征非常明显。中国的法治理论同样区别于其他国家的法治理论。因此，中国法治实践学派也可称为"法治实践的中国学派"，英文可译作"China School of Rule of Law Practice"。

中国法治实践学派已经且正在为中国法治建设作出贡献。近年来，一批富有实践特色的法学家直接参与了法治的顶层设计，直接参与了地方法治的实践。党的十八届三中、四中全会的《改革决定》《法治决定》以及《法治政府建设实施纲要（2015—2020年）》（以下简称《实施纲要》）都凝结了法学家们的实践智慧。仍以法治评估为例，全国各地开展的各类法治评估都有学者参与，特别是第三方评估，学者扮演了主要角色。学者们的努力直接推进了法治建设，法治建设指标体系和考核标准成为十八届三中全会《改革决定》的重要内容，用法治成效考核领导干部成为十八届四中全会《法治决定》的重要内容，领导干部政绩观因此发生重大转变。法治评估是强实践性的研究领域，在体现中国法治实践学派特征和贡献方面具有代表性。中国法治实践学派的特征和贡献在立法、法治政府、司法、法治社会等各个领域的法治研究中都有突出表现。

中国法治实践的成就、法治理论的建树、中国法治实践学派的贡献，三者是一个逻辑整体，缺一不可。中国法治实践学派的贡献大小，直接影响法治理论的建树，直接影响法治实践的成就。中国法治实践学派任重而道远。

| 后 记 --

2015 年 11 月 13—15 日我在"法治与改革国际高端论坛"上提出"实验式法治"之后，2015 年 12 月 19 日又在南京召开的"中国法治现代化 2015 年智库论坛"上围绕法治研究转向问题发表演讲。该论坛由中国法治现代化研究院、江苏高校区域法治发展协同创新中心、南京师范大学江苏法治发展研究院以及南京师范大学法学院联合主办。

我提出中国法治研究实践转向的逻辑是：顶层设计直接推动法治研究的实践转向；实践转向促进法治研究方法发生变革；实践转向催生中国法治实践学派。

2016 年 5 月 17 日，习近平同志主持召开哲学社会科学工作座谈会，这是哲学社会科学领域的大事。座谈会一结束，《中国社会科学报》记者张帆即向我约稿，希望我围绕习近平同志谈话发表看法。我发去本文，但进行大修改最后发表的文章《发展中国法治实践学派》则完全围绕习近平同志谈话，已经不是原来面目。该文载《中国社会科学报》2016 年 5 月 27 日第 975 期，收入本书。

发展中国法治实践学派

2016年5月17日，习近平同志主持召开哲学社会科学工作座谈会，这是哲学社会科学领域的大事。习近平同志说，当代中国正经历着我国历史上最为广泛而深刻的社会变革，也正在进行着人类历史上最为宏大而独特的实践创新。这种前无古人的伟大实践，必将给理论创造、学术繁荣提供强大动力和广阔空间。

习近平同志强调，构建中国特色哲学社会科学，要加强顶层设计。当前中国法治研究重大的主题都与顶层设计有关。顶层设计本身就是对实践的回应，法治研究必须回应实践，回应顶层设计。

2013年《改革决定》明确规定"建立科学的法治建设指标体系和考核标准"之后，法治评估有了实现从地方实验到全国推广的转型可能。法治指标体系和考核标准的研究因此成为中国法治研究的重大课题，法治评估研究因此得到更有力的推进。

习近平同志强调，要从实践中挖掘新材料、发现新问题、提出新观点、构建新理论。这涉及方法论问题。客观上，中国法学研究正在发生方法论变革。法学家应该走进实践。中国法治实践正在为自觉运用实证方法的学者们提供广阔舞台，法治难题迫使学者们走向实践、走向田野。

目前，传统研究方法已经不能适应法治作为一项庞大系统工程的需要。法治研究应当是也必须是跨学科的研究。经济学、社会学、统计学等学科都应当恰到好处地应用到法治研究中来。当前，在全面深化改革、全面推进依法治国的大背景下，跨学科的协同创新成为应对实践转向的可行之策。

习近平同志强调，要在指导思想、学科体系、学术体系、话语体系等方面充分体现中国特色、中国风格、中国气派。可以预判，今后的五至十年，中国将形成自己的法学流派，这是合乎逻辑的推论。实际上，中国的法学流派正在形成、发展、壮大中。

实践式的研究最符合中国实际，最能产生研究效果。以实践为特征的法学家们将成为中国法治研究最主要的群体。正是中国法治实践，正是由此带来的实践转向，催生了中国法治实践学派。中国法治实践学派的出现不仅代表方法论的变革，也代表中国法学家正向世界展示着自己的崭新面貌。

中国法治实践学派以中国法治实践为问题导向，以探寻中国法治道路为目标，以实践哲学为理论基础，以实证研究为常规范式，倡导实验方法，倡导知行合一精神。法治实践为实学传统精神的传承创造了千载难逢的机遇。中国法治实践的成就、中国法治理论的建树、中国法治实践学派的贡献，三者是一个逻辑整体，缺一不可。中国法治实践学派的贡献大小，直接影响法治理论的建树，直接影响法治实践的成就。

| 后 记 --

本文载《中国社会科学报》2016 年 5 月 27 日第 975 期。

《中国社会科学报》记者张帆向我约稿，背景是 2016 年 5 月 17 日习近平同志主持召开哲学社会科学工作座谈会，并发表引起学界巨大反响的谈话。我围绕习近平同志谈话发表看法。我认为，中国法治实践学派契合习近平同志谈话精神。习近平同志谈话的许多内容与中国法治实践学派思想一致。

习近平同志在谈话中谈到"学派"时说："要坚持和发扬学术民主，尊重差异，包容多样，提倡不同学术观点、不同风格学派相互切磋、平等讨论。"有学者认为中国现在不需要学派，这或许是意气用事，或许是形势误判。过去，我们无法侈谈学派；现在，我们必须非常肯定地说：中国必须有学派。

中国法治实践学派正在形成

转型期的中国社会对法治有强大的需求。政府官员、学者以及社会其他各阶层走到一起，共同推动中国法治发展，其中，学者的角色尤其重要。以浙江为例，这些年，一大批学者齐聚浙江，为"法治浙江""法治中国"出谋划策。在众多学者的参与下，浙江出现了一系列法治创新实践。法治指数、司法透明指数、电子政府发展指数就是在一批学者与政府官员、社会各阶层全面互动下完成的。

一、法治指数是"法治浙江"的一个大胆制度创新实践

2006年2月8日，春节刚过，时任浙江省委书记的习近平同志赴杭州市余杭区调研，主题是"法治浙江"。之后，余杭率先在浙江提出"法治余杭"规划。浙江在全国较早提出建设"法治浙江"的战略决策。从2006年年初开始，北京、上海、浙江、香港等地的一批专家学者纷纷将注意力投向杭州余杭。

余杭启动了"法治系统工程"，这项工程以法治指数为引线和枢纽。此后，余杭在全国推出第一个全方位的法治评估体系，出台中国内地第一个法治指数。余杭法治指数研究是全新的、具有填补空白意义的研究。六年多来，这项创新研究及其实验成果被众多新闻媒体报道，引起了社会上广泛而热烈的讨论。讨论的热烈程度和引起有关方面的重视程度超出了预想。围绕"法治指数"的实践和讨论被媒体称为"法治指数现象"，余杭被称为"全国法治试验田"。余杭法治指数被评为"浙江省改革开放 30 年百件典型事例"。

法治评估能有效培育公民的法治观念和精神，促进社会管理创新，促进社会的民主和法治转型。实践表明，通过以法治指数为引擎实施"法治系统工程"，余杭区的公民法治意识得到进一步提高，法治余杭建设的责任感不断增强，公共权力得到更有效的限制，从而为中国其他地区的法治建设提供了有益的借鉴。

二、司法透明指数是提高司法公信力、树立司法权威的长效机制

2011 年 8 月 25 日，浙江省高级人民法院召开"深入推进阳光司法专家意见征询会"。有学者在会上提出了测定司法透明指数的建议。浙江省高院齐奇院长在会上当即回应，充分肯定了测定司法透明指数在"阳光司法工程"中的长远意义。之后，司法透明指数成为 2012 年浙江省高院的重点调研课题。浙江大学受浙江省高院委托，开展司法透明指数研究，并选取浙江湖州市吴兴法院为实验点。2012 年 11 月 1 日，在"司法透明指数论证会"上，课题组发布了吴

兴区法院司法透明指数。以指数形式评估法院的司法公开程度，这在国内尚属首例，也是中国学术团队首次向世界公布中国的司法透明程度。

法治发展究竟到了什么程度，要看政府保护公众权利到了什么程度，公众享有的知情权、参与权、表达权、监督权落实到了什么程度。司法透明指数的根本落脚点是要保护公众的知情权、参与权、表达权和监督权。司法透明指数是司法改革的一个突破口，是公众行使权力、监督司法的理性通道，是提高司法公信力、树立司法权威的长效机制。

司法透明指数实验契合党的十八大报告中提出的"要更加注重法治在国家治理和社会管理中的重要作用"的精神。司法透明指数的提出有着深刻的时代背景。它是中国共产党转变执政理念、中国司法改革推进的结果，也是世界范围内社会指标方法广泛应用的结果。

为什么司法透明指数会产生在浙江？第一，浙江作为中国先发地区，法治走在全国前面也是情理中的事情。先发地区，法治可以先行。第二，浙江省高院推出"阳光司法工程"，并且做得有声有色，在司法公开方面作出了表率。第三，余杭法治指数客观上推动了司法透明指数在浙江的产生。法治指数事件推动了一个区域和全国法治的进程。司法透明指数实际上是法治指数的拓展性研究。第四，司法透明指数的产生与领导的决策是分不开的。学者的智慧必须与领导者的远见卓识结合，才能变成推动社会进步的力量。中国社会特别需要具有远见卓识的领导。

三、电子政府发展指数推动法治政府、善治政府、效能政府的实现

电子政府发展指数，也可以叫作政府透明指数。在杭州市委、市政府的大力支持下，经过两年多的努力，浙江大学、国际善治、中国法治研究院合作完成了中国电子政府发展指数课题第一个阶段的研究。2012年12月15日，杭州市电子政府发展指数在"中国法治国际会议"上发布，这是中国首次发布电子政府发展指数。

电子政府发展指数与政府治理的理想目标相吻合。政府治理的理想目标是实现法治政府、善治政府、效能政府。电子政府要求政府部门利用因特网和信息技术，面向公众提供优质公共服务，充分体现政府治理的民主化、法治化、透明化和高效化，充分体现"发展为了人民、发展依靠人民、发展成果由人民共享、发展成效由人民检验"的指导思想。所以，电子政府发展指数所反映的一系列理念是"民主民生"战略的内在要求，也是法治和善治的必然要求。

电子政府发展指数的测定是一种管理创新。指数测定工作不是为评估而评估，不是现状的传声筒，而是要在实践层面上指导具体工作。这表现在：一方面，独立的第三方对地方电子政府的发展水平作出评估，在此基础上找出问题，并提出合理化对策，能充分发挥电子政府发展指数对地方政府实现法治和善治的重要推动作用，能显著提高地方政府的管理效率；另一方面，第三方通过测定电子政府发展指数，帮助政府搭建起与民众之间互动与沟通的桥梁，使民众获得更优质的政府信息与服务，有更多机会参与政府决策，能增强地方政府的透明度、对公众需求

的回应力以及责任感，提高地方政府治理的正当性和公信力。

通过项目研究和实施，杭州地区积累丰富的经验，这有助于充分发挥先行地区的引领与辐射作用，促进电子政府在全国范围的发展。可以预测，电子政府发展指数将发挥示范效应，促进我国实现治理现代化，加快与国际接轨的速度，提升国际形象和影响力。

四、中国法治实践需要更多更有力的学术参与

在浙江相继诞生了中国首个法治指数、首个司法透明指数、首个电子政府发展指数，一系列创新实验符合习近平同志提出的"法治浙江"要"深入人心、惠及群众，成为全社会的共同行动"的要求，是"法治浙江"的理论深化和实践创新的见证，是中国法治模式的重要探索，在全国起到了良好的引领作用。2012年7月18日，《人民日报》发表长篇文章《法治建设的浙江探索（见证)》。文章说，浙江在全国率先尝试发布一个县域范围内的"法治指数"，率先创新设立"司法透明指数"，率先实现在全省所有行政村设立"村务监督委员会"，等等，一系列耀眼数据和创新举措，勾勒出"法治浙江"建设六年多来的稳健步伐。

中国的法治进程以1999年划界。"中华人民共和国实行依法治国，建设社会主义法治国家"被写入《宪法》。于是，理论研究的重点从探讨法治的价值转为关注法治实践面临的种种问题。中国法治研究开始发生重大转型，学者们开始试图寻找中国法治建设的道路。

这十多年来，法学界实际上出现了至少三种研究模式。一是"经院式"，这类学者的兴趣是静态地诠释法治，他们或许具有精致的哲理思维，但书卷气比较浓厚，与现实隔着距离。二是"批判式"，这类学者

中的一些人认为，知识分子的使命就是"批判"，他们有时也被称为"自由派"。《环球时报》发表过一篇文章，名为《自由派应为社会团结有所建树》。文章说："中国社会形成今天的多元局面，自由派是有贡献的。"但也提到一些学者的看法："理论研究几乎没有进展，更热衷'政治博弈'。其对西方理论过于臣服。"三是"实践式"，这类学者积极参与中国法治建设的实践，与政府、社会各阶层联手共建法治国家、法治政府、法治社会。我们可以用一个新名词来概括第三类研究模式，即"中国法治实践学派"。中国正在形成这个学派。

中国法治实践学派并不局限于一时一地，它由一个包容力极强的群体构成。他们致力于制度创新，组合社会学、管理学、经济学、统计学等多种学科的力量，追求法治研究的实证性和实践性。从事中国法治研究的一个颇具规模的知识群体，之所以被称为"学派"，当然应当具备学派应有的特点：第一，以法治为研究对象而形成求真务实的学术传统；第二，研究紧扣中国的法治实践，并与政府、社会各阶层共同推进中国法治发展；第三，不是津津乐道于一味的批判，而是更多地强调建设，特别是致力于探索中国特色的法治模式；第四，具有国际视野，参考古今，博稽中外，融会贯通，不存偏见，吸收人类一切有价值的法治研究成果；第五，在民众参与还不那么充分的转型期，这一派学者对中国法治的发展将发挥尤为重要的作用。概而言之，中国法治实践学派的特点是：它的背景是中国的，它的内容是法治的，它的视野是国际的，它的方法是实践的。即使今天这些特点还不那么明显，但将来一定会彰显出来。

空谈误国，实干兴邦。与其坐而论道，不如起而行之。我们的目标是"法治中国"。法治中国的道路没有现成的答案。这就需要有更多的法学家走进实践，探寻中国的法治道路。"中国法治实践学派"的提出符合当今中国的法学研究趋势，适应了中国社会发展的现实要求。学者和政府、社会各阶层合作，并形成合力，能够实质性地推动中国法治，这是中国法治发展需要的主要推动力；并且，此类研究也最符合中国转型期的实践需要。这就是"协同创新"。在这样一个发生巨变的中国社会，中国法学界应该出现学派。转型期的中国，特殊的国情已经成就并将继续成就中国法治实践学派的特殊作为。今天的法学家们应该作出一些承先启后的事情，这是时代赋予学者的不可推卸的责任。

| 后 记 ··

本文是我在报刊上最早发表的关于中国法治实践学派的文章。"中国法治实践学派"从此出现在中国学术界。

本文原是我在 2012 年 12 月 16 日中国社会科学院举办的"中国社会科学论坛"上的演讲，后在 2013 年 2 月 7 日《中国社会科学报》发表，中国社会科学网、全国哲学社会科学规划办公室、中国法学网、光明网、中华人民共和国国史网等转载。

中国法治实践学派缘何出现

中国法治实践学派这个词汇是崭新的。它的出现不是偶然的。中国法治实践学派是法治中国实践自然的、必然的结果。

中国法治实践学派是对法治中国伟大实践的理论回应。

中国正在法治道路上前行。在前行的道路上，虽然布满荆棘，甚至还有许多"拦路虎"，但中国拒绝后退，因为没有也绝无退路。回到"人治"的老路一定是死路一条。中国的法治发展道路不能也无法照搬西方的模式，中国必须走一条创新之路。

伟大的实践必然需要伟大的理论。法治中国这样一场前无古人的伟大实践一定会产生独树一帜的理论。我们的老祖宗没有留下现成的法治遗产，甚至经典作家也没有来得及研究法治道路。我们没有多少法治经验，我们有的主要是改革开放后的艰难探索。要创造自己的法治道路，只有靠实践；在实践中借鉴，在实践中创造。中国在寻找自己的法治道路的过程中，必然形成以实践为主要特色的中国法治理论。一大批关注法治实践、致力于探寻中国法治发展道路、创新法治中国理论的专家学者和广大法律工作者必然形成有共同旨趣、共同目标、相同方法的学术群体。于是，中国法治实践学派的出现就成为必然。

中国法治实践学派是中国法治和世界法治交流博弈的结果。

中国闭关自守的愚钝一去不复返。世界中的中国法治已经无法离群索居。中国必须融入世界法治潮流之中。中国应当在学习和借鉴中创造。

中国法治不可能与其他国家完全不同，人类毕竟存在共通的价值。世界上的文化传统、政治类型、经济模式都不可能完全一致，多样性是这个世界的特点。中国既然要走与西方法治不一样的道路，那就必须拥有自己的法治话语权。而这种话语权的确立取决于中国人民的认可，同时还取决于中国能否向世界展示给世界令人信服的法治成就。我们的法治成就必须让世人有目共睹。经济奇迹让世人惊奇，靠的是财富给中国人带来的幸福。法治奇迹要让世人惊奇，靠的同样是"财富"给中国人带来自由和快乐。法治就是无形资产，就是财富，是可以感知和测度的。中国既然用《宪法》向世人宣告要义无反顾地走法治道路，那么就应当用事实让世人相信：我们走的是真正的法治道路。历史无法遮掩，世界无法蒙蔽，道路无法自封。法治话语权要在实践中创造，法治话语权要在创新中形成。

中国法治实践学派的提出是理论自信的表现。

中国是应当出现学派的时候了。我们一直仰视别人的学术流派，我们一直习惯于追寻别人的足迹，我们一直习惯于引经据典。我们不能在仰人鼻息中生存。今天，法治中国的实践为我们提供了最好的机会。我们应该也必须创造自己的思想、自己的理论、自己的体系和自己的风格。一切理论都不必迷信，一切结论都值得审思，一切创造都有可能。

就像格老秀斯、洛克、孟德斯鸠、卢梭、潘恩、杰斐逊那些自然法学派的代表人物一样，中国也完全可能诞生划时代的思想巨子。中国法治发展实践为我们提供了广阔而坚实的土壤，剩下的就看我们有无思想准备、能否识尽时务、有无创新能力。

中国法治实践学派为法治中国作出贡献是可以预期的。

各种事实表明，中国法治实践学派已出现雏形。各种实践表明，具有中国法治实践学派特点的一大批理论界和实务界的人士已经并且正在为法治中国作出有目共睹的贡献。可以预期，法治中国的前途不会绕过中国法治实践学派所做的贡献。以往所有的理论都无法一劳永逸地解决一切问题，人们对真理的探索永无止境。我们要珍惜历史赋予我们的机遇，我们要拿出承先启后、为往圣继绝学的学术勇气和气魄，我们要担当起探寻中国法治发展道路、创新法治中国理论的重任！法治中国的旗帜已经高高举起，中国法治发展实践正如火如荼，中国法治实践学派应时而生。回顾中国法治发展历程，借鉴人类法治文明，总结当代中国法治发展实践，探索中国法治发展道路，创立具有中国特色、中国风格和中国气派的法学学派，为世界法治理论贡献出具有中国元素的法治理论，将13亿中国人带向富强、民主、文明、和谐的社会主义现代化国家的发展道路，为人类法治建设走出一条新的具有普遍意义的成功之路，为人类社会发展作出中国新的更大的贡献，是我们的职责所在，责无旁贷！

2014 年 3 月 20 日

于弘道书院

| 后 记 --

本文为《中国法治实践学派》卷一的卷首语。

中国法治实践学派出现在中国学术界后，我与武树臣、邱本等教授商量编辑出版《中国法治实践学派》，作为中国法治实践学派的学术阵地。武树臣、邱本等教授非常支持我的建议，并与我合作编辑《中国法治实践学派》。

2014 年，《中国法治实践学派》第一卷出版。

2015 年，《中国法治实践学派》第二卷出版。

2016 年，《中国法治实践学派》第三卷出版。

今后，《中国法治实践学派》将每年出版。《中国法治实践学派》已经产生良好影响，一定会成为著名学术品牌。

中国法治实践学派的来龙去脉

《中国法治实践学派》是探讨中国法治发展道路和理论的一个平台。中国法治实践学派是这样一个学术派别，它以实验、实践、实证为主要研究方法，注重法治现实和实效，具有中国特色、中国气派、中国风格。

《中国法治实践学派》的问世是一件新鲜事，我们期待大家的关注和参与。

《中国法治实践学派》每年不定期出版，一定会成为一个学术品牌。

在本书付梓出版之际，我觉得有必要做一个简洁的回顾，以记载中国法治实践学派初期发展的一个脉络。

一

中国法治实践学派从提出到现在，时间不长，但它酝酿的过程并不短。

中国法治实践学派的提出一定要追溯到习近平同志担任浙江省委书记时推行的"法治浙江"实践。中国法治实践学派的提出也一定要追溯到发生在浙江省杭州市余杭区的法治指数实验。中国法治实践学派是在法治指数等实验、实践的基础上提出来的。

2006年2月8日，在浙江省委正式推出"法治浙江"以前，习近平同志专程到杭州市余杭区专题调研"法治浙江"建设工作。紧接着，我们一批专家学者与余杭区委区政府合作，及时推出了"法治余杭系统工程"。在2006年4月的一次法治余杭专家座谈会上，我向余杭区委领导提出建设法治指标体系、实施法治指数测定的建议。余杭区委区政府很快启动了"余杭法治评估体系"课题。我受委托主持课题。来自中国社会科学院、司法部、国家统计局、香港大学、斯坦福大学等单位的专家学者加盟课题组。以这个课题组为核心，我们形成了富有创新色彩的跨学科、跨系统、跨国界的团队。

2007年，我们完成余杭法治评估体系的设计。

2008年，中国内地第一个法治指数问世。

法治指数测定是一项持续性的实验。至2014年，我们已经是第七次测定法治指数。

司法部副部长张苏军专程赴余杭现场办公，称余杭是"全国法治试验田"，"全国法治试验田"因此得名。法治指数实验被评为"浙江改革开放30年百件大事"之一。法治指数引发的广泛影响被称为"法治指数现象"。全国政协原副主席罗豪才教授专程赴余杭调研法治余杭和法治指数，认为余杭的法治道路正确，值得肯定，应该坚持。原全国人大常委、原中国政法大学校长、终身教授江平说："如果我们从更高的角度看，我觉得余杭法治指数的含义从本质上来说，关系到中国的两种前途，关系到究竟是实行法治还是人治的道路选择。"2013 年，《改革决定》确定："建立科学的法治建设指标体系和考核标准。"这表明，余杭的前期探索和发展方向是完全正确的。

法治余杭已成为法治浙江、法治中国的实践样本。

二

2011 年 8 月 25 日，在浙江省高级人民法院主办的阳光司法专家意见征询会上，我提出司法透明指数（也叫"阳光司法指数"）的建议。齐奇院长当即采纳。司法透明指数成为 2012 年度浙江省高院重点课题，我受浙江省高级法院委托主持司法透明指数研究，并与齐奇院长主持的另一个课题组共同完成此项研究。

2012 年 12 月 1 日，我们发布了中国第一个司法透明指数——浙江省湖州市吴兴区法院司法透明指数。

从 2013 年起，浙江大学和浙江省高院合作的课题成果得到应用。浙江省高院委托中国社会科学院法学研究所对全省 103 家法院开展司法透明指数的测评。中央政治局委员、中央政法委书记孟建柱和最高法院院长周强、常务副院长沈德咏都高度肯定司法透明指数的创新意义和示范价值。

"中国法治实践学派"这个概念的出现就在这个时间点上。在浙江省高院主办的吴兴区法院司法透明指数发布会闭幕后，专家学者们参观沈家本故居。参观过程中，沈家本经世致用的精神启发我提出学派的想法。我觉得有必要用一个名词概括我们正在做的法治实验。有人称我为"钱指数"，只是美誉。此类法治实验需要学术概括，需要从学派高度考虑问题。于是，我就提出学派问题征求北京大学（现山东大学）武树臣、中国社会科学院邱本两位教授的意见，他们一致赞同。我们最后在弘道书院讨论确定"中国法治实践学派"这个名称和基本发展思路。之后，我就中国法治实践学派向江平、李步云、郭道晖、张文显、李林、胡建淼、郑成良、张志铭、孙笑侠等诸多同仁征询了意见。

2012 年 12 月 15 日，中国法治国际会议在杭州召开。由浙江大学、国际善治、中国法治研究院合作完成的中国首个电子政府发展指数——杭州市电子政府发展指数正式向社会发布。此项指数由我与斯坦福大学法学院熊美英博士共同主持。在这次会议上，我首次正式提出中国法治实践学派。

2012 年 12 月 16 日，我在中国社会科学论坛上以《中国法治的学术参与和中国法治实践学派》为题发表演讲，进一步阐述中国法治实践学派的背景、界定及其意义。

三

我必须提及一些研究成果，因为它印证了中国法治实践学派的发展轨迹。

2012 年，《中国社会科学》发表《法治评估及其中国应用》，中国社会科学出版社出版中国第一本《中国法治指数报告》（法治白皮书）和《中国法治增长点》。《中国法治实践学派》的真正首卷应该是《中国法治增长点》，只是当时"中国法治实践学派"这个名词还没出现。

2013 年，法律出版社出版中国第一本关于法治指数的专著《法治评估的实验》。

2013 年 2 月 7 日，我在《中国社会科学报》发表《中国法治实践学派正在形成》一文，此为第一篇正式发表的关于中国法治实践学派的文章。2013 年 4 月 9 日，《光明日报》理论版整版刊登《法治指数三人谈》，我以《法治指数：法治中国的探索和见证》为题阐述中国法治实践学派，认为中国法治实践学派倡导的法治评估研究推动了法学研究方法论的革新。2013 年 7 月 24 日，《中国社会科学报》组织中国社会科学院荣誉学部委员李步云、北京大学（现山东大学）武树臣和中国社会科学院邱本三位著名学者专题讨论中国法治实践学派。李步云先生态度鲜明地说："我就是中国法治实践学派的一员"，"我希望有更多法学专家能够加入到中国法治实践学派中来"。这是对中国法治实践学派的有力支持。

2013 年 8 月 30 日，"法治余杭"建设新闻发布会暨专家研讨会在余杭召开。上海交通大学郑成良、中国人民大学张志铭、中国社会科学院田禾、吕艳滨等教授围绕中国法治实践学派展开讨论。在这次研讨会上，我以《实践、制度及理论创新》为题，总结法治余杭实践经验，并认为，中国法治实践学派是基于法治中国实践的理论回应和创新。

《浙江大学学报》（人文社会科学版）2013 年第 5 期专门开辟讨论中国法治实践学派的栏目，这是国内外学术刊物首次对中国法治实践学派的重要回应。

该期推出四篇文章，分别从学派的兴起和使命、传统法律文化、公共理性的培育以及中国法治发展道路等几个不同角度论证中国法治实践学派的形成、任务和未来发展方向。

可以说，《中国社会科学》《中国社会科学报》《浙江大学学报》以敏锐的学术判断力及时引领了学术前沿，直接推动了中国法治实践学派的发展，直接促成了《中国法治实践学派》的问世。《浙江大学学报》开辟的"中国法治实践学派及其理论研究"专栏将会继续引领学术前沿。

四

2013 年，我们团队的课题"中国法治政府指标体系研究"获得教育部重大课题立项资助，"司法透明指数研究"获得国家社科基金重点课题立项资助。

2013 年 12 月 5 日，在香港召开的"信息公开与治理国际会议"上，我以《中国信息公开的实证考察——中国法治实践学派的实验》为题发表演讲。

2013 年 12 月 9 日，在台湾召开的"中国大陆人权的发展"国际会议上，我以《中国法治的一块试验田——兼及中国法治实践学派》为题用英文发表演讲。

2014 年 1 月 11 日，中国法治实践学派研讨会在杭州召开。

2014 年 5 月，"中国法治高端论坛——法治余杭、法治中国及中国法治实践学派"在杭州余杭召开。本次中国法治高端论坛围绕的主题是：法治余杭今后需要突破的重点；法治余杭实践为法治中国提供的成功经验；法治中国的具体方向；以及中国法治实践学派的基本理论。

实际上，我们几乎每年举办中国法治高端论坛、中国法治国际会议。通过反复讨论，我们形成了许多共识。

至此，中国法治实践学派已初步形成影响。中国法治实践学派这一概念和思想也已及时传递给许多国家的学者，并触动他们对中国法治的兴奋神经，为今后进一步形成国际影响力打下了良好基础。

五

在推动法治指数、司法透明指数、电子政府发展指数等项目研究以及中国法治实践学派发展的过程中，江平、李步云、石泰峰、张文显、李林、武树臣、胡建淼、孟祥锋、张志铭、郑成良、孙笑侠、王公义、邱本、刘作翔、林来梵、朱新力、胡炜、吕庆喆、胡虎林、夏立安、熊美英、戴耀庭、梁上上、Susan Tiefembrun、查锡我等专家学者们给予了鼎力支持。没有这些学术造诣精深的学者专家的支持和合作，上述研究和实践都不可能取得如此引人注目的成绩。对此，我深表感谢！

我们的目标十分明确。今后，我们将不遗余力地推动中国法治实践学派的发展。我们将不遗余力地创新法治中国的理论体系。我们将不遗余力地探寻中国法治发展道路。这就是中国法治实践学派的行动纲领。

我们完全可以期待，中国法治实践学派一定会形成良好的国际影响力。我们完全可以自信，中国一定会形成具有中国特色、中国风格、中国气派的法治理论。我们完全可以相信，中国一定会为世界法治作出巨大的贡献！

2014 年 3 月 20 日

于弘道书院

| 后 记

本文是《中国法治实践学派》第一卷的后记。每卷的后记，我基本上是记录我们对中国法治实践学派若干推进工作。从这些记录中，人们可以了解中国法治实践学派的一些脉络。我们是把推进中国法治实践学派发展作为一件极其重要的重大工作来做，有计划有步骤地一步步推进。我们坚信，只要我们持之以恒，我们的目标一定能够实现。

中国法治实践学派的由来

中国法治实践学派这一题目距提出之日已经有一年多，今天中国法治实践学派研讨会的召开是极其重要的，因为它是一个转折点，它是首次举行研讨。

2012年12月，我在中国法治国际会议上提出中国法治实践学派的基本概念，同月，我在北京召开的由中国社会科学院主办的中国社会科学论坛上再次强调了这一概念并进行了比较详细的阐释。中国法治实践学派由此发轫。之后，我在《中国社会科学报》上发表了《中国法治实践学派正在形成》一文，继而，以《中国社会科学报》为平台，以李步云、武树臣、邱本为代表，开展了对中国法治实践学派这一论题的专门研究讨论。后来，我在《光明日报》整版里的"法治指数三人谈"重申了中国法治实践学派。2013年12月5日，我赴香港参加了主题为"中美关系以及信息公开与治理"的国际学术会议，在会议上我主要谈论了有关信息公开和中国法治实践学派的内容。12月9日，我出席了在台湾举行的关于"人权和法治"的国际学术会议，在会议上我也把中国法治实践学派的发展历程作了详细介绍。

迄今为止，从理论上来说，中国法治实践学派的形成是以在《中国社会科学报》上发表的《法治评估及其应用》这一论文以及后来陆续出台的几个重大重点课题为标志的。我首先提出了"法治评估及其中国应用"和"食品安全指数和食品安全透明指数"这两个国家社科基金重点课题，接着，我承担了后来也被列为国家社科基金重点课题的"司法透明指数"研究工作和教育部重点课题"中国法治政府评估体系及其标准"。最具里程碑意义的是，这些年我们建设"法治浙江"的经验被写进了《改革决定》，其对"建设科学的法治评估体系和标准"的强调对我们而言是莫大的鼓舞。

回顾这些年来我们所作出的努力，我们将中国法治实践学派形成和发展的直接原因归结为在习近平同志"法治浙江"主题下进行的"三大指数"试验：法治指数、杭州13个县市区的电子政府发展指数以及在浙江高院支持下开展的司法透明指数（亦称阳光司法指数）。其中，司法透明指数在2013年浙江省的103家法院中已经正式得以应用，各法院都进行了司法透明指数的测定工作。《人民法院报》等报刊上也出现了一些关于司法透明指数的文章，比如《孵化阳光司法指数倒逼法院各项工作》、《阳光司法指数形成倒逼机制》等。而中国法治实践学派与司法透明指数是紧密联系在一起的，2012年的司法透明指数的新闻发布会直接促成了中国法治实践学派这一学术概念的产生。会后，我在与一些学者参观沈家本故居时提出了用一个学术概念概括我们在浙江所做的法治实验的想法，得到了学者们的高度赞同。接着，我与邱本、武树臣等学者进行了缜密的研讨，最后弘道书院讨论决定将这一学术概念确定为中国法治实践学派。这一学派的提出得到了李步云等著名法学教授的鼎力支持。不久，李步云教授在《中国社会科学报》上发表文章，明确表示其为中国法治实践学派的一员，并希望更多的学者专家们能够加入这一行列。

"三大指数"的提出可以说是填补中国法治空白的标志性成果，但中国法治实践学派是否仅仅局限于法治评估与法治指数呢？答案显然是否定的。我们对中国法治实践学派的界定是：无论是民法还是商法抑或是诉讼法等学科，无论是法院的审判实践还是政府的法治政府实践抑或是检察院的检察实践，都与中国法治实践学派密不可分，中国法治实践学派在这种种机构实践和学科领域里皆可找到共同的原则和相同的元素。概括而言，我认为中国法治实践学派是以中国法治为研究目标，以实践、试验、实证为研究方法，讲求实效，致力于探寻中国法治发展道路和总结出具有中国特色、中国风格、中国气派的法治理论的群体。值得注意的是，这一群体不仅包括法学学者，在法律实务中从事法治实践的同志亦是其不可或缺的重要组成人员，因为我们最注重的是协同创新，我们过去的成功，包括法治指数、电子政府发展指数和司法透明指数在内，无一不是以协同创新、理论和实践相结合为突出特色。所以，中国法治实践学派理应结合理论和实践，二者不可偏废。

中国法治实践学派绝对不可忽视的几个界限是：它必须以法治为研究目标，以中国为研究背景，要注重中国的现实状况，既要着眼于中国的实践，同时还需具备国际化的视野。也正因为如此，我们必须把马克思主义的实践观作为根本的方法论基础，并批判借鉴实证主义、实用主义乃至功利主义的研究方法。我们立足于中国的传统进行中国法治理论的探索，在浙江，这一特征尤其明显。众所周知，永嘉有以叶适为代表的永嘉学派，永康有以陈亮为代表的永康学派，宁波有以王阳明为代表的浙东学派，在湖州，沈家本承前启后地奠定了中国法律近代化的基础。经世致用、讲求实效、强调实学成为浙江法律发展的特征，而今天的我们正是站在古人的肩膀上，从他们的研究方法和成果中汲取经验与营养，继承之后继而开拓创新。但是，我们所针对的问题与前人是迥异的，我们所要解决的是中国法治的前程问题，我们需要的是总结出一套法治理论，我们更需要在国际上拥有中国法治的话语权。我们今天如果去美国以及欧洲国家，会发现很多人对中国的法治不理解，他们认为中国不是法治国家，我们在他们面前的法治话语权很卑弱。我们一定要改变这种现状，使得不管在什么场合下，中国都能够说出具有自身特色的法治发展道路，我们中国必须有一套具有中国特色、中国风格、中国气派的法治理论，只有这样，我们才能无愧于这个法治的时代。中国的法学学者以及法治实践工作者如果能够肩负起并完成这样一份伟大的重任，那将是对中国的巨大贡献。

｜后 记

本文为"2013年中国法治实践学派研讨会"的发言。中国法治实践学派研讨会于2014年1月11日在杭州召开，中国法治研究院和浙江省商法研究会联合主办。来自高校、公检法、律师界、企业界等领域代表出席会议。本文收录在《中国法治实践学派》第一卷。

通古今之变化，发思想之先声

习近平同志2016年5月17日在哲学和社会科学工作座谈会上指出："这是一个需要理论而且一定能够产生理论的时代，这是一个需要思想而且一定能够产生思想的时代。"在这样一个全面深化改革、全面推进依法治国的大变革时代，中国法学家应当紧紧把握千载难逢的机遇，义不容辞地担当起时代重任，立时代之潮头，通古今之变化，发思想之先声，不遗余力地推进中国法治建设。中国法治实践学派及时并准确地回应了时代呼唤。中国法治实践学派倡导以实践为师，致力于破解法治难题，创新法治理论，致力于复兴中国经世致用的实学传统，致力于在法学领域展示其中国特色、中国风格、中国气派。

一、从问题着手，以实践为师

中国法治实践学派以法治中国的伟大实践为中心，以破解法治实践难题为己任。中国法治实践学派从概念提出之初，就强调法治实践的

"中国问题"导向，一切从实际出发，从问题出发，立足于实践哲学，倡导实践主义精神和行动理念，积极走进实践。习近平同志说，马克思主义具有鲜明的实践品格，不仅致力于科学"解释世界"，而且致力于积极"改变世界"。中国法治实践学派就是致力于塑造法学研究的"实践品格"，致力于"改变世界"。

中国法治实践学派概念缘起于法治实践。中国法治实践学派在具体推进发展的过程中，目标紧紧盯准实践。中国法治实践学派先后在浙江、河北、江苏建立研究基地，旨在选取法治实验场域，走进实践，协同创新，凝聚法治合力，共同破解法治中国实践难题。

一批法学家在浙江开展法治指数、司法透明指数等实验，一批法学家在江苏开展中国法治国情调查、定期推出中国法治现代化系列报告，一批法学家在河北深入社区乡村、探索基层法治路径等等，都是法学家走进实践、努力破解法治实践难题的典型例子。这些直接面向实践的行动就是坚持问题导向的具体表现，就是以实践为师的具体表现，就是习近平同志所说的"聆听时代的声音，回应时代的呼唤，认真研究解决重大而紧迫的问题"的具体表现。只有那些回应时代精神的法学家，才具备真正的担当精神，才能实现"改变世界"的伟大理想。

二、以古鉴今，不忘传统

中华文明是精神血脉，无法割断。中国文化传统是一面镜子，可以映照正反。习近平同志说，文化自信是更基本、更深沉、更持久的力量。中国法治实践学派明确宣称以复兴中国实学传统精神为己任，就是努力改造实学传统，实现实学传统精神的创造性转换，创新性发展，激活实学传统在法学领域的生命力。中国法治实践学派若干实验田和研究基地的建立，就有意识地链接了实学传统，将该地区的实学传统作为研究内容，进而传承发展实学精神。

在浙江，温州人叶适是"永嘉学派"的集大成者，中国法治实践学派就在温州建立研究基地。金华永康人陈亮是"永康学派"的主要代表，中国法治实践学派就在金华开展"法治启蒙实验"。湖州人沈家本是承先启后、学贯中西的法律改革家，中国法治实践学派就在湖州建立司法透明指数实验点。在浙江，有"中国启蒙思想家之父"的黄宗羲，有倡导"知行合一"精神的王阳明，浙江的实学传统最为典型。正是在浙江，中国法治实践学派开启法治指数先河，促使法治评估成为中国法治发展的增长点。

在江苏，昆山人顾炎武与黄宗羲、王夫之并称为"明末清初三大思想家"。顾炎武提出"博学于文，行己有耻"的治学宗旨，认为圣人的学说是注重道德践履和社会政治实践的学说，反对宋明某些理学家"专用心于内"、脱离实际和实践的蹈虚空谈。中国法治实践学派江苏基地明确深入研究顾炎武学术思想，并努力传承顾炎武实学精神。

燕赵文化不尚空谈，荀子与董仲舒就是典型代表，他们的思想都呈现出求真务实、兼容并蓄的特点。在河北，以博野人颜习斋和蠡县人李塨为代表的"颜李学派"是中国实学传统在北方的重要代表。中国法治实践学派河北研究基地同样明确深入研究"颜李学派"，传承"颜李学派"的实学精神。

三、兼容并蓄，敢于超越

习近平同志强调，哲学社会科学的特色、风格、气派，是发展到一定阶段的产物，是成熟的标志，是实力的象征。中国法治实践学派努力的目标就是要创造具有中国特色、中国风格、中国气派的理论体系。而要形成自己的特色、风格、气派，就必须兼容并蓄，敢于批判，敢于超越。

总结法治实践经验，将实践经验抽象、概括、提升为理论，是中国法治实践学派的基本任务。中国法治实践学派的"实践"不是将理论和实践"一分为二"，而是更加突出强调理论和实践的"内在统一"。创新理论和破解难题实际上是一个问题的两个方面。一方面，不破解法治难题，就不可能有重大法治理论创新；另一方面，没有系统的理论总结，破解难题工作就无法深入。

中国法治实践学派强调既要以实践为师，还要"以人为师"。我们应当也必须要向别国借鉴经验，不能关起门来实践；我们要向国外学者学习，汲取有益滋养；我们要敞开胸怀，听取来自各方面的有益建议。一切大学问、大理论，都是在借鉴中形成的。

中国法治实践学派通过实践和实验表现批判精神。实践和实验的结果就是对批判精神进行试验的结果。习近平同志说，提倡不同学术观点、不同风格学派相互切磋、平等讨论。与国内外不同学派切磋讨论是中国法治实践学派的一项基本工作。中国法治实践学派不膜拜书本、不固守教条、敢于批判、善于超越。这个时代问题应当由这个时代的人来作出权威阐释。缺少批判精神，中国法治实践学派就难以完成理论创新的重任。

综观大变革时代，实践哲学的复兴为中国法治实践学派的形成和发展奠定了理论基础，实学传统为中国法治实践学派提供了精神营养，全面深化改革、全面推进依法治国的伟大实践为中国法治实践学派提供了广阔的舞台，社会科学的研究方法为中国法治实践学派提供了学术助力。中国法治实践学派将秉承"士以弘道"的价值追求，担当时代重任，树立优良学风，引领学术潮流，不畏艰难，不辱使命，"百尺竿头，更上一层楼"。

| 后 记

自 2012 年我公开提出中国法治实践学派后，中国法治实践学派逐步形成影响。2016 年 5 月 17 日全国哲学和社会科学工作座谈会召开非常及时。习近平同志的谈话也非常及时地支持了中国法治实践学派。中国法治实践学派的方向是正确的。本文是我在习近平同志发表谈话后写的文章。

中国法治实践学派的兴起与使命

　　学派，是基于研究主体、研究对象、研究方法、研究旨趣等要素而形成的一个相对稳定的学术群体，是特定时期特定领域之学术思想和理论体系的杰出代表。学派的形成，或因师承，或因地域，或因问题。因师承者，如西方的苏格拉底、柏拉图、亚里士多德之间的传承，又如中国先秦儒、墨、道、法各派的传承，可称为"师承性学派"；因地域者，如西方芝加哥学派、剑桥学派、奥地利学派等，又如中国的濂、洛、关、闽、浙东、湖湘等诸派，可称为"地域性学派"；因问题者，如西方的重农学派、供应学派，又如民国初年开始，直至新中国成立后活动于我国台湾、香港等地的新儒家学派等，可称为"问题性学派"。当然，学派往往有各种元素交叉融合流变，既有师承因素，也有地域、问题因素。学派名称并无一定范式，如法律和经济的结合，可以叫作法律经济学派，也可叫作经济分析法学派；重视功利的学派，在中国古代叫作事功学派，在西方叫作功利主义学派；等等。

　　中国法治实践学派是以中国法治为研究对象，以探寻中国法治发展道路为目标，以实验、实践、实证为研究方法，注重现实、实效，具有中国特色、中国气派、中国风格的学术群体的总称。概言之，中国法治实践学派的主要旨趣或宗旨是用实验、实践、实证的方法对中国法治发展道路进行学术阐述、理论概括和社会实验，强调中国特色、法治精神、实践理性以及公共理性。中国法治实践学派的背景是中国的，内容是法治的，方法是实践的，视野是国际的。

"中国"是中国法治实践学派的一个重要限定词。这个学派是将法治置于中国国情开展研究的，不盲目追随西方的理论，不盲目崇拜西方的模式，而是实事求是地根据中国自己的历史文化传统以及经济政治社会条件，寻找一条继往开来、融会中西、与时俱进，具有中国特色、中国风格、中国气派的法治理论体系。

"实践"是中国法治实践学派的另一个重要限定词。中国法治实践学派不同于"纯粹经院式"的研究，而是"在实践中证明自己思维的真理性，即自己思维的现实性和力量，亦即自己思维的此岸性"①。中国法治实践学派不仅关注中国法治实践本身，将中国法治实践中发生的种种疑难问题、典型案例和制度创新等现象作为自己的研究对象，而且直接链接实践，积极参与国家推行法治建设的各种实验和实践，运用实验、实践、实证的方法总结理论，再把理论应用于实践，以检验理论是否具有现实性、能否产生实效。中国法治实践学派所倡导的法治理论应是"从客观实际抽出来，又在客观实际中得到了证明的理论"②。中国法治实践学派不仅要指出种种法治问题，更要找出其存在的原因和解决的方

---

① 《马克思恩格斯选集》第 1 卷，人民出版社 2012 年版，第 137 页。
② 毛泽东：《整顿党的作风》，见《毛泽东选集》第三卷，人民出版社 1991 年版，第 817 页。

法，并且这些原因是真实的，这种方法是可行的。中国法治实践学派注重的是法治理论的实际效果和实践价值。"我们不但要提出任务，而且要解决完成任务的方法问题。我们的任务是过河，但没有桥或没有船就不能过。不解决桥和船的问题，过河就是一句空话。不解决方法问题，任务也只能是瞎说一顿。"①

中国法治实践学派正在酝酿形成之中。这个学派的胸襟是开阔的，视野是国际的，研究是开放的。中国法治实践学派在研究中国法治发展的过程中，始终对各国法治的发展历史和现状保持密切关注，及时吸收各国法治的理论成果和成功经验，并通过比较借鉴、消化吸收，融入中国法治理论构建和实践建设中。同时，在中国法治实践学派的视野下，中国的事功传统、马克思主义实践观将得到充分运用；西方的实证主义、现实主义、功利主义、实用主义等理论和方法也会被重新审视、批判借鉴和合理运用。

法治的真正根基和土壤在社会。和任何一个学派一样，中国法治实践学派的兴起具有极为深刻的社会背景。中国法治实践学派之所以首先由参与浙江法治实践的学者提出，是因为浙江素有开风气之先的"事功传统"，也因为浙江的市场经济走在全国最前列、民营经济占 GDP 的比重超过 60% 这样一个经济条件，更因为时任浙江省委书记的习近平同志提出"法治浙江"，进而提出"法治中国"这样一个大背景。

倡导"实践""实行""实功""实事"是众多浙江学者的治学取向，"事功传统"也因此成为浙江的学术传统，尽管这种"事功传统"以及

---

① 毛泽东：《关心群众生活，注意工作方法》，见《毛泽东选集》第一卷，人民出版社 1991 年版，第 139—140 页。

形成因素并不局限于浙江地域。浙江永康人陈亮创立永康学派，倡言事功，治学讲究务实，注重学术的社会实际效果，对当时奢言道德性命义理的理学表示了极大反感。浙江温州人叶适集大成而创立永嘉学派，树立功利主义旗帜，为学务实不务虚，极力反对空谈脱离事功的义理，认为义理如不同事功结合起来，是无用之虚语。清人黄宗羲说："永嘉之学，教人就事上理会，步步着实，言之必使可行，是以开物成务。"① 陈亮和叶适的事功学派被称为"实学"，与"理学""心学"齐名。浙江余姚人王守仁（王阳明）创立"知行合一"说。王守仁说："知是行的主意，行是知的功夫；知是行之始；行是知之成。"② 王守仁的"王学"以其重实践，即知即行，简明直接，在发展之初表现了极大的青春活力。浙江余姚人黄宗羲在"天崩地解"的时代创浙东学派，复活南宋事功之学的思想，力主文以载道，经世实用，反对做两脚书橱，一介腐儒。黄宗羲的经世思想产生了巨大影响，振起百年聋聩，一扫诸儒附会支离之风。他一针见血地指出："道无定体，学贵适用。奈何今日之人执一以为道，使学道与事功判为两途。事功而不出于道，则机智用事而流于伪，道不能达之事功，论其学则有，于适用则无，讲一身之行为则似是，救国家之危难则非也，岂真儒哉？"③ 浙江湖州人沈家本更是法学界经世致用的代表。沈家本是一个传统法学的集大成人物，是中国近代法学的奠基人，是一名不折不扣的改革家、实践家。沈家本能够成为中国传统法律向近代转型时期的标杆式人物，得益于他受命于危难之中，直接承担了

---

① 黄宗羲：《宋元学案》卷五十二，见《艮斋学案》黄宗羲按语，全祖望辅修，陈金生、梁连华点校，中华书局 1986 年版。

② 王阳明：《传习录》上，见《王阳明全集》卷一，上海古籍出版社 1992 年版。

③ 黄宗羲：《姜定庵先生小传》，见《黄宗羲全集》第十册，浙江古籍出版社 2005 年版。

中国近代史上具有转折意义的律例修订的实践工作，得益于他在研究过程中立足实践、参考古今、博稽中外的"会通"思想。

浙江是中国经济最活跃的地区之一，是一个与国际高度接轨的先发地区。浙江的民营经济尤为活跃。在这样一个经济发达地区，法治先行先试，中国法治实践学派的提出顺理成章。习近平同志说："浙江省经济较为发达，市场化程度较高，民主氛围也比较浓厚，推进法治建设具有良好的物质基础和社会条件，完全有能力、有信心、有条件，也有责任在建设法治社会方面走在前列。"① 中国法治实践学派正是在浙江一系列法治实践的基础上提出来的。在习近平同志倡导"法治浙江""法治中国"的背景下，江平、李步云等一批专家学者都参与了中国内地第一个法治指数（杭州余杭法治指数）、中国第一个司法透明指数（浙江吴兴法院司法透明指数）和中国第一个电子政府发展指数（杭州电子政府发展指数）等项目的实验和实践，并在此基础上形成了中国法治实践学派的一些共识。这批专家学者不仅具有极为明显的跨学科特点，而且来自理论界和实践界的不同单位部门。因此，浙江法治实验和实践取得的成绩，中国法治实践学派的提出，是跨学科团队合力促成的结果，是学者和政府协同创新的结果。

转型期的中国正在日益加强和完善法治建设，法治理论和法治实践都在不断创新，这为中国法治研究提供了广阔的场景、良好的契机和丰富的素材，一大批具有实践精神的学者都在致力于中国法治发展道路的研究，法治指数的实验是其中的一个例证。这种实验的、实践的、实证

---

① 习近平：《研究社会主义法治，推进"法治浙江"建设》，载《浙江日报》2006年2月6日第1版。

的研究方法和思路昭示着转型期的中国完全有可能形成一个崭新的学派。著名法学家、全国政协原副主席罗豪才在调研余杭法治指数时说："我很赞成基于本地的实践来研究一些问题，形成经验。如果能形成学派，很有意义。如果把浙江的经验系统化，理论生命力就更强，因为它不是靠纯粹推论出来的。靠纯粹抽象的推论往往没有生命力，而基于实践经验、总结提炼出来的理论具有生命力。"①

中国法治实践学派并不受一时一地之局限，相反，它具有极大的开放性和包容性，它是全国各地一切有志于立足中国实践、探寻中国法治道路之同仁共同的旗帜。他们密切关注中国法治实践，通过不同方式参与中国法治实践创新，总结法治发展规律，形成法治思想和理论，并将之运用于中国法治实践，推动中国法治发展。他们是形成中国法治实践学派的主要力量。中国法治实践已经引起许多国外学者的关注。这些国外学者深入研究中国法治，事实上已经融入推动中国法治实践学派形成的行列。随着人数的越来越多，中国法治实践学派将更具国际影响力。转型期的中国迫切需要学者集思广益、承先启后和开拓创新，创立既有中国特色、中国风格、中国气派，又具国际影响力的法治理论；迫切需要学界与政界共同努力，形成最大的合力，共同走出一条具有中国特色的法治发展道路；迫切需要立足中国、放眼世界，在国际上争取中国法治话语权，为世界法治发展提供重要参考。唯其如此，法治"中国梦"才能实现。

《浙江大学学报》专门开辟讨论中国法治实践学派的栏目，这是国

---

① 《全国政协原副主席罗豪才调研法治指数和法治余杭》，浙江大学光华法学院网，http://www.ghls.zju.edu.cn/redir.php?catalog_id=94&object_id=50270。

内外学术刊物首次从学派角度对中国法治实践和理论动态的重要回应，旨在组织国内外学者展开系列讨论，推动具有中国特色、中国风格、中国气派，又具国际影响力的法治理论和法学流派的形成，并服务于法治中国的伟大实践。本期推出的三篇论文，分别从传统法律文化、公共理性的培育以及中国法治发展道路三个不同角度论证中国法治实践学派的形成、任务和未来发展方向。这组文章具有填补空白意义，是中国法治实践学派最原始的文献，必定会引起学界广泛而深入的讨论。这组文章的推出是为了抛砖引玉，是为了欢迎和期待更多的关心中国法治的国内外学者来共同关注法治中国的实践，共同探讨中国法治实践学派这一重大命题，共同推动中国为世界法治文明作出辉煌的贡献。

| 后 记

本文原载于《浙江大学学报》（人文社会科学版）2013 年第 5 期。

从 2013 年第 5 期开始，《浙江大学学报》（人文社会科学版）正式推出"中国法治实践学派及其理论"专栏。我受邀担任特约栏目主编。这是国内外学术刊物首次对中国法治实践学派的重要回应。

《浙江大学学报》（人文社会科学版）每年不定期推出"中国法治实践学派及其理论"专栏。该栏目是中国法治实践学派的重要学术阵地。

"中国法治实践学派及其理论"专栏已经产生很好的学术影响，当然会产生更大的影响。

中国法治的一块试验田

——兼及中国法治实践学派的宗旨

我今天演讲的关键词是"法治"。这些年，我重点探索中国的法治道路。

法治和人权互相依赖，密不可分。因为法治的根本要义是限制公权，保护私权。公权和私权博弈的过程就是法治的过程。人权是法治的根本目标，法治是人权的根本保障。离开了人权，就没有真正的法治；离开了法治，人权就不能实现。法治的进步与私权的保护成正比。

浙江省杭州市余杭区有"全国法治试验田"之美誉。在这块法治试验田上，一批专家学者共同努力，推出了中国第一个法治评估体系和中国内地第一个法治指数。进而，我们率先提出了中国法治实践学派。客观地说，我们的努力推动了中国法治的发展和人权的进步，也深化了法治理论的研究。

一、"全国法治试验田"的产生和中共中央的重大决定

（一）"全国法治试验田"的产生

中国只有走法治的道路，才有出路，否则会走入死胡同。中共中央总书记习近平提出"法治中国"，这让中国人民看到了希望。

"法治中国"的源头一定要追寻到习近平同志的"法治浙江"实践。2006年2月8日，习近平同志到杭州市余杭区专题调研"法治浙江"，特别强调基层法治工作。习近平同志当时担任浙江省委书记。紧接着，余杭区委领导找我商谈如何推进法治建设问题。之后，我们一批专家学者与余杭区委区政府合作，推出了"法治余杭系统工程"。在我的建议下，余杭启动了"余杭法治评估体系"课题。我受委托主持课题。来自中国社会科学院、司法部、国家统计局、香港大学等单位的专家学者加盟课题组。

我们的目的是将余杭区作为法治中国的试验区，通过余杭区的法治实验，探寻法治中国的道路。当我们2007年完成余杭法治评估体系的设计、2008年颁布余杭法治指数之后，我们得到了广泛的赞扬。这些赞扬来自学界，来自官方，来自媒体。来自国内外的许多人专门奔赴余杭考察。原全国政协副主席罗豪才教授专程调研余杭法治评估实践，认为我们的方向非常正确，肯定我们的贡献。司法部副部长张苏军同志专程赴余杭现场办公，称余杭是"全国法治试验田"，"全国法治试验田"因此得名。

余杭法治评估体系是全方位的。所谓全方位是法治一级指标包括党

委依法执政、政府依法行政、司法公平正义、权利依法保障、市场规范有序、监督体系健全、民主政治完善、全民素质提升、社会平安和谐九个维度。这九个维度指标基本上代表了中国基层政府可以接受的法治理解。在九个维度之下，我们又细分为27项法治任务，77个评估标准。

中国政府一直习惯于系统内部的政绩考核。余杭法治指数的测定方法跳出了政府自我评估的窠臼，采用第三方评估。评估机构是我们在香港设立的中国法治研究院和浙江大学。我们的测定分为数据收集、民意调查、内部组评估、外部组评估、专家评估、指数发布六个步骤。

从2007年开始，一年测定一次，我们至今已完成六个年度的法治指数测定。每年的法治指数报告，我们都在《法治蓝皮书》或《中国司法》上正式发表，并专门汇集成卷，正式出版。六年的法治指数分别为71.6、71.84、72.48、72.48、72.56、73.66。每年的指数有小幅上扬。我们设定的及格线是60。作为中国经济相对发达的余杭区，其法治水平跨过及格线，开始走向较好状态，但仍处于初级阶段。

（二）中共中央关于深化改革的重大决定

中国法治道路应该怎么走？2013年11月12日，党的十八届三中全会审议通过的《改革决定》是全面深化改革的总目标、总方向，意义极其重要深远。这个重大《改革决定》中有一个不能忽视的内容，那就是"建立科学的法治建设指标体系和标准"。法治评估成为今后法治中国建设的一个重大内容和方向。这是一个可喜的兆头。

从"全国法治试验田"的产生到中共中央的重大决定，我的思考和行动一直配合法治中国的节拍。中共中央高度重视科学建立法治评估体系和标准，对我来说，是莫大的鼓舞。我不能说，我为"法治评估"进入中央的重大决定有多大贡献。因为全国已有很多地方在进行法治评估的实践。媒体学界还把我叫作"钱指数",我不敢当。但我可以确切无疑地说,我尽了自己最大的努力。多年来,我一直尽心竭力争取中央决策高层重视我们的创新研究。而且,在我的内心,确切无疑地有一种历尽艰辛、终成正果的感觉。这就足够。

中共中央的重大决定为我们设定了一个长时间的研究课题。我们接下去的努力,就是要建立科学的法治建设指标体系和标准,就是要让法治评估真正成为中国法治增长点。2013 年,我们获得了教育部重大课题"中国法治政府建设指标体系研究"的立项资助。我们还获得了国家社科基金重点课题"司法透明指数研究"的立项资助。我都担任首席专家。这是政府对我们进行深化法治研究的有力支持。

二、法治试验田的启示

我一直主张,法治评估是未来中国法治的增长点。通过余杭的法治指数、浙江省湖州市吴兴区法院司法透明指数以及杭州市电子政府发展指数的实验,我发现这个观点是正确的。法治评估的确能够推动法治发展。法治试验田至少给我们以下几点启示。

(一)法治评估是一种倒逼机制

法治评估首先要涉及一套法治指标。这套指标要从法治内涵入手,根据现有法律法规的内容来设计。指标的设计是化抽象为具体,是将抽象的法治概念和理想变成具体可以实践的内容。指标设计是化繁为简,将众多的法律法规变成少量的易于理解操作的指南。指标设计是定性定量相结合，最终将法治要求转化为可以量化测定的标准。

法治评估指标之所以是一种倒逼机制，是因为它可以对政府形成压力，迫使政府采取具体措施，将法治口号变成法治行动。它好比孙悟空的"紧箍咒"，引导政府摒弃人治，选择法治。

我们在余杭做的法治试验田，归根结底，是为了改变权力运行病态的状况，是为了限制公权的恶性膨胀，保护私权不受侵犯。余杭每年的法治指数测定，好比一个人的年度体检，把脉政府权力的运行，发现政府的病症，提出治病的建议。每年的指数测定一旦公布，都会从外部对余杭政府产生压力。这种来自外部的压力是一种对政府行使权力的监督。这种来自外部的压力促使政府认真面对病症，积极治疗顽症。

（二）法治评估可以形成法治建设合力

转型期中国法治的一个特征是，政府在法治建设中起着主导作用，这是由中国政治特点决定的。但是，法治不仅仅是政府的任务，法治应该是全体公民的责任。没有公民的参与，没有政府和社会形成的合力，法治建设会流于形式，甚至根本不可能建成法治国家、法治政府、法治社会。

我们在余杭做的法治试验田表明，法治评估的过程是法治建设合力形成的过程。首先，法治评估课题研究是学者和政府的协同创新；其次，民意调查、政府内部工作人员参与评估、非政府人士参与评估、专家参与评审等环节形成了推动法治的合力；最后，媒体的广泛宣传，使得法治试验田形成了广泛的影响力，使更多的地方更多的人思考法治、参与法治。正是这样的合力，推动了余杭的法治发展，也影响了全国其他地方。

（三）法治评估可以培育官员的法治思维和公民的权利意识

法治，归根结底取决于一个社会的法治观念和法治精神。中国之所以法治艰难，是因为中国人有一个人治思维定势。这个人治思维定势是老祖宗留下的传统，很难丢弃。于是，潜规则盛行，关系变成第一生产力，权钱交易、权权交易、权性交易充斥权力市场和经济市场。一旦官员倒台，受贿几百万、几千万、几个亿，情人、小秘、二奶十几个、几十个、一百多个，不足为奇。由此可见中国法治之艰难。观念和精神的培育是一个渐进的过程，不能一蹴而就。

多年来，中国一直在进行广泛的普法教育，但效果不是很理想。很多普法教育活动是表面文章。如何培育法治观念和法治精神，这是一篇大课题。我们做的法治试验田是培育法治观念和法治精神的一种努力。以法治指数为枢纽的法治余杭系统工程，是让官员和民众参与法治建设，是让官员和民众感受法治进步，是让官员和民众认识法治并且宣传法治。长此以往，官员的法治思维和公民的权利意识必定得到培育和强化。电子政府发展指数、司法透明指数的测定同样是培育政府官员、法官法治思维的方式，因为这样的方式让民行使知情权、参与权、发言权、监督权，让政府官员和法官受到监督。

三、中国法治实践学派的宗旨

我是在 2013 年 12 月的中国法治国际会议上提出中国法治实践学派的。这个学术概念提出的直接起因是法治试验田给我带来的研究方法的根本改变。在法治试验田以前，我的研究方法基本上是书斋式、经院式的，并没有深入法治的实践中去。而法治试验田却完全改变了我的研究风格。我发现，这样的研究最符合法治中国的现实，最有实效，最有意义。我与法学界的同仁就提出学派概念进行讨论，并取得共识。我们一致认为，提出中国法治实践学派概念，不仅必要，而且及时。中国法治实践学派是以中国法治为研究对象，以探寻中国法治发展道路为目标，以实验、实践、实证为研究方法，注重现实、实效，具有中国特色、中国气派、中国风格的学术群体的总称。概言之，中国法治实践学派的主要旨趣或宗旨是用实验、实践、实证的方法对中国法治发展道路进行学术阐述、理论概括和社会实验，强调中国特色、法治精神、实践理性以及公共理性。具体一点说，中国法治实践学派的宗旨主要体现在以下三点。

（一）以实验、实践、实证为研究方法

中国法治实践学派要形成独具风格的研究方法。

每个学派都有自身明显的特点，都会有自己的界定。中国法治实践学派也不例外。虽然中国法治实践学派正在形成过程中，但是，我们可以有这样几个限定：它的背景是中国的，它的内容是法治的，它的方法是实践的，它的视野是国际的。

中国法治实践学派的研究方法以"实验、实践、实证"为特色。在1999 年中国宪法置入法治以前，法治研究主要停留于价值的研究、理论的思辨。大多数人忙于从西方理论中寻找答案。西方的法治模式难以直接在中国生根开花，它需要选择，需要转化，需要过程。我们就必须面对中国现实，必须将法治问题置于中国这个大背景中去。于是，我们发现，法治中国建设没有现成的答案，我们有必要关注实践中发生的种

种问题，我们甚至有必要直接参与实践。于是，我们发现，法治试验田这样的工作就显得富有意义。这样，中国法治实践学派的研究方法就自然地表现为注重现实，注重实践、实验、实证，注重实效。这样的法治研究，最适合转型期法治中国的需求。

（二）创新法治中国理论

中国法治实践学派要在实践中总结创新法治中国理论。

没有理论的法治实践是没有生命力的。中国不会照搬西方现成的答案，中国需要自己的法治理论。

法治理论必须回应法治实践的迫切需求。一方面，我们要从中国的法治实践中去发现总结理论；另一方面，我们要将理论及时应用到实践中去。法治试验田式的研究就是基于《宪法》规定法治目标、国务院出台《全面推进依法行政实施纲要》（以下简称《行政纲要》）、习近平同志推出"法治浙江"这样一个实践需要产生的。

《改革决定》提出深化行政执法体制改革、确保依法独立公正行使审判权检察权、健全司法权力运行机制、完善人权司法保障制度等一系列改革重点内容。这些内容至今并没有形成成熟的理论，需要在改革实践中不断深入研究、抽象概括总结出来。因此，《改革决定》为我们提出了目标和任务。

中国法治实践学派要敢于担当，要将创新中国风格、中国特色、中国气派的法治理论作为自己的目标。

（三）探寻中国发展道路

中国法治实践学派的使命是要探寻中国法治发展道路。

法治模式不可能千篇一律。世界上每个国家的法治模式都有自己国家鲜明的个性。如果有人建议中国现在直接移植西方的多党制，行不通；如果有人建议中国现在直接移植西方的宪政，行不通；如果有人建议中国现在直接移植三权分立体制，行不通。因为中国共产党不答应。那么，中国应该走什么样的法治发展道路？今天有今天的答案，但明天我们可能有新的认识，后天我们可能有新的发现。而这一切，我们要在实践中寻找。中国这么一个大国，应该在法治方面为人类有所作为。大家拭目以待，中国不仅会在经济发展方面为人类作出贡献，而且会在法治方面为人类作出贡献，这两大贡献将成为 21 世纪两大奇迹。

四、结　语

最后，我想说：一个专制的国家，人民不可能有人权的奢侈，因为人民是奴隶；一个法治式微、潜规则盛行的社会，人民不可能享有人权的快乐，因为人权失去了保障；一个公民社会脆弱的国度，人权只是纸上谈兵，因为私权在公权面前无能为力。因此，人权的进步，依赖于民主和法治的发展。民主和法治已经庄严地写在中华人民共和国的宪法里。我们有理由相信，中华民族有足够的智慧、勇气以及能力让宪法的理想变成现实。这就是我们的中国梦！

| 后　记 --

本文是 2013 年 12 月 9 日我在台湾政治大学举办的"中国社会权利

发展国际会议"上的演讲。9 日上午，我与著名法学家、纽约大学法学院教授科恩（Jerome a. Cohen）分别作为主旨演讲者发表演讲。演讲时我用的是英文。科恩已 80 多岁，但思维清晰，口才极好，值得学习。他一生中的大部分时间都为促进中美两国的法律交流而奔走。科恩对周恩来总理提出了富有远见的建议，开启了中美法律交流的大门，也使他成为中美两国法律界交往中具有影响力的律师和教授。会后我与他围绕中国法治实践学派这个话题进行了讨论。

本文发表于 2014 年 5 月 7 日《中国社会科学报》，发表时题目为《中国法治试验田孕育法治评估与实践学派》，收录于《中国法治实践学派》第一卷。

中国法治实践学派的界定

  2012 年，"中国法治实践学派"的概念被正式提出。2013 年，《中国社会科学报》和《光明日报》邀请学者专题讨论中国法治实践学派和法治指数。同年，《浙江大学学报》（人文社会科学版）推出"中国法治实践学派及其理论"专栏。时至今日，中国法治实践学派已然成为一个受到广泛关注并引起热烈讨论的学术话题。[①] 从 2014 年开始，《中国法治实践学派》文集不定期出版，旨在成为推进该学派发展的学术平台。[②]

  如何界定中国法治实践学派？所有讨论自然都从这个问题开始。已

[①] 相关文章参阅钱弘道：《中国法治实践学派正在形成》，载《中国社会科学报》2013 年 2 月 6 日，李步云：《法治实践学派的哲学基础是马克思主义》，武树臣：《法治实践呼唤法治实践学派》，邱本：《为中国法治建设寻找有效的方法、路径和技术》，载《中国社会科学报》2013 年 7 月 24 日，钱弘道：《中国法治实践学派的兴起与使命》，载《浙江大学学报》（人文社会科学版）2013 年第 5 期，钱弘道、王梦宇：《以法治实践培育公共理性——兼论中国法治实践学派的现实意义》，武树臣、武建敏：《中国传统法学实践风格的理论诠释——兼及中国法治实践学派的蕴育》，邱本、徐博峰：《中国法治发展道路与中国法治实践学派》，载《浙江大学学报》（人文社会科学版）2013 年第 5 期。

[②] 《中国法治实践学派》第一卷，法律出版社 2014 年版。每年不定期出版。

发表的有关中国法治实践学派的文章对该学派已经有一些初步界定。本文旨在对中国法治实践学派作进一步的阐述。这个阐述仍然围绕我已经表述的中国法治实践学派的基本定义展开。这个定义是："中国法治实践学派是以中国法治为研究对象，以探寻中国法治发展道路为目标，以实践、实验、实证为研究方法，注重现实、实效，具有中国特色、中国风格、中国气派的学术流派。"① 理解这个定义的关键在于一个"实"字。所谓"实"，就是指中国法治实践学派注重"现实""实践""实验""实证""实效""实学"。

第一，中国法治实践学派注重现实。离开中国现实背景和法治条件研究法治就会成为无源之水、无本之木。

中国法治实践学派以解决中国法治问题为出发点，是具有问题导向特点的学术流派。解决中国问题，研究中国法治，只有与"中国"这个大背景和大现实结合起来，才可能探索科学的答案。

一个国家的法治建设不可能超越该国的法治条件，离开具体的法治背景、法治条件去研究法治，其理论或许可以做得很精致，但往往脱离现实，在实践中无法应用。

中国的法治条件与经济水平、政治结构、文化传统、民众观念等诸多因素相关。研究中国法治的学者，应当时刻注意使自己的思考和理论符合中国法治的具体条件，时刻注意法治方案与具体条件之间是否具有高度的吻合性。如果理论完全不符合中国现实，那就会成为一厢情愿的法治情结和法治浪漫主义。

我们不排斥法治理想主义，但是我们更需要法治现实主义。法治需

---

① 参见《浙江大学学报》（人文社会科学版）2013 年第 5 期。

要慢功夫，需要循序渐进，需要试验和检测，不可能一夜之间就皆大欢喜地进入法治理想国了。

中国法治建设已经并且仍将不断遭遇许许多多的困难，绝不可能一帆风顺。这种困难就是我们必须面对的现实。如何解决这些法治困难，需要我们的勇气和智慧。

第二，中国法治实践学派旗帜鲜明地强调"实践"。它的方法论与马克思主义实践观具有一致性。

中国法治实践学派之所以将实践作为学派名称的关键词，是因为实践对于社会科学研究具有独特功效，实践对中国法治具有独特意义。

实践是马克思主义的基本范畴和本质特征。实践是人类社会的基础，一切社会现象只有在实践中才能找到最后的根源。实践是社会的本质，法治本质上是一项社会实践活动，因此必须在实践中寻找最终的科学答案。

"法治中国"是一场伟大的政治实践。中国究竟应该走什么样的法治发展道路？中国法治发展道路需要什么样的理论体系？当法治置于中国这样一个实践场景中，它的道路，它的理论，它的话语体系，必然有别于其他国家。从问题导向看，从世界范围来看，以中国法治为研究对象的中国法治实践学派的特点必然鲜明。

法治理论植根于实践才有生命力。离开中国实践，我们虽然拿来异国的法治理论也能谈得头头是道，但这些理论可能仅仅是书面的理论、讲堂上的理论、大小研究会上的高谈阔论，甚至不过是茶余饭后的清谈宣泄。《改革决定》第九部分"推进法治中国建设"的战略部署和发展方向，必须在中国这个法治场域，通过不断地创新实践才能实现。

法治是具有普遍规律的，但法治原则、普遍规律的具体实施和表现方式却存在特殊性、差异性、多样性。《改革决定》里的每项具体内容，一旦放到实践中去，其特殊性、差异性以及多样性将凸显出来。如"建设科学的法治建设指标体系和考核标准"，一方面它是法治中国评估实践的产物，另一方面具体的指标和标准一定会体现法治中国的阶段性特点。它无法直接抄用别国的标准。以"余杭法治指数"所设计的指标为例，如果直接抄用世界法治指数、香港法治指数所设计的指标，实践中就不会被接受，设计者就是书呆子。你要知道法治应该怎么进行，就必须到实践中去把握体会。毛泽东在《实践论》中说："你要知道梨子的滋味，你就得变革梨子，亲口吃一吃。"有少数学者习惯于躲在书斋里想当然，怎么能知道实践中活生生的法治情形呢？无病呻吟的研究也许有利于评定职称或提高知名度，但是只会耽误学者特别是年轻学者的学术青春，浪费读者和学生的时间，于法治实践无益。

中国法治实践学派强调"行动"。书本上的法律不等于行动中的法律，理论上的法律不等于实践中的法律。庞德的著名论文《书本上的法律与行动中的法律》就是告诉大家，书本上的法律经常不同于行动中的法律，真正现实和科学的方法是必须考虑它们之间的区别。

法学有理论法学和实践法学之分，法治也有理论法治和实践法治之分。从问题导向看，中国法治实践学派注重研究"实践中的法治"，即中国法治实践。如果我们将实践运用到整个法学研究中，那么中国法治实践学派就自然可以被称为"实践法学派"。理论法治与具体实践中的法治存在种种差距。为什么实践部门的同志总认为不少从事法学理论研究的工作者是纸上谈兵，就是这个道理。法治贵在实践，"法治实践"之所以成为约定俗成的通用词汇，就是因为大家用"法治实践"这个词汇反复强调法治的实践特点。

第三，中国法治实践学派用实证方法研究中国法治。法治实验是一种实践，是实证研究的一种方法。实践、实验方法必然体现实证精神。

实践有三种表现形式：生产实践、社会实践、科学实验。法治实验属于社会科学实验。中国法治实践学派倡导法治实验，法治实验是寻找中国法治道路、建构法治理论体系的准备性和探索性的实践活动。

实证性研究是通过对研究对象大量的观察、实验和调查，获取客观材料，从个别到一般，归纳出事物的本质属性和发展规律的一种研究方法。[①] 根据孔德的理解，所谓实证，它包含四层意思，一是与虚幻对立的真实，二是与无用相对的有用，三是与犹豫对立的肯定，四是与模糊相对的精确。[②] 所谓法治研究的实证方法，就是按照社会科学研究的实证取向对法治实践作审慎缜密的考察，以客观事实为依据，找出法治发展的规律。法治规律需要通过实证的方法去不断发现和总结。实证精神表现了中国法治实践学派的精神气质。

坚持实验主义是中国法治实践学派的特色。胡适说："实验主义的学者，把凡所有的意思都看作假设，再去试验他的效果。譬如甲有一个意思说这样方可以齐家，乙有一个意思说那样方可以治国。我们都不可立刻认为是的或否的，先得试验他的结果是否可以如此。"[③] 实验主义的要点就是"人类当从事实上求真确的知识，训练自己去利用环境的事务，养成创造的能力，去做真理的主人。"[④]

法治实验的特点是，自觉地以科学理论为指导，以特定法治场域为

---

① 参见百度百科词条。
② 参见 [法] 孔德：《论实证精神》，商务印书馆 2009 年版，第 33 页。
③ 胡适：《谈实验主义》，见胡适：《容忍比自由更重要》，九州出版社 2013 年版，第 23—24 页。
④ 同上。

实验点，以社会调查、量化分析为方法，以探索和认识法治实践活动的本质和规律、探寻最优化法治道路为目的，反复试验观测法治方案的效果。以杭州市余杭区为场域的法治指数、以杭州 13 个县市区为场域的电子政府发展指数、以湖州市吴兴区法院和浙江省法院系统为场域的司法透明指数等测评活动，均是典型的法治实验。这样的实验，我们可以总结经验，把它上升为法治评估理论。① 中国法治实践学派的提出正是从这些实验中得到的理论启示。

中国法治实践学派具有批判精神。实践和实验就是批判的方式。它的批判精神通过实践和实验表现出来，贯穿于实践和实验的始终。正如卡尔·波普尔所言："一切理论都是尝试，都是试验性的假说，它们是否成立都要经过检验；而一切实验的确认则不过是以批判精神进行试验的结果，为努力发现我们的理论的错误而进行试验的结果。"②

在探索中行进的人们也许更容易主观妄断，他们可能根本没有觉察自己的判断结论是违反科学的。我赞同卡尔·波普尔的观点："如果他希望在社会和政治的研究中采用科学方法，那么最必要的是采取一种批判的态度，并且认识到做尝试和犯错误都是免不了的。"③

法治理论和法治实验之间如何结合使用并无神秘之处。"理论和实验的结合使得研究者可以通过理论捕捉到庞杂的社会结构，并且将其分解为更小、更易控制的部分——这些部分足以成为实验调查中的客

---

① 法治指数课题组通过杭州市余杭区的实验总结法治评估理论，相应的理论分析参阅钱弘道等：《法治评估及其中国应用》，载《中国社会科学》2012 年第 4 期，第 140—160 页。

② [英]卡尔·波普尔：《历史决定论的贫困》，杜汝楫、邱仁宗译，上海人民出版社 2009 年版，第 70 页。

③ 同上。

体。""通过理论，实验结果可以结合到越来越大的整体中，从而应用在庞大的结构中。"① 中国法治实践学派在浙江的实验，就是试图通过深入观察、调查、分析余杭区、吴兴法院这样更小、更容易实施法治方案的场域，将实验结果结合到更大的结构中。如司法透明指数，先从吴兴法院进行实验，然后应用到浙江省 103 家法院，进而更大范围地进入并影响到整个中国司法结构中。

中国法治实践学派群体是"渐进的社会工程师"。② 法治中国必须进行许许多多的渐进实验。每一个法治进步都是许许多多实验和小改进的结果。每部法律法规的制定和每一项法治方法的发展，都必须经过反复社会实践和实验，经过不断的小调整而获得逐步完善。法治实验会告诉我们，法治条件处于动态变化中，任何法治理论都必须根据法治条件的变化而变化，"就像实验告诉物理学家开水的温度是随着地理位置的不同而不同一样。"③

第四，中国法治实践学派注重实效，主张一切法律和法治措施都要由效果来检验。

法治的终极目的是保护公民的权利，推进社会善治，因而也是为了促进最大多数人最大幸福的实现。这就要求我们正确对待边沁的最大多数人的最大幸福原则。法治从根本意义上是服务于最大多数人的功利，而不是违背大多数利益的一小撮人的功利或者个人的极端自私自利。一群秘书、一个家族、一个帮派因为一个人的"得道"而鸡犬升天，正是

---

① ［美］戴维·威勒、亨利·沃克：《实验设计原理：社会科学理论验证的一种路径》，杜为宇、孟琦译，重庆大学出版社 2010 年版，第 3—4 页。

② 同上书，第 70 页。

③ 同上书，第 75 页。

法治要破解的难题。边沁认为，立法者应以公共利益为目标，最大范围的功利应成为一切思考的基础。①"最广大人民群众的根本利益"，"执政为民"，就是最大幸福原则的另一种表述。

中国法治实践学派主张通过实践、实验、实证的方法找出每一种法治理论见解的实际后果，从而说明这种见解，这就要求我们正确对待实用主义。实际上，"实用主义"与"实践"同源，"实用主义"（Pragmatic）和"实践"（Practice）以及"实证"（Practical）都源于希腊语 πράγμα，意思是行动。②法治建设中实际上广泛存在实用主义。实用主义用错地方就不是实用主义，而是谋取私利的工具。实用主义一旦被我们正确把握，就是好东西，因为"实用主义坚决地、完全地摒弃了职业哲学家们许多由来已久的习惯，避开了不切实际的抽象和不当之处，避开了字面上的解决方式、坏的先验理由，固定的原则，封闭的体系以及虚假的绝对和根本。它趋向于具体和恰当，依靠事实、行动和力量"③。

中国法治实践学派努力的方向应该是寻找最优化、最可行、最有实际效果的法治道路。杜威将效果（Effect）分为两种：实际的效果和预期的效果。我们要检验实际效果是否符合预期效果。立法后评估就是为了检验法律的预期效果。一部法律可能在文字上看起来很完美，但实际效果可能并不理想。有些法律法规或者被称为"软法"的政策文件的实际效果远差于预期效果，甚至产生坏效果。《城市流浪乞讨人员收容遣送办法》、劳教制度之所以被废除，是因为它与《宪法》相抵触，并且

---

① [英]边沁：《立法理论》，李贵方等译，中国人民公安大学出版社2004年版，第1页。

② [美]威廉·詹姆士：《实用主义》，李步楼译，商务印书馆2009年版，第27页。

③ 同上书，第30—31页。

产生了坏效果。法治理论的实际效用，不应当作狭义理解。一部新法律的问世，一个条文的修改，法治理念的提升和法治精神的弘扬都是实际效用的表现。

第五，中国法治实践学派继承发扬中国的实学传统和经世致用精神。现实、实践、实验、实证、实效，其逻辑结果必然是实学。

我们读毛泽东的《实践论》，既可以看到马克思主义的实践观，又能体会到其对中国实学知行观的合理吸收。《实践论》是对传统实学知行观的发展。中国素有经世致用传统，实学是中国知识分子的历史贡献。

经世致用，就是抛弃空谈，抛弃虚空的、夸夸其谈的学问，专讲经世致用的实务。"经世"最早见于《庄子·齐物论》："春秋经世，先王之志，圣人议而不辩。"在陆九渊那里，"经世"是被用来与佛教的"出世"相对立的概念。大概是梁启超，把明清之际启蒙学者的学术，概括为"经世致用之学"，此后约定俗成，遂成体现这一时代学术风貌的通用术语。①

经世致用精神可以一直追寻到孔子，"力行"是儒家的一贯思想。孔子倡导慎言躬行，孟子倡导学至于行而止。梁启超说："所谓'经世致用'之一学派，其根本观念，传自孔孟。历代多倡导之，而清代之启蒙派晚出派，益扩张其范围。"②"此派所揭橥之旗帜，谓：学问有当讲求者，在改善社会增其幸福，其通行语所谓'国计民生'者是也。"③

中国法治实践学派概念孕育于浙江的法治指数、司法透明指数、电

---

① 参见朱义禄：《颜元李塨评传》，南京大学出版社 2006 年版，第 100—101 页。
② 梁启超：《清代学术概论》，岳麓书社 2010 年版，第 104—105 页。
③ 同上书，第 105 页。

子政府发展指数等法治评估实验。上述法治评估实验也是中国法治实践学派提供给理论界和实务界的初步尝试。浙学向来以事功为特色。中国法治实践学派之所以首先由参加"法治浙江"的学者提出，与浙学的实学传统存在无法隔断的渊源关系。中国法治实践学派的学者们深受实学传统的影响是无疑的。

在南宋中期学术界，与朱熹的道学、陆九渊的心学鼎足而立的，就是浙江的以叶适、陈亮为代表的事功之学，也称"实学"。"永嘉学派"从薛季宣开始，经陈傅亮发展而由叶适集其大成。薛季宣强调为学要切于实务，要学以致用，把义理和事功统一起来，反对不实的空言。薛季宣开启的永嘉之学，是有鉴于空谈性命而不通古今事物之变的道学者而发的。如果我们研究温州，就会发现温州的商业文化与叶适的事功思想有着千丝万缕的联系。或者说，叶适的事功思想直接影响了温州创业精神的形成。

永康在地理位置上与温州靠近。"永康学派"的代表人物陈亮与朱熹的数年笔战，在其尚在继续的同时，引起了强烈反响，对后世社会产生了深刻影响。陈亮的事功主张或功利主义，在很大程度上指知识价值上的实用主义。实用性是陈亮关于知识之价值判断的根本标准。在陈亮看来，究天人之际，通古今之变，达时措之宜，成天下之利，是知识与实践之间的互动关系。实践即意味着行道，是对道的整体干预与制导，是为撑住天地、接续人纪的现实途径。如果实践是以诉诸行动为基本特征的，那么陈亮的这些观点便代表了哲学上的"行动主义"。[①] 陈亮一生都在实践着这一"动"的原则。"动"的突出强调，便代表了陈亮哲

---

① 参见董平、刘宏：《陈亮评传》，南京大学出版社 1996 年版，第 286—287 页。

学思想的一种特殊风格。

古人称立德、立功、立言为"三不朽"。据说，能做到"三不朽"的有两个半人，一个是孔子，一个是王阳明，半个是曾国藩。浙江余姚人王阳明是明代最著名的思想家，被后世学者称为封建时代的完人。王阳明反对空言，主张知行合一，教人即知即行。王阳明倡导知行合一，是为了对治当世学术之流弊，即虚伪化的、完全与践履相脱节的程朱理学。

明末清初，以经世致用为特色的学者特别活跃。黄宗羲、顾炎武、王夫之，便是这样的人物。浙江余姚人黄宗羲深受王阳明知行合一思想影响，主张学贵践履，经世致用。梁启超说："清初之儒，皆讲'致用'，所谓'经世之务'是也。黄宗羲以史学为根柢，故言之尤辩。其最有影响于近代思想者，则《明夷待访录》也。"①

清初的河北人颜习斋强调学问要经世致用，是受到浙江实学思想影响、承袭明代中后叶经世致用的思潮发展而来的。他不比黄宗羲、顾炎武、王夫之等人逊色。颜习斋继承发扬了陈亮的事功思想。在颜习斋看来，孔圣人的学问就是贯穿着"经济生民"宗旨的。所以颜习斋的"学"，就是以孔子身体力行的"六艺"为要务；他的"用"，就是强调思想、言论的社会效果。② 在学问与事功的统一上，颜习斋可说是明清之际经世致用精神的集大成者和旗手，创立了以"可行""实用""主动"为核心的颜学，与他的高足李塨一起开创了中国北方的"颜李学派"。颜学的精神实质是经世致用的事功，倡导实文、实行、实体、实绩，抨击错

---

① 梁启超：《清代学术概论》，岳麓书社 2010 年版，第 17—18 页。
② 参见朱义禄：《颜元李塨评传》，南京大学出版社 2006 年版，第 105 页。

为无用、对也无用的程朱与陆王的虚学。颜学表现了一种与边沁、密尔强调个人利益是社会利益的前提相区别的社会功利主义，颜学强调的是学者为民众和国家担起重任的使命感。

中国法治实践学派对实学传统和经世致用精神的传承是自然的，也是义不容辞的。中国法治实践学派明确宣示实学传统和经世致用精神为其元素，是因为它与实学传统以及经世致用精神存在传承性、互通性。法治中国建设需要求真务实、务求实效的实学，不需要追求学术 GDP 的虚学。法治中国建设需要法学家们发扬经世致用精神，积极投入到中国法治实践中去，像颜习斋梦寐以求的那样："经济生民"，"利济苍生"，"泽被苍生"。

┃ 后 记 --

本文原载《浙江大学学报》（人文社会科学版）2014 年第 5 期，《中国社会科学文摘》全文转载。

中国法治实践学派这个概念提出来后，学术界开展了大大小小的讨论。一些学者对中国法治实践学派的内涵没有把握，存在认识分歧，这也很自然。任何学派在发展过程中都经历过激烈的争论。本文是我所给出的关于中国法治实践学派较早的界定，可以作为今后讨论的基础。当然，我自己的认识也是个逐渐完善的过程。我抛砖引玉。

全面依法治国思想和中国法治实践学派

我在中国社会科学院法学所三楼这个会议室亲历过许多学术讨论，这是一个出智慧、出思想的地方，也是应该出智慧、出思想的地方。

第一，我赞同本次会议确立的"习近平关于全面依法治国思想"这个主题。这确实是作为党中央、国务院重要的思想库和智囊团的中国社会科学院所应该考虑的问题。当然，这也是广大法律工作者都应该思考的问题。研究中国法治，就要密切关注中国出现的思想、理论和实践。多年来，我一直关注这个主题，并且会继续深入关注下去。

第二，我回应一下李林所长提出的习近平同志关于全面依法治国思想的主体范围和时间范围的问题。

习近平同志关于全面依法治国思想、中国特色社会主义法治理论以及我们法学界的学术思想三者之间是有区别的。这一思想的提出并不会有碍于我们学术的独立性。这里，我们可以对习近平法治思想、中国特色社会主义法治理论、法治学术思想加以界定。

大家翻开《习近平关于全面依法治国论述摘编》这本书就会发现，

习近平同志关于全面依法治国思想有根有据。习近平法治思想与党的十八届四中全会精神有所区别，当然可以肯定的是，四中全会《法治决定》是在习近平同志关于全面依法治国思想指导下起草和通过的。我认为，三中、四中全会精神是中国特色社会主义法治理论的重要组成部分，是中央与学者共同努力的产物。在这之上的，才是习近平同志关于全面依法治国思想这一中央领导集体智慧的结晶，当然这里也有我们学术界的贡献。这些范畴是可以区分开来的。

在此，我用"中国法治实践学派"这个概念加以说明。中国法治实践学派有助于我们对上述三个概念作出界定。多年来，来自北京、上海、浙江等地的一批专家学者在浙江开展"法治指数""司法透明指数""电子政府发展指数"等实验性的法治研究。后来我们一批专家学者形成共识。我们认为应该有一个学术概念概括中国法学界中这样一个主流群体——一个坚持原则、立场坚定、关注中国法治实践的群体，来描述带有实践、实证、实验特点的法治研究方法和理论。因此，我们尝试着提出了"中国法治实践学派"这个概念。在我看来，"中国法治实践学派"是学术界自己的东西，而"中国特色社会主义法治理论"是中央和学界共同创造的东西，而"习近平关于全面依法治国思想"是更为高端的指导思想。这三个界限应当是清楚的。这是我对李林所长的回应。另外，我赞成胡云腾大法官提出的观点："习近平关于全面依法治国思想不是一个人或少数人的思想，是我们党集体智慧的结晶，甚至在某种程度上讲是我们中国人民的思想。"习近平同志只是一个代表和符号。这也是中国特色。李林认为，中国法学的一个特色是理论和实务界将智慧转化为中央和地方的决策、措施和实践，这也是成立的。我们的法学研究，就是要强调如何将自己的思想转化为实践。

第三，我谈谈习近平法治思想的前期探索。

"法治浙江"在习近平法治思想中究竟处于什么样的地位？我这样定位"法治浙江"："法治浙江"是习近平同志在担任中共中央总书记之前关于全面依法治国思想的前期探索，是整个习近平依法治国思想的重要的、不可逾越的阶段，同时也是习近平同志主政地方期间在地方开展的法治实验。

习近平"法治浙江"思想可以集中地概括为一条，即以人民根本利益为出发点和落脚点。这不仅体现于他的讲话中，还体现于当年《中共浙江省委关于建设"法治浙江"的决定》（以下简称《法治浙江决定》）中。习近平同志担任总书记后，更加强调法治建设要依法保障全体公民享有广泛的权利。党的十八届四中全会《法治决定》确定全面深入推进法治建设以"坚持人民主体地位"为基本原则之一。

在具体贯彻落实以人民根本利益为出发点和落脚点这个宗旨上，我们可以用一个字概括习近平同志的"法治浙江"思想，这个字就是"实"。"实"字当先，从实际出发、强调实践、重视实效，成为"法治浙江"建设的重要特征。

一是坚持从实际出发。所谓实际，即中国共产党领导这个最大的实际、社会主义初级阶段国情的实际以及中国传统文化独特性的实际，等等。

二是强调实践。习近平同志非常重视实干。干在实处、走在前列，是习近平同志在浙江工作时（2002年至2007年）对浙江各项工作提出的总要求、总方向、总目标。

三是注重实效。习近平同志强调法治建设的效果，说："地方和部门工作也一样，要真正做到一张好的蓝图一干到底，切实干出成效来。

我们要有钉钉子的精神，钉钉子往往不是一锤子就能钉好的，而是要一锤一锤接着敲，直到把钉子钉实钉牢，钉牢一颗再钉下一颗，不断钉下去，必然大有成效。"

中国法治实践学派的特征也可以用一个"实"字来概括，强调实际、实践、实证、实验、实效。从这个意义上来讲，中国法治实践学派的特征与习近平法治思想的特点是相通的。

浙江余杭"全国法治试验田""枫桥法治经验""民主法治村""平安浙江""美丽浙江"都是"法治浙江"实践的范例，我们可以通过这些范例来论证习近平法治思想的前期探索。"平安中国""美丽中国""四个全面"实际上都与习近平法治思想的前期探索密切相关。

| 后 记 --

本文是 2015 年 6 月 21 日我在中国社会科学院法学研究所举办的"习近平关于全面推进依法治国思想研讨会"上的主题发言。中国法学网记者富家奇根据录音整理，中国法学网发表。

中国特色社会主义法治理论根植于实践

    法治中国是一场伟大的实践，伟大的实践需要划时代的理论。法治理论必须能够及时回应并指导法治中国的伟大实践。缺乏一套成熟的法治中国理论和策略作为支撑，法治中国建设便难于持续进行。具有中国特色、中国风格、中国气派的法治中国理论体系的形成和学术流派的发展是法治中国建设的必备条件，是衡量法治中国水平的重要标尺，也是中国赢得世界法治话语权的重要途径。在实践中创新法治中国理论，在世界范围内的法治竞争中赢得法治话语权，通过广泛的协同创新发展法学学派，是当前应当充分关注的重大课题。

一、在实践中创新法治中国理论

    法治中国理论建设和学派发展对法治中国这场史无前例的伟大实践具有十分重大的意义。古今中外一切重大的政治、经济改革实践都是以理论为先导、为依据、为参照，一切重大社会实践都需要进行理论概括、总结、完善，缺少理论指导的法治建设是拍脑门的实践、盲目的实践、非理性的实践。法治理论的意义在于，它可以使法治中国实践理性化、最优化。法治中国建设应当也必须是理性实践。

法学学派的发展是法治理论建设的题中之义。学派，是基于研究主体、研究对象、研究方法、研究旨趣等要素而形成的一个相对稳定的学术群体，是特定时期、特定领域之学术思想和理论体系的杰出代表。中国必须有自己的法治思想、理论和学派。学派的发展是法治理论建设的必然产物。法治中国这场伟大的实践必然产生具有中国特色、中国风格、中国气派的法治中国理论体系，必然产生具有中国特色、中国风格、中国气派的法学学派，这是一个基本逻辑，否则，法治中国在世界上就缺少理论色彩，也没有说服力。换言之，没有具有中国特色、中国风格、中国气派的法学学派，就没有具有中国特色、中国风格、中国气派的法治中国理论体系，就没有法治中国建设的成功。我们无法想象，法治中国这场波澜壮阔的实践孕育不出具有中国特色、中国风格、中国气派的法学学派。我们可以确切无疑地说，法学学派的形成和发展是法学研究繁荣、法治中国理论成熟的标志，也是法治中国实践发展到一定水平的标志。

在法治中国建设的过程中，学者的作用非常重要。虽然中国学者已经在法治中国建设中发挥了重要作用，但客观上，学者的作用并没有得到充分发挥，智囊作用并没有充分体现。各地法治建设普遍缺少学者角色，普遍存在政府长官非法治思维统领法治建设的二律背反现象，法治建设效果也因此大打折扣。中国学者应当为法治中国建设发挥更大的作用，特别是在制度创新、理论创新和学派发展等方面应当大显身手。同时，学者们也应当自觉深入社会实践，在实践中增长才干。

改革开放以来，中国法治建设开始步入初级阶段，初步形成了一套中国特色社会主义法律体系，初步形成了具有中国特色的法治理论，但与法治中国目标的差距还很大，法治理论尚不能真正发挥指导法治实践的作用。

法治中国实践不断提出新问题、新要求。《改革决定》提出"推进法治中国建设"的重大改革方向，党的四中全会将以法治中国为主题，进一步规划全面推进、加快建设法治中国的宏伟蓝图，这无疑对法治中国理论建设提出了挑战。一系列法治实践中出现的重大问题都需要理论界及时进行论证、阐释。我们无法从老祖宗或者马克思主义经典作家那里找到现成的答案，我们也不能直接照抄照搬西方国家的法治理论和实践方案，我们必须量身定做，自己创造。

创新法治中国理论，唯有实践途径最可靠、最科学。只有在法治中国实践中总结抽象出来的理论，才能真正指导法治中国实践。为此，我们要大力倡导理论界深入社会，融入实践。但从实际情况看，中国法学界与实践脱节严重，不能很好地满足法治中国实践提出的紧迫要求。在片面追求文章发表数量和重视期刊级别的学术 GDP 模式引导之下，在不科学的形式主义的科研考核体制和职称评定当中，许多学者不得不急功近利，致使研究方法单一落后，闭门造车，无病呻吟，玩弄名词术语，制造了大量垃圾成果。这不仅造成了严重的学术泡沫，无端浪费了大量人力物力，还耽误了年轻一代。这种孤芳自赏、象牙之塔式的学术研究，不但对法治实践产生不了实效，反而会误导实践。造成这种现象的原因很多，不能归责于一般学者或教学研究部门，这是学术体制和机制造成的。但是，这种局面必须改变，否则必定拖累法治建设。我们应当站在法治中国建设的战略高度，大兴调研之风，鼓励和支持学者走到实践中去，倡导研究行动中的法律、实践中的法治，在实践中实现法治理论创新。

二、在竞争中赢得世界法治话语权

当今世界是一个全面竞争的世界。各国之间围绕政治、经济、军事、文化等展开的竞争日趋激烈，而软实力的竞争越来越占据主导地位。法治是一个国家最大的无形资产，法治是一个国家真正的财富，法治是一个国家最重要的软实力，法治话语权是国家软实力的核心测度指标。衡量国家治理体系、治理能力现代化的核心指标就是法治水平。以宪法为统领的法律制度是国家治理体系最重要的内容。政府按照法治思维、法治方式进行治理是治理能力现代化的关键。一个国家的软实力在法治竞争和博弈中得到体现，法治话语权在竞争和博弈中得以形成。中国作为一个举足轻重、有重要影响力的大国，必须是世界法治竞争中的主角，必须拥有强大的世界法治话语权。这也是作为大国必须践行的义务和责任。

法治话语权的大小与重视宪法的程度和实施的效果成正比。世界历史表明，凡是宪法受到高度重视并得到良好实施的国家，其法治话语权就明显呈现强势。法治中国的特色和优势，法治国家、法治政党、法治政府、法治社会的水平，首要的就表现在宪法的科学性、受重视程度和实施效果上。因此，法治中国实践和理论建设，必须强调依宪治国、依宪执政，创新宪法实施机制，以最大努力保证宪法得到实施，确保执政党恪守宪法，确保公民宪法的权利得到实现。

中国在世界上的法治话语权与经济、军事现代化程度成正比。"弱国无公义，弱国无外交"，弱国无话语权。改革开放以来的中国法治话语权是随着市场经济的发展而日益提升的。但同时，腐败对中国经济发展形成的严重障碍也极大地损害了法治话语权。反腐败斗争已成为中国当前的艰巨任务，吸引着全世界的关注。今后改革的重点是要充分突出法治的地位，用法治统领经济，用法治配置资源，用法治遏制滥用公权、干涉市场经济的行为。全面推进法治中国建设，必然包括与法治国家相辅相成的法治军队。国家治理现代化必然要求治军现代化。依法治军，从严治军，尽快使军队建设走上法治化轨道是提升法治话语权不可等闲视之的重要方面。

法治竞争既是制度的竞争，也是思想、文化的竞争。在法治竞争和博弈中，中国应当采取主动战略。中国要有计划地扩大世界范围内的法治交流，要让世界上更多的场合出现中国的法治声音。中国要在法治竞争中赢得胜利，就必须拥有更多的法治舞台，拥有更多的优秀法治演员，准备更多更有说服力的法治理论台词。法治交流，既是传播输出，也是学习借鉴。中国要在法治交流中进行合作，开展竞争，在竞争和博弈中最大程度地赢得法治话语权。

在争夺法治话语权的战场上，学者应当担当重任，学者有责任及时将中国创新的制度和理论传播到世界舞台。学术永远是赢得话语权的最有效载体，学派永远是传播思想的强大力量。学派是学术组合拳，具有团结力量、整合资源、更容易形成影响力的优势。事实表明，西方所有学派都在传播制度、思想、理论中发挥了不可估量的特殊作用。

中国走的是一条与西方国家不同的法治发展道路。法治中国注定是一个世界性的重大话题，注定会引起世界范围的好奇、关注和质疑。因此，中国法学学派从一开始就要放眼世界，置身于世界，将赢得世界法治话语权作为目标。中国法学学派面临的主要的竞争对手不在国内，而是国外的各种思潮和流派。中国法学学派要不断借鉴人类一切优秀成果，但绝对不能一味仰人鼻息。我们要敢于踩在别人的肩膀登上更高的理论殿堂。这是一个中国应当出现学术大家、思想大师的时代。从某种角度而言，世界是一个思想市场，理论战场。中国法学学派与世界其他国家的思潮和流派展开平等竞争，向世界展示自己的法治理论风采，吸引国外学者研究法治中国，兼容并蓄，容纳百川，这正是大国风范的表现。唯其如此，法治中国理论和学派才称得上具有中国特色、中国风格、中国气派。

三、在协同创新中推进学派发展

中国法治发展模式的一个特点是中国政府在法治建设中起主导作用。但法治建设仅靠政府力量是远远不够的，我们需要团结一切可以团结的力量。法治中国的成功必须依靠法治合力。无论是制度还是理论，协同创新将成为中国法治发展的一个基本模式，协同创新也将成为中国法学学派发展的一个必然途径。中国法治实践学派概念的产生就得益于协同创新。

中国法治实践学派的出现直接归因于习近平同志担任浙江省委书记时推行的"法治浙江"实践。2006年2月8日，在浙江省委正式推出"法治浙江"以前，习近平同志专程到杭州市余杭区专题调研"法治浙江"建设工作。习近平同志强调："在建设'法治浙江'进程中，各级党委、政府要从坚持科学执政、民主执政、依法执政的战略高度，进一步提高推进基层法治建设重要性和紧迫性的认识，坚持工作重心下移，把基础放在基层、重点放在基层、关爱送到基层，切实加强基层依法治理工作，不断巩固党在基层的执政基础。"紧接着，一批专家学者与余杭区委区政府合作，及时推出了"法治余杭系统工程"。中国首个法治评估体系、中国内地首个法治指数、中国首个司法透明指数、首个电子政府发展指数相继问世。法治指数等相关实验是理论界和实践界、国内外高校科研单位、不同学科的专家通力合作的结果。中国法治实践学派正是在"法治浙江"背景下，在浙江开展的法治指数、司法透明指数、电子政府发展指数等一系列协同创新的实验和实践的基础上提出来的。

发生在浙江的法治实验案例表明，协同创新是法治实践和理论创新的有效模式。

法治指数实验被评为"浙江改革开放 30 年百件大事"之一。余杭被称为"全国法治试验田"。《改革决定》规定："建立科学的法治建设指标体系和考核标准。"这充分表明，余杭的法治探索、发展方向以及协同创新模式是完全正确的。法治余杭已成为法治浙江、法治中国的实践样本。2012 年，中国第一个司法透明指数——浙江省湖州市吴兴区人民法院司法透明指数出台，这是中国第一次向世界用指数方式公开中国司法透明水平。从 2013 年起，浙江大学和浙江省高级人民法院合作的课题成果得到应用。浙江省高院委托中国社会科学院法学研究所对全省 103 家法院开展司法透明指数的测评，已经成为行之有效的司法公开监督机制。中央政治局委员、中央政法委书记孟建柱和最高法院院长周强、常务副院长沈德咏都高度肯定司法透明指数的创新意义和示范价值。上述实验成效证明，协同创新是推动法治实践和理论创新的可行途径，也是推进包括中国法治实践学派在内的学术流派发展的可行途径。实际上，纵观全国，从中央到地方，协同创新的成效在许多案例中都得到了充分证明。

法治中国建设是一项庞大的系统工程，这项工程无法单纯依靠理论界或实践界完成，它需要理论界和实践界的协同创新。这项工程也无法单纯依靠法律界完成，它需要各个领域的协同创新。政府应当创造法治协同创新的各种机会、平台和机制，由此推动法治实践和理论创新，推进法学学派发展。传统个体户、作坊式的研究方式已经不适应法治中国这项牵动中央神经中枢、国民意志、全国力量的规模宏大的系统工程。

发生在浙江的法治实验案例还表明，协同创新孕育了中国法治实践学派，适应了法治中国建设的时代要求。

中国法治实践学派是以中国法治为研究对象，以探寻中国法治发展道路为目标，以实验、实践、实证为研究方法，注重现实、实效，具有中国特色、中国气派、中国风格的学术群体的总称。中国法治实践学派的背景是中国的，内容是法治的，方法是实践的，视野是国际的。通过协同创新，中国法治实践学派已经充分表现了合力；通过协同创新，中国法治实践学派将团结一大批关注法治实践、致力于探寻中国法治发展道路、创新法治中国理论的专家学者和广大法律工作者，形成推动法治中国建设的重要力量。

历史正处于重大转折关头，时代正赋予我们不可推卸的法治重任。总结当代中国法治发展实践，借鉴人类法治文明，探索中国法治发展道路，为世界法治理论贡献出具有中国元素的法治理论，这是中国法治实践学派的职责所在，责无旁贷。中国法治实践学派将充分表现出理论自信。中国法治实践学派不会盲从，不会拾人牙慧，不会做应声虫。中国法治实践学派努力创造中国自己的思想、自己的理论、自己的体系、自己的风格和自己的气派。通过广泛的协同创新，中国法治实践学派将得到蓬勃发展。依靠全中国的法治合力，中国将为人类法治建设探索出一条新的成功之路。

| 后 记 --

2014 年 10 月 23 日，中共中央《关于全面推进依法治国若干重大问题的决定》（本书简称《法治决定》）出台。两天后，2014 年 10 月 25 日，本文在《法制日报》发表，原题为《大力支持法治中国理论创新和学派发展》，发表时题目改为《中国特色社会主义法治理论根植于实践》。我应邀在多个场合解读《法治决定》时，这篇文章的内容也是我演讲的基本观点之一。

这里收录的是原文，主要内容由浙江大学党委呈送中央办公厅。本文也编入《法治参考》，呈送《中国法治实践学派》学术委员会成员和有关方面领导参阅。

本文也是我在首届"中国大学智库论坛"上的演讲。2014 年 12 月 6 日至 7 日，由教育部和上海市政府共同指导，复旦大学和智库论坛秘书处主办的 2014 首届"中国大学智库论坛"年会在上海举行，本次论坛年会的主题是"建设法治中国，推进国家治理体系和治理能力现代化"。全国人大、全国政协、最高人民法院、最高人民检察院、中国法学会的相关部门领导和高校知名专家作了专题报告。来自全国 75 所高校的近 300 位专家学者参加了论坛研讨。2014 年 12 月 10 日，《光明日报》以《聚焦"中国大学智库论坛"：凝聚中国智慧，发出中国声音》为题整版摘发了部分演讲者的观点。《光明日报》摘发了我的如下观点：

  "法治中国是一场伟大的实践，一系列法治实践中出现的重大问题都需要理论界及时进行论证、阐释。推动理论创新，构建中国法治实践学派，即以中国法治为研究对象，以探寻中国法治发展道路和建构法治中国理论体系为目标，以实验、实践、实证为研究方法，注重现实、实效，形成具有中国特色、中国气派、中国风格的学术群体。理论界应深入社会，融入实践，只有在实践中总结抽象出来的理论，才能真正指导法治中国实践。中国要有计划地扩大世界范围内的法治交流，要让世界上更多的场合出现中国的法治声音。中国要在国际法治交流中进行合作，开展竞争，在竞争和博弈中最大限度地赢得法治话语权。"

中国法治实践学派的重大任务

从世界范围看，中国的法治道路与其他任何国家的法治道路是不一样的，也不可能一样。

从世界范围看，基于中国法治实践产生的理论必然区别于其他国家的一切法治理论。

从世界范围看，针对中国法治实践问题，中国学者一定会创造出一个区别于世界上一切流派的法学流派。

这个学派正在形成。

这个学派，我们把它称为"中国法治实践学派"，或者"法治实践的中国学派"。

中国法治实践学派，顾名思义，它是一个问题性学派，研究的问题是"中国法治实践"；它也是一个地域性学派，这个地域是中国。

党的《法治决定》清楚地诠释了中国法治实践学派的基本特征和当前任务。《法治决定》指出："坚持从中国实际出发。必须从我国基本国情出发，同改革开放不断深化相适应，总结和运用党领导人民实行法治的成功经验，围绕社会主义法治建设重大理论和实践问题，推进法治理论创新，发展符合中国实际、具有中国特色、体现社会发展规律的社会主义法治理论，为依法治国提供理论指导和学理支撑。汲取中华法律文化精华，借鉴国外法治有益经验，但决不照搬外国法治理念和模式。"这一内容与中国法治实践学派的宗旨完全一致。

中国法治实践学派的目标是"推进法治理论创新，发展符合中国实际、具有中国特色、体现社会发展规律的社会主义法治理论"。中国法治实践学派要科学阐述全面推进依法治国的若干原则，要为完备的法律规范体系、高效的法治实施体系、严密的法治监督体系、有力的法治保障体系、完善的党内法规体系提供科学的论证，要为依法治国、依法执政、依法行政的共同推进和法治国家、法治政府、法治社会的一体建设提供坚实的理论支撑，要为实现科学立法、严格执法、公正司法、全民守法，促进国家治理体系和治理能力现代化竭尽全力。

中国法治实践学派强调"现实"。中国法治实践学派的一切理论都从一个基本原则出发，即"坚持中国实际"。它要求在实施不同的法治方法时，时刻考虑中国的实际情况。

中国法治实践学派强调"实践"。中国法治实践学派的一切任务都"紧紧围绕社会主义法治建设的重大理论问题和实践问题"，坚持以马克思主义实践观为基本方法论。

中国法治实践学派强调"实效"。中国法治实践学派追求的实效就是要"为依法治国提供理论指导和学理支撑"。它既重视顶层设计，又强调切实管用；既讲近功，又求长效。

中国法治实践学派积极弘扬社会主义法治精神，致力于法治启蒙的实际行动。《法治决定》指出："全面推进依法治国是一个系统工程，是国家治理领域一场广泛而深刻的革命，需要付出长期艰苦努力。"这场革命既是制度的，也是观念的。观念的革命需要启蒙。没有法治启蒙运动，中国法治精神就难以得到真正培育。

中国法治实践学派的竞争对手在国外。它决不是在中国占领一个学术山头。它是跨学科的，跨地域的，甚至是跨国界的。它要努力在国际法治舞台上展开博弈，它要努力为中国赢得法治话语权，它要努力为世界法治文明提供中国元素。

围绕《法治决定》而展开的中国特色社会主义法治理论研究正在为中国法治实践学派的发展创造重大契机和广阔舞台。一大批具有现实主义精神、实践主义精神、实证主义精神、实验主义精神的法学家正在为法治中国理论建设和中国法治实践学派的发展贡献自己的智慧和力量。

意大利著名财经专家洛丽塔·纳波利奥尼（Loretta Napoleoni）在《中国道路》一书中说："从捍卫人权到发展可再生能源，从世界贸易组织相关规则的遵守到大力发展参与民主，中国似乎正在致力于塑造一个全新的社会模式。"当全面推进依法治国这场治理领域的深刻革命取得重大成就的时候，中国特色社会主义法治理论将趋于成熟，中国法治实践学派也将改变世界法学流派格局。

谁也无法拒绝中国道路，谁也无法拒绝中国理论，谁也无法拒绝中国学派，因为很多已经是事实，一切正在变成事实，一切都会变成事实。

2015 年 6 月 15 日

于弘道书院

丨 后 记 --

　　本文系《中国法治实践学派》第二卷卷首语。美国托马斯杰斐逊法学院 Claire Wright 教授阅读了英文稿，并提出修改意见。

中国法治实践学派的实践观

　　中国法治实践学派有一个鲜明的特色，就是在其概念中赫然植入"实践"这个词汇。中国法治实践学派提出的初衷就是倡导以"实践"为导向的若干法治研究的基本精神，完善法治中国理论，引导和支撑法治中国的伟大实践。马克思主义实践观是中国法治实践学派的哲学基础。

　　没有人愿意说自己的研究是远离实践的，但不是所有人都具备中国法治实践学派所倡导的基本精神。虽然法治在本质上是实践的，而且任何人的法治研究多少都会与实践相关，但他未必就能旗帜鲜明地把实践观作为其哲学基础，未必就具有强烈的中国法治问题意识，未必就具有强烈的使命感，未必就具备实践精神和行动力量，未必就能把实证方法作为常规的研究方法，未必就能科学地运用实验方法，未必就能将实效作为研究的评判标准。

　　中国法治实践学派把解决全面推进依法治国的重大实践问题作为自己义不容辞的时代责任。问题导向是中国法治实践学派实践观和方法论的具体运用，中国法治实践学派是问题性学派，其问题或关键词就是"中国法治实践"。中国法治实践是一个巨大的难题，不是单凭借鉴或移植就能解决的。一系列的法治实践难题需要中国法治实践学派及时研究和解决，一系列的法治实践经验需要中国法治实践学派及时概括和提炼。解决中国法治实践这样一个区别于世界上其他一切国家的难题，要求研究者必须具有强烈的问题意识，必须具有强烈的时代使命感；否则，中国法学家就无法完成中共十八届四中全会提出的法治理论建设任务，就无法及时引导和支撑法治实践。

中国法治实践学派倡导以彻底的实践精神推进法治中国的理论创新。彻底的实践精神要求中国法治实践学派始终立足于实践角度来考察和思考中国法治发展道路，从实践的角度论证法治发展规律，并以之指导法治中国的伟大实践。实践精神并不是所有学者都具备的，即使有些学者研究的问题带有实践性，也并不意味着他就具有实践精神。中国法治实践学派的实践观是超越实践哲学的行动哲学。中国法治实践学派是全面推进依法治国的智库力量，这种力量具体表现为参与法治实践的一系列行动。中国法治实践学派的学者们为法治实践出谋划策，成为法治中国建设的重要推手，以至于一切法治中国的重大决策和实践都凝结着他们的智慧和贡献。

中国法治实践学派倡导在法治研究中充分运用实证方法。中国法治实践学派的学者们走进实践、深入实际、深入群众，展开调查研究，详细地占有材料，然后加工、制作、提炼、升华为理论。中国法治实践学派特别注重科学运用实验方法。中国是当今世界上最具个性的法治实验场域，中国法治改革本身就具有实验特色，当前正在进行的各种司法改革"试点"就是典型的实验模式。这里我用"实验主义法治"这个词汇加以概括，以描述当前中国法治改革的一个特征。学界和政府协同实验创新是一种有效模式。一切实验都要讲究实验效果，而法治评估就是检验实验效果的方法。从这个意义上讲，我们应当从更广泛的意义上理解和运用法治评估方法。法治评估不能局限于法治指数、司法透明指数等测评机制的运用，而是应该检验评估各种法治实验的效果。只有这样，学者才能创造出切实有效的法治理论；只有这样，中国特色社会主义法治理论体系才能得到不断发展和完善。

后 记

本文原载《浙江大学学报》（人文社会科学版）2015 年第 6 期"中国法治实践学派及其理论"。中国法治实践学派的关键词是"实践"，那么就有必要对这个"实践"进行诠释。我认为，中国法治实践学派的"实践观"和"实践精神"，是区别于其他学术流派的最根本的方面。

法治质量和中国法治实践学派

　　"中国法治实践学派"已经引起理论和实践界的关注，一批法学家已经开始认真探讨该学派的理论基础、本体论、基石范畴以及方法论变革诸问题。"实践哲学""实验方法""实证方法""实验主义法治""实践理性""公共理性""法治行动""法治实效"等一些关键词通过中国法治实践学派的讨论，被有机组合到该学派理论的构架中，形成"学术组合拳"，由此打开创新法治中国理论的独具特色的通道。① 在这些关键词里，有一个概念尚未引起高度重视，这就是"法治质量"。法治质量应当作为中国法治实践学派的关键词来讨论。我这篇文章，算是抛砖引玉，作为讨论的开始。

---

　　① 　参见钱弘道主编：《中国法治实践学派》（法律出版社 2014 卷、2015 卷），见《浙江大学学报》（人文社会科学版）"中国法治实践学派及其理论"专栏文章，《中国社会科学》、《中国社会科学报》等杂志媒体相关文章。

一、一个需要引起足够重视的概念

法治质量，总体上看，并未取得与其重要性相称的位置。虽然也有人使用了法治质量这个概念，并强调其重要性，但它并没有成为中国法治话语体系里的关键词。这不能不说是一种极大的遗憾。

法治质量，顾名思义，指的是法治的品质、法治的优劣。人们最熟悉的莫过于"产品的质量"。然而，法治何尝不是通过"产品"表现出来？立法是提供产品，执法是提供产品，法律服务是提供产品，法治文化建设也是提供产品。与法治质量密切相关的是"法治实效"。《法治决定》强调"法治建设成效""监督实效""普法实效"等等，都是"法治实效"的不同方式或角度的表达。要实现"法治实效"，离不开法治质量。"法治实效"，一般是指法律法规或者法治措施最后达到的效果。但这种效果的达到，必须依赖于一个前提条件，即，法律法规或者法治措施本身是优质的，这就指向了法律法规、法治措施的质量问题。

由此可见，我们在强调法治实效的同时，必须强调法治质量。这就是为什么我赞同有人说"法治质量决定改革能否突破'中梗阻'"① 的原因了。实际上，法治建设，关键的不是数量，而是质量。中国的法律法规数量庞大，但不少法律法规的质量不行，需要修改，需要废弃。全国各地方有大量的法治措施，但法治措施质量不行，难以达到良好的效果。一句话，法治质量最终决定法治建设的成败。

---

① 马涤明：《法治质量决定改革能否突破"中梗阻"》，载《羊城晚报》2015 年 3 月 2 日。

二、破解法治质量难题的根本途径

破解法治质量难题的根本途径是实践。对实践者来说，是实践，创新，再实践。对于研究者来说，是走进实践，从实践中寻找答案。法治质量，纯粹蜗居书斋恐怕找不到理想的答案。因为法治质量关心的是法治实际上是什么样子。这就要求研究者首先选择融入实践，在实践中观察法治的动态发展过程，在实践中获取各个环节的可靠资料，将法治的各个环节串联起来，从点到面进行系统分析。这时候，恐怕就不是单纯依靠思辨来解决问题，而是需要借助数据和事实说话。法治质量，天然的就和"实践中的法治"分不开，与法治数据和事实分不开。离开实践，一切的抽象思辨都解决不了法治质量问题。这就是为何中国法治实践学派旗帜鲜明地将实践哲学作为理论基础，将实践主义、实证主义作为方法论变革内容，倡导"以实践为师"的原因所在。

中国法治实践学派的"实践"绝不是像有些人理解得那么简单，是纯粹与"理论"相对应的概念。相反，中国法治实践学派的"实践"与"理论"是统一的。中国法治实践学派是实践问题导向、实践哲学、实证方法、知行合一精神的有机统一。

法治是我们追求的一种理想，我们的目标是要努力让这种理想变成一种生活方式。这种法治生活方式的质量就是人们可以感知的法治质量。关注法治质量，是中国法治实践问题导向的要求。破解法治质量难题，要求学者付诸行动。学者本身应当是提高法治质量的至关重要的力量。中国的法治建设，学者的力量远远没得到发挥。中国法治实践学派致力于改变这种状态，致力于成为推进中国法治发展的生力军，这是时代赋予的责任。

三、一种提高法治质量的具体方法

法治质量可以通过许多方法来提高，法治评估就是重要方法之一。法治评估成为中国法治建设的一种机制，成为理论研究的一个热点领域，成为中央顶层设计的重要内容，是有其内在根据和逻辑的。一个大家比较公认的原因是：法治评估是一种倒逼机制，倒逼"关键少数"，倒逼立法、执法、司法机关提高法治质量和效果。

提高法治质量，就要求对一切重要的法治环节都进行评估。一个企业的产品，从原材料的选择，到生产，到销售，每个环节都会影响产品质量。法治也是一样，从立法前，到立法后，到法律实施，到法治监督的各个环节，各种因素都会影响法治质量。那么，法治评估就应当贯穿法治的全过程。这是一个基本逻辑。比如立法，有人说"用法治引领改革、促进改革，前提就是要有高质量的立法"①，道理很清楚。但立法要保证"高质量"是件难事，立法评估就是必不可少的工作。

法治评估在中国方兴未艾。在实践中，党的四中全会关于全面推进依法治国的精神需要落实，要真正落实用法治成效考核领导干部的政绩。作为"管理型"的内部考核和作为"治理型"的第三方评估各有其作用。要特别重视第三方评估。经验表明，第三方评估有着内部考核不可替代的作用。目前，第三方评估的发展受到多种条件的限制。创造条件发展第三方评估，既是提高法治质量的需要，也是民主参与的需要。

---

① 李克济：《期待立法法守护"法治质量"》，人民网 2015 年 3 月 8 日。

从某种意义上讲，法治评估的民主参与也是中国特色民主的组成部分。

《宏观质量研究》开辟"法治质量和中国法治实践学派"专栏是一项推进中国法治实践学派的重要举措，也当然是推进中国法治建设极有意义的工作。这个栏目会产生应有的影响。推出的三篇论文从不同角度论述法治评估，别开生面。王朝霞博士的《法治评估的量与质》从方法论角度提出以实质性评估进路破解量化法治难题；张琼博士的《立法评估完整性研究及建设路径》提出构建完整立法评估的路径；孟涛副教授的《中国法治监督体系的评估研究》则运用实证方法专门探讨了法治监督体系的具体评估问题。三位年轻学者的论文都有创新，都对推进法治评估研究和实践、提高法治质量具有很好的参考价值。

┃ 后　记 ┈┈┈┈┈┈┈┈┈┈┈┈┈┈┈┈┈┈┈┈┈┈┈┈┈┈┈┈┈┈┈┈┈

本文原载《宏观质量研究》2016年第2期。武汉大学《宏观质量研究》编辑部的同志邀请我主持开辟一个新栏目。我思考再三，建议开辟"法治质量和中国法治实践学派"专栏。此文即为该专栏第一期的主持人语。这是中国法治实践学派又一个学术平台。该栏目将不定期推出，主要侧重发表法治评估领域的论文。

从中国实际出发寻找法治建设对策

　　我是第一次来苏州昆山，昆山给我的感觉是别样的。第一，昆山这个地方居然有那么多的"第一"：连续 11 年蝉联中国县域经济百强县之首，先后荣膺了包括大陆投资环境最值得推荐城市、最佳中国魅力城市、中国经济转型特别贡献奖城市、福布斯中国大陆最佳县级城市、联合国人居奖。第二，今天在一个县级市，开这么一个高层的大规模的法治论坛，我的心情为之一振。我原以为这是一个小规模的座谈会，没想到是这么一个高层的、高朋满座的论坛。

　　今天会议的名称是"县域法治国情调查首批成果发布会暨第二届昆山县域法治建设高层论坛"，关键词有两个："县域法治国情调查"和"县域法治建设"。我先对"县域法治国情调查首批成果"做个评价。我认为，"县域法治国情调查首批成果"有以下几个特点：

　　第一个特点，坚持问题导向。这套书的问题导向非常明确。习近平同志在哲学社会科学座谈会上特别强调问题导向，认为问题是创新的起点，也是创新的动力源。这批成果充分显示了"坚持问题导向"这个特点。这套书针对什么问题？这套书针对中国问题，针对县域法治问题，针对县域法治的国情问题。

第二个特点，坚持从中国实际出发。"坚持从中国实际出发"是《法治决定》中规定的一个原则。这个原则我们必须坚持。如果不从中国实际出发，我们的法治建设一定是空中楼阁。作为一个县域来讲，县域的经济条件、文化基础、民族结构、风俗习惯等等都是法治条件。这套书体现了坚持从中国实际出发这个特点。比如，我手中的昆山卷把一些与法治关联的最基本的情况弄清楚了，这些最基本的情况是昆山市的法治家底。这些家底是昆山今后法治发展的条件、起点、基础。当然，这个县域法治国情调查还是一个初步的工作，有待深化。但这第一步走得很好，在全国带了个好头。

第三个特点，以实践为师。习近平同志在哲学社会科学座谈会上强调了方法论问题。他说，马克思的《资本论》、毛泽东的农村社会调查报告都大量运用了统计数字和田野调查资料，解决中国的问题，提出解决人类问题的中国方案，要坚持中国人的世界观和方法论。这套书不是坐在书斋里冥思苦想出来的，而是需要进行大量的调研。中国法学会副会长张苏军同志也谈到了这套书的实证研究方法。的确，这套书体现了一个"实践"特点，一定程度上运用了实证研究方法。这表现了江苏县域法治国情研究团队积极走进实践、以实践为师的风格。

第四个特点，表现了中国法治实践学派的风格和特征。习近平同志在哲学社会科学座谈会上提出，提倡不同风格学派互相切磋和平等讨论。他同时指出，哲学社会科学的特色、风格、气派是发展到一定阶段的产物，是成熟的标志，是实力的象征，也是自信的体现。学派就是学术发展到一定阶段的产物，学派就是体现特色、风格和气派的载体和象征。

中国法治实践学派的特征是什么？中国法治实践学派以实践哲学为理论基础，以中国法治为问题导向，以探寻中国法治发展道路为目标，以实践、实证、实验为研究方法，注重实际，注重理论研究的实际效果，以复兴中国实学传统为己任。江苏省县域法治国情调查报告体现了这个学派的风格和特征。以江苏省人大常委会副主任公丕祥教授为代表的江苏省法学家队伍，他们所做的工作，充分体现了中国法治实践学派的风格和特征。

昆山有一个人物，这个人物是杰出的。他就是清学开山鼻祖、明末清初三大杰出思想家之一顾炎武。另外两位是黄宗羲和王夫之。顾炎武积极倡导实学精神，是传统实学的杰出代表。今天这个县域法治论坛在昆山召开和昆山有个顾炎武是个巧合。这是偶然，偶然中也有必然。顾炎武提出"博学于文，行己有耻"的治学宗旨，认为圣人的学说注重道德践履和社会政治实践的学说，反对脱离实际的空谈。我想，顾炎武的精神和法治国情调查工作以及今天这个论坛是相通的。也就是说，我们都是务实的。我们要研究顾炎武的实学思想，要传承顾炎武的实学精神。

前不久，在公丕祥先生的大力支持下，在大家的努力下，江苏建立了中国法治实践学派研究基地。我们正在朝打造中国特色、中国风格、中国气派努力。

我今天要讲的第二个问题是关于中国县域法治的一个基本特征。县域法治可以概括出若干特征，我今天只谈一个特征。

一个基本特征。县域法治最基本的特征是什么呢？这个特征是：县域法治工作直接面向人民群众。县级政府与群众面对面，人民群众自然把矛盾对准县级政府。事权下移后，县级政府管得越多，矛盾就越多。县域更容易发生群体性事件。这就是县域法治建设面临的实际。我们寻找对策就要从这个实际出发。

一个对策。针对县域法治工作直接面向人民群众这个特征，我们需要什么对策？

中国法治有许多难题。我这里提两大难题：一是领导干部选拔任用难题，二是权力运行制约和监督难题。为何带病提拔那么多？为何一个县委书记或市委书记卸任之前能突击提拔那么多人？为何那么多领导干部腐败？一个答案，目前的领导干部任用选拔制度存在问题。领导干部任用选拔制度需要改革。选好了人，接着的问题是如何看住他掌握的权力。好的制度，可以看住权力，坏人也会变成好人。坏的制度，权力看不住，好人也会变成坏人。著名经济学家萨缪尔森说，世界上80%的坏事都是好人干的。那么，问题是，谁来限制或监督公权？一方面，这涉及权力如何配置。党和政府之间、政府和人大政协之间、政府各部门之间、政府和司法机关之间都需要科学配置权力。什么叫科学配置？能达到制约和均衡效果就是科学配置。目前的问题是，权力配置不科学。另一方面，这涉及人民群众的力量如何发挥作用的问题。虽然领导干部选拔任用制度、权力运行制约和监督体系都涉及到顶层设计，有些工作不是县级政府能完成的，但县级政府完全可以通过实践创新来推进权力监督制度改革。县域法治工作既然直接面对人民群众，那么县级政府就应当依靠人民群众来破解难题。公权是人民赋予的，那就让人民来监督。这是权力发展规律的要求。公众参与缺位，公权就会异化，官员就会为所欲为，法治就会是一种奢侈。因此，我今天提出的一个县域法治对策就是公众参与，即，依靠群众，服务群众，走群众路线。

这个对策的具体表述可以概括为十六个字：公众参与，凝聚合力，社会共治，协同创新。我认为，公众参与是今后中国县域法治建设的一个突破口。我作出这个结论，是基于我长期以来进行的法治指数、司法透明指数、电子政府发展指数实验。离开公众参与，基层法治建设是有重大局限的，是容易走向形式主义的。今天提出的这个对策，供昆山市和与会的其他地方的领导同志参考。6月16日《法制日报》发表的《昆山县域法治建设有何秘籍》这篇文章，写得不错。我们从这篇文章中可以抽出一个内容，就是公众参与，说明昆山在公众参与方面已经开始行动。

一个具体进路。如何落实"公众参与、凝聚合力、社会共治、协同创新"这十六个字？我概括为一个相对具体的进路：第一责任人＋公开＋互联网＋诚信。

法治建设关键在"少数"。党政主要负责人要有担当精神。昨天晚上，一位在省人大常委会工作的同学问我关于党政主要负责人如何履行法治建设第一责任人职责的问题。我回答是，按照党的十八届四中全会《法治决定》精神，真正落实用法治成效考核领导干部，把法治成效作为领导干部升迁的指挥棒。法治评估是一种倒逼机制。区域之间可以设计竞争机制。若干年前，我提出创新区域法治竞争机制问题，通过区域法治竞争可以形成内生的动力。刚才张苏军同志也提到了，县域之间应该有一种法治竞争。

公众参与，必须以公开为前提。没有公开，公众无法参与。党的十八届四中全会《法治决定》规定："全面推进政务公开，坚持以公开为前提，不公开为例外原则。""构建开放、透明、便民的阳光司法机制，推进审判公开、检务公开、警务公开、狱务公开。"这些顶层设计都很明确。政务公开、司法公开工作究竟如何？近年来，有很大进步，但远远不够。公众必须了解公权是如何行使的。公开的水平必须让第三方评估。我以前做的法治指数、司法透明指数、电子政府发展指数实验都是第三方评估，都体现了公众参与的特点。

公开需要高度重视互联网。互联网是公众参与的平台。互联网是今后推动法治建设的一个重大机遇，也同时给我们提出了重大挑战。互联网带来一系列难题，公权和私权的一些边界需要重新界定。从目前总体状况看，政府和司法机关落后于互联网迅速发展的形势了，常常表现出无所适从，十分被动。

诚信是法治的基础。一个不讲诚信的社会，是不可能有法治的。社会诚信体系，就是政府诚信、司法诚信、企业信用、个人信用形成一个系统，如果我们能在社会诚信体系建设方面有大作为，法治跟着就能迎刃而解。要真正实现"公众参与、凝聚合力、社会共治、协同创新"，一定要在政府诚信、司法诚信、企业信用、个人信用上做大文章。

我今天来到昆山，把"公众参与、凝聚合力、社会共治、协同创新"这十六个字和"第一责任人＋公开＋互联网＋诚信"这个具体进路或方案作为给昆山市，当然也是给其他地方的建议。今后，我会长时间关注江苏，关注昆山市的法治建设。我希望昆山市在全国作出榜样！

最后，我想说的是，党的十八届四中全会《法治决定》提出法治是一项系统的工程，那么我们法学家，我们的法律工作者，我们的法官、检察官，我们的政府官员，都应该做"法治工匠"，都应该做"法治工程师"。我们要努力发挥工匠、工程师的作用。《法治决定》同时又提出，法治是一场深刻的革命。既然法治是一场革命，我们就应该扮演一个"法治改革家"的角色，我们应该发扬革命家的精神。唯其如此，中国法治才有希望！让我们团结起来，凝聚合力，协同创新，共铸辉煌！

2016 年 6 月 18 日

于苏州昆山

｜后　记

本文观点见 2016 年 7 月 11 日的《光明日报》"观点要闻"栏目文章：《县域法治建设要创新公众参与机制》。

2016 年 6 月 18 日，由江苏高校区域法治发展协同创新中心、江苏省昆山市委市政府、南京师范大学中国法治现代化研究院联合主办，法制日报社、法律出版社、江苏省依法治省领导小组办公室支持的县域法治国情调查首批成果发布会暨第二届昆山县域法治建设高层论坛在江苏省昆山市举行。这是我此次会议的主题演讲，经过录音整理而成，后发表在 2016 年 6 月 18 日的《法制网》首页，发表时题为《中国县域法治的一个基本特征》。

法社会学的发展及其在中国的前途

一、法社会学及其研究方法

法社会学（Sociology of Law）是 19 世纪末 20 世纪初兴起的，是西方继自然法学、分析实证主义法学之后兴起的又一大法学流派。早期法社会学是由社会学家和部分法学家共同建立的。该学派注重的是法与社会的互动，研究的是法律与社会的关系，以法的实际运作为研究对象。

法国的埃米尔·涂尔干、乔治·古尔维奇、奥地利的欧伊根·埃利希、德国的马克斯·韦伯、波兰的莱翁·彼得拉日茨基、美国的大法官小奥利弗·温德尔·霍姆斯、罗斯科·庞德等都是法社会学的代表人物。韦伯将传统法学意义上的法律理解为一种"法律理性的形式"，他认为法律关注的不是具体的人，而是抽象的规则。这种内恰的法律也被他称之为"法理性权威"，于是整个现代法律在法典化过程中也就变得非人格化了，也在具体运行过程中显得僵化。涂尔干在其名著《社会分工论》中则提出，社会正因为飞速发展而变得越发复杂，法律已经从过去注重刑法和惩罚的"压制性法律"悄然变为了注重权利和责任的"恢复性法律"，这种改变使得一种复杂社会的治理成为可能；法律可以作为一个社会融合模式的指示器，借助这个指示器可以对社会进行某种评价和评估。法社会学家们都强调法律的社会化，认为应当从社会的组织化，或社会本身，或人们的社会行为中去探寻法的真谛。庞德更认为社会利益高于个人利益。在当时来讲，这些开拓者极大地拓展了法学界的视野，将法学理论家们从延续了千年之久的成文法合法性问题中解放了出来，更为部门法学者提供了新的分析工具，而不再完全依赖于历史注释学和对文本的语义分析。

法社会学是法学与社会学结合的产物。这种结合促使学者回归于社会中来解决问题、研究问题，在社会中探求法律的进一步发展，促使法学研究从静态走向动态，从书本走向生活实践。这一过程是随着社会学成为独立学科而产生的，是整个社会科学随着"科学方法论"的产生和完善而在19世纪末开始转向的一部分。韦伯和涂尔干等一批先贤为法社会学的创立奠定了基础，影响了之后的几代法学学者。

法社会学开拓者们的影响与其说是具体研究成果的影响，不如说是对学者思维方式的洗礼。对于他们的某些论断与论点，我们大可以存疑，甚至有些已经被抛弃。这就像现代医学早已摒弃了希波克拉底的疗法，精神分析学者也不再会膜拜弗洛伊德《梦的解析》中记载的经典论断。同样，这些法社会学开拓者们在19世纪形成的某些理论也已经不见容于当代。但这正是法社会学的生命：不必如大多数自然法学派学者那样希图从经典问题和叙述中追寻终极答案，也不必像极端分析实证法学家那样拘泥于对文本和立法过程的辨析，而是在实践中主动发现实际问题，在自己历史的具体的条件下主动寻找适合的研究方法，为法社会学提供营养。我们可以说，韦伯等前辈的问题、论证、甚至结论已经不合时宜了。但是毫不夸张地说，他们实实在在为法社会学奠定了基础。

法社会学的一个特点就在于它的研究方法运用了社会学的方法。法社会学的包容力很强，不仅继承了法学研究的传统方法，如哲理、分析、思辨、历史、比较等方法，同时也吸收了19世纪以来一系列科学进步的成果，把社会学、心理学、工程学、经济学、信息论、系统论等研究方法引入到法学领域，开拓了法学研究的新思路和新视野。国外的法社会学卓有成效，不少大学、科研机构都非常重视法社会学研究。

正是由于法社会学研究方法和领域的多样性，各研究中心的分散性，所关注重心的时代性，法社会学也形成了精彩纷呈的流派。例如，在第二次世界大战之后，美国的"法与社会学"运动（Law and Society Movement）主张从理论和方法论上突破传统社会学的窠臼，进而运用一切社会科学的研究方法来研究法律现象。他们的口号是"法律对于美国来说实在是太重要了，我们不能将这一领域只留给法律人来研究。"于是，法社会学领域不再只对关心法律的社会学家、社会人类学家以及政治科学家开放以外，而又吸收了从事法律现象研究的心理学家和经济学家。而在英国，从事类似研究的主要是致力于推动交叉学科研究的来自法学院内的学者。他们将自己的工作称为"社会—法学研究"（Socio-Legal Studies）。与欧洲其他国家学派或者美国的法与社会学运动相比，这一派学者与社会科学的联系就不那么紧密了。其关注的重点往往局限在"法律服务领域中政府政策的影响"。

与纷繁复杂的流派相对应，当代法社会学所关注的问题和由此形成的研究路径也蔚为大观。例如针对各种不同层级的法律规则及其合法性基础而产生的"法律多元主义"（Legal Pluralism）旨在分析现实中实际存在的各种规范，这与传统意义上的法律息息相关，但其眼界和范围又大大超过了传统法学的范畴。再如"法律自生系统论"（Autopoiesis）则将社会中的交流（Communication）而非行为（Action）视为社会体系的基本元素，以此来构建自己的研究体系，解释法律现象。此外，包括"法律女性主义"（Feminism）也为法社会学研究增添了新的角度。而全球化所带来的各种问题，更早已成为当代法社会学研究成果新的增长点。

随时代的变迁，一些法社会学的分支流派，例如美国的批判法学运动（Critical Legal Studies Movement）已经日渐式微，另一些根据传统社会学方法进行的法学研究也风光不再，但是法社会学的生命力却比之前任何一个时代都要旺盛。这是因为，从一定意义上来说，法社会学的发展就是整个社会科学，甚至整个人类科学的发展。正是由于法社会学从实践出发，不断地更新自己的研究问题和研究方法，才使得其学术生命力永驻。不断地关心社会实际问题，对法学外的各种研究方法保持包容开放的胸怀，紧跟时代，积极学习和利用这些新的方法正是法社会学的最基本特征。从这个意义上来说，法社会学永远不会衰落。

近年来，法社会学研究引起了国内许多学者的重视。2016年7月29日和30日，由上海市法学会法社会学研究会和《中国社会科学》编辑部共同主办的中国首届中国法社会学年会在上海交通大学召开，会议的主题为"中国法社会学的新构图"。这个会议也从一个侧面说明法社会学得到国内学者重视的状况。

在改革开放之前，中国法学研究受到特定历史条件的影响，发展受到限制，而西方社会学更是作为资产阶级的反动学说而被错误批判。这使我国迟迟无法引进法社会学研究，也就更谈不到发展。改革开放以后，法社会学研究也与其他西方理论一道开始进入中国知识界。虽然起步相对较晚，但当代中国法社会学研究也已经形成了实证主义进路、比较主义进路和解释主义进路等各种方法。学者所关注的问题也从传统的成文法、部门法等传统领域，扩展到了更加广阔的范围，例如地方法治建设、信访制度、非正式争端解决机制等。这为我国法治研究事业的发展，为改革开放提供智力支持无疑作出了重大贡献。

在这方面，法治评估的研究是个典型例子。改革开放以来，法学各领域的研究蓬勃开展。人们往往更多地只注意到了我国陆续颁布的成文法，认为这是法学领域的唯一进步。同时，普通大众也感到成文法的颁布并没有产生预期的社会治理效果。其实，近几十年来密集出台的各项法律是中国法治补课的必然产物，我们所要补强的远远不止这些西方在资本主义早期就已经确立的成文法体系。学术界的眼光更不能只停留在这里。从这个意义上来讲，法社会学的研究正是当代转型发展时期的中国所迫切需要的。日益完善的成文法体系与法律的实际效果和法治质量之间的脱节，是这一时期法学学者尤其是法社会学者所要关注的重点问题。这种问题意识符合法社会学注重社会、注重实践的一贯特征。另一方面，随着社会学、管理科学、统计科学等学科的发展，继自然科学领域之后，科学的评估已经成为了社会科学各个领域获取第一手真实资料，并以此制定规划、计划的重要方法和手段。一些中国法社会学学者敏锐地注意到了中国特有的问题，并及时准确地选择了科学评估作为分析和解决这一问题的方法，开辟了法治评估这一全新的领域。这种问题意识和对新方法的敏感正是法社会学的灵魂所在。

法治评估研究属于法社会学范畴。法治评估学属于法社会学的分支。十年来，法治评估学异军突起，已成为了该领域最典型的发展。从中国内地第一个法治指数——余杭法治指数诞生以来，法治评估很快引起理论和实践界的重视。浙江大学、中国社会科学院、中国人民大学、中国政法大学等许多大学科研机构开展了法治指数、司法透明指数、电子政府发展指数、司法文明指数、法治政府评估等各种评估研究。法治评估研究已经成为法学界的一个热门领域。

我在多年的法治评估研究中提出"中国法治实践学派"这一学术概念与法社会学是密切关联的。在方法论上，两者相通。中国法治实践学派的概念也起源于法治评估实践。法社会学的发展无疑是为中国法治实践学派添砖加瓦。但中国法治实践学派的宗旨、任务、学术群体与法社会学有很大区别。中国法治实践学派绝对不局限于法理学。中国法治实践学派超越法理学，自然也超越法社会学。这一点无需解释。我国传统上将法社会学归于法理学范畴，法理学的最主要任务则是为构建法治社会、进行法治建设提供理论依据。有论者认为法理学只注重理论而全然无视实践。然而，将法社会学笼统归入法理学的分类方法以及法理学只关注理论的观点都是值得商榷的。在学术引进早期，理论的学习必不可少，但如果只停留在理论阶段则是不妥的。例如，我国也将法经济学列入了法理学，作为法理学的一个分支开展研究和教学。在法经济学的大本营，美国芝加哥大学，法学院是没有开设专门的法经济学这门课程的。但是，几乎所有教授在讲授自己领域的部门法、成文法时都大量地运用了法经济学的方法。与此相似的是，法社会学的研究成果其实已经浸入到了法学的各个领域之中，为各领域所用。包含了法经济学、法社会学的法理学也绝不仅仅是理论。中国法治实践学派在努力创造自己的理论体系的同时，也为法理学提供了新的实践意义，也为法社会学在中国法学界正名。

二、如何深化法社会学研究

中国法社会学研究受西方经典社会学理论影响很深，路径依赖性很强，过度纠缠于基础理论概念之争，往往忽视了对实在研究对象的具体考察。

经过 20 世纪 90 年代以来的蓬勃发展，现今法社会学无论从研究方法或是研究方向上都与过去传统的法社会学研究有着显著差别。但中国法社会学者对西方法社会学的借鉴往往只停留在理论概念的争论和纯粹思辨的层面之上，对于实实在在的具体法社会学成果研究不够深入，视野也不够开阔。而对这些具体问题的发现和研究又恰恰是法社会学的灵魂所在。

更多学者意识到，单纯研究一些基本理论和基础知识是远远不够的，想要深化法社会学的研究，其重心应有三重变化：

第一，重视实践。目前中国法社会学研究的一个不足，是与法治实践结合得不够。许多人还停留于高谈阔论。学者应当逐步从纯理论研究转移到重视实践上，走进实践，以实践为师。我们必须高度重视通过实践推动法社会学的建设，以实践推进法治系统工程建设。这与习近平同志在 2016 年 5 月 17 日召开的"哲学社会科学座谈会上的讲话"精神是一致的。我这一观点基于十年来进行的法治指数、司法透明指数、电子政府发展指数的实验。

第二，重视新兴学科。深化法社会学研究，应当从单纯的法本位思想中过于强调法学的状态，转变到重视法学与各个学科——特别是一些新兴科学相融合的大趋势。随着互联网时代的到来，新技术与法学研究的融合也向法社会学者提出了新的挑战。在法社会学者拓展自己眼界的同时，更重要的是加强与其他相关领域学者的交流与合作。在现代，各学科的发展已经相当专业化，不太可能出现18世纪那种百科全书式的学者，甚至也不太可能在一个学科内出现样样精通的学术全才。学者个人的研究固然重要，但手工作坊式的研究模式已经不合时宜了。在新时代里，认真筹划研究团队的建设，加强团队合作已经成为法社会学学者的当务之急。只有这样才能使法社会学更快更精准地吸收其他科学领域的精华，为自己所用。2016年7月3日，我在长春召开的中国法学会比较法学研究会年会上首次提出了"大数据法治"概念，认为"大数据法学会成为大有前途的新兴学科""没有大数据法治，就谈不上法治中国系统工程""大数据法治一定会深刻影响国家治理现代化"。要深入研究大数据法学，单单依靠法学内的资源是远远不够的。"中国法治研究院"为此专门成立了"大数据研究中心"。在今后的研究中，该中心将吸收和培训一大批数据统计、计算机科学、社会学方面的专门人才，让他们为法社会学研究贡献自己的力量。今后，大数据法治时代要求学者必须从中国实际出发，从实践出发，继续深化法社会学。这与第一个重心变化是一致的。

第三，重视法社会学理论创新。要达成以上提到的重视实践和重视新兴学科这两点，势必需要我们对法社会学的理论进行重新认识，并加以创新。应该看到，我国当前对法社会学理论的研究，很多还停留在韦伯、涂尔干的时代，这无形中把法社会学的研究方法也局限在了经典社会学的研究方法。一方面有些法社会学家们对新兴理论表现出了漠视的态度；另一方面，更有些学者出于门户之见，拒绝将运用最新研究方法的学者纳入法社会学阵营。他们并不知道，这样做恰恰是违背了法社会学面向社会、面向所有科学研究方法的特征。究其原因，这仍然是我们对法社会学理论的研究不够深入，对法社会学本质的认识不够清晰。甚至可能被"法社会学"这个转译的名称所误导，认为只有运用了经典社会学方法才能叫作法社会学。这很令人遗憾，在今后仍然需要重视法社会学理论的研究。

三、"大数据法治"——具体法社会学的例子

法社会学对中国法治建设的意义不言而喻。无论对法学学科发展，还是中国特色社会主义法治理论建设，还是对法治中国系统工程，法社会学都会产生重要作用。

这里我以"大数据法治"为例。我们大家都有一个共识，那就是：法治是一个庞大的系统工程。我们还需要形成另一个共识，那就是：法治系统工程离不开大数据。法治这个高度复杂的系统工程必须以一个庞大的数据系统作为支撑。这就是我之所以提出大数据法治的理由。而大数据法治是离不开法社会学的。

2013 年 1 月，习近平同志在做好新形势下政法工作的重要指示中，首次提出了建设法治中国的宏伟目标。2013 年 11 月，党的十八届三中全会通过的《改革决定》，明确将"推进法治中国建设"确立为我国新时期法治建设的新目标。2014 年 10 月，党的十八届四中全会通过的《法治决定》，在新的时期提出"法治中国""全面推进依法治国"绝不是偶然的。早在 2011 年，在十一届全国人大四次会议上，我们已经庄严宣告了，中国特色社会主义法律体系已经形成。但法律体系的形成和"法

治中国""全面推进依法治国"又有什么区别与联系呢？应当说，健全的法律体系一定是法治中国的基础和必要条件，但这又是远远不够的。从某种意义上来说，法律体系的建立和完善仅仅是制度创新，而"法治中国""全面推进依法治国"，则更加注重其社会治理效果。"法治中国""全面推进依法治国"这一高瞻远瞩的决策是在我国长期实践中所形成的认识，而这种认识的拓展又与法社会学注重实践、注重社会的特征不谋而合。"法治中国""全面推进依法治国"追求的是法律的社会效果，这正是法社会学的任务。换言之，法社会学是"法治中国""全面推进依法治国"必不可少的内容。

在韦伯和涂尔干的时代，虽然当时的开拓者意识到了要从社会角度分析和改进法律系统，完善法治，但由于科学技术条件所限，他们的研究不可能真正实现他们所理想的目标。他们对于社会和法治运行的认识仍然带有感性色彩，是难以准确的。当代法社会学者完全可以了解他们的苦衷。今天这个时代，大数据使得历代法社会学家梦寐以求的研究方法成为了可能。由于大数据的实践属性，"大数据法治"这一法社会学的最前沿研究无疑又将成为一切法社会学研究的基础。由"大数据法治"助力的法社会学将成为法治中国建设的最重要部分。因此，"大数据法治"这株盛开在法社会学土壤里的奇花异果，一定能实现法社会学先辈们所提出的研究目标，并极大地推动法治中国的建设。

推进法治系统工程建设，必须有具体的法治目标，甚至必须有可以量化的指标，必须对既有的法治状况有一个客观准确的理解，必须对未来法治有科学的预测，这就需要法治评估。法治评估应该贯穿法治建设的全过程，而法治评估又离不开大数据。

运用互联网和大数据技术，获取和分析海量数据，就能为学者进行全样本分析创造前提，就能为决策者提供更加清晰的社会法治图景，就能为决策者提出更加科学明确的改革方向。因此，中国法治系统工程离不开大数据，国家治理现代化更离不开大数据。2015 年 8 月 3 日，国务院印发的《促进大数据发展行动纲要》中提出，要建立"用数据说话，用数据决策，用数据管理，用数据创新"的管理机制，实现基于数据的科学决策，推动政府管理理念和社会治理模式的进步。这个行动纲要实际上为"大数据法治"提出了目标和要求。

我断言，在党中央、国务院的重视下，在新技术不断发展的大环境下，大数据的运用一定会深刻影响中国法治的发展，也会深刻影响国家治理能力现代化。以前，我提出量化法治、法治指数、司法透明指数、中国法治实践学派等概念，今天我提出"大数据法治"这一概念，是基于大数据在法治各个领域引起重视这一背景。法治评估、"大数据法治"、法社会学、中国法治实践学派的发展与中国法治的发展是相辅相成的。

| 后 记 --

本文根据《中国社会科学报》记者张帆的采访改写而成，采访时回答记者的观点发表在 2016 年 8 月 5 日第 1023 期《中国社会科学报》，标题为《发掘法社会学的中国元素》。美国伊利诺伊大学博士、浙江大学博士后冯烨协助我修改本文。学术助理窦海心、殷娜、刘澜也参与了修改讨论。

中国法学家应该担当起时代重任

今天，在南京，我们举行中国法治实践学派江苏研究基地的揭牌仪式，并围绕中国法治实践学派话题进行座谈，我相信这项活动会成为中国法治实践学派的一个标志性事件，中国法治实践学派的发展将进入一个新的阶段。我们今天请来了中国法学会副会长张文显教授、江苏省人大常委会副主任公丕祥教授，请来了孙笑侠、葛洪义、宋万青、龚廷泰等著名学者。他们的出席，是对中国法治实践学派这样一种学术方向的认同和支持。我相信，中国法治实践学派的发展将会因为江苏研究基地的建立和今晚的"南京座谈"出现一个崭新的面貌。正是在这个意义上，我说，今晚的揭牌仪式和座谈会在中国法治实践学派的发展过程中带有符号意义。

江苏法学家群体在公丕祥先生的带领下注重中国实际，注重实证研究方法，注重实效，直接走进实践，取得了一系列重要成果。他们的研究具有鲜明的实践和实证特征。我之所以期望跟江苏的同仁合作，就是看到他们的这种特质。我希望有机会向他们学习。从现在开始，我们的合作正式启动，江苏、浙江开始协同创新。

中国法治实践学派江苏研究基地是一种省际之间、大学之间、团队之间的合作模式。江苏跟浙江一样，是一块肥沃的土壤，在中国是一个经济相对发达的地区。江苏和浙江一样，在法治建设方面走在全国前列。"法治江苏"的提出，也是开法治风气之先。不久前，石泰峰省长提出要把法治作为江苏的"核心竞争力"，这一点我特别感兴趣。作为一个省长，提出法治作为核心竞争力，完全符合中国目前的发展方向，也凸显了一名省长的法治思维，当然也代表江苏省法学家群体的共同理念和追求。

中国法治实践学派以复兴中国实学传统精神为己任。江苏和浙江一样，在历史上素来就富有经世致用的实学精神。浙江有以叶适为代表的永嘉学派，以陈亮为代表的永康学派，有"中国启蒙思想家之父"美誉的黄宗羲，有倡导"知行合一"精神的王阳明，有承先启后的法律改革家沈家本。江苏昆山的顾炎武，与黄宗羲、王夫之并称为"明末清初三大思想家"。顾炎武提出"博学于文，行己有耻"的治学宗旨，认为一切经天纬地的学问都是"文"，旨在推倒一切道学空谈，扭转空疏学风，提倡经世致用。顾炎武认为圣人的学说是注重道德践履和社会政治实践的学说，反对宋明理学家"专用心于内"脱离实际和实践的蹈虚空谈。他特别强调"多闻""多见"的实践过程对于认识的决定作用，认为人们通过实践与客观事物相接触的过程，就是以客观事物为师的学习过程。江浙一带的实学传统是中国实学传统的主干，也是中国法治实践学派的精神根基。

中国法治实践学派倡导"以实践为师"。中国法治实践学派学者群体之所以要在江苏建立研究基地，旨在将江苏作为法治实验场阈，协同创新，凝聚法治合力，破解法治中国实践难题。中国法治实践学派的鲜明特征就是，坚持中国法治实践问题导向，以实践哲学为理论基础，以实证研究为常规范式，倡导实践主义法治、实验主义法治、实验式研究方法以及知行合一的精神，追求理论研究的实际效果。实践哲学的复兴为中国法治实践学派的出现准备了条件。全面推进依法治国的伟大实践为中国法治实践学派提供了广阔的舞台。社会科学的研究方法为中国法治实践学派提供了助力。"教条式""经院式""批判式"的研究无法满足破解法治中国实践难题。中国的法治实践难题应当也必须是通过"实践式"的研究才能破解。长期以来，中国法学家缺少真正的中国法治实践问题意识，中国法学家缺少行动力量，中国法治理论研究与实践的结合远不够紧密，相当程度上，中国法治研究存在"教条主义现象"。客观上，法学领域的学术 GDP 模式与中国法治实践的需求严重脱节。中国法治实践学派旗帜鲜明地倡导"以实践为师"，就是要克服法治研究的痼疾。

今后，我们浙江团队、江苏团队在江苏这个地方，会合作开展一系列的法治课题研究，会与法律实践部门紧密合作。我们讲究方法论创新，讲究理论创新，讲究实践创新。法治实践创新是我们理论界和实践界的共同任务。我们还会在若干基层市、县建立调研基地。我们将以解剖麻雀的方法，进行法治实验，这样的实验方法有助于我们更顺利地发现和把握中国法治发展的规律，实现法治实践创新，为中国的其他地方提供样板。我希望，我们的工作会对中国未来的法治产生影响。

我们在《浙江大学学报》开辟了"中国法治实践学派及其理论专栏"，每年不定期编辑出版《中国法治实践学派》，我们现在正在编纂一套大型的法治成果系列丛书。我们需要整理中国当代法学家的代表性成果，整体向世界展示我们中国法治研究的风貌。我们要向世界展示中国的法治道路，要向世界展示中国的法治实践，要向世界展示中国的法治理论。在世界法治话语权体系中，中国必须有它应有的位置。中国法学家群体应该有强烈的时代责任感。我们应当担当起重任，来共同探索中国法治发展道路，来共同创新中国法律制度体系和法治理论体系。我们应当注重中国实际，而不是脱离中国实际来做文章。我们要反对法治教条主义，坚持法治实践主义。我们需要的是行动的力量，真正走进实践。我们要以实践哲学和行动哲学为指南，真正做到知行合一。

我们既要有志于复兴中国实学传统，也要有志于借鉴人类一切先进的法治经验和理论，更要有志于为世界法治文明提供中国元素。只要法学界同仁通力合作，只要理论和实践界协同创新，只要我们坚持不懈，我们的目标是能够实现的，中国的法治是一定大有希望的！

| 后 记

2016 年 4 月 23 日，中国法治实践学派研究基地（江苏）揭牌仪式在南京举行。研究基地由中国法治研究院和南京师范大学中国法治现代化研究院合作设立，落户中国法治现代化研究院。中国法学会专职副会长、学术委员会主任、中国法治现代化研究院专家咨询委员会主任委员张文显教授和江苏省人大常委会副主任、中国法治现代化研究院院长公丕祥教授共同为基地揭牌。张文显、公丕祥、孙笑侠、葛洪义、宋方青、龚廷泰、李力、蔡道通等学者出席成立仪式。本文为我在揭牌仪式上的发言，后收录于《中国法治实践学派》第三期。

反对法治教条主义

中国法学研究存在一种"言必称欧美"的现象。一些学者把西方理论奉为圭臬，把西方国家法治模式作为中国的模板，认为中国法治除了步西方后尘，别无他途。与此不同，中国还有一批学者，主张一切从中国实际出发，以中国法治为问题导向，通过实践破解法治中国难题，创造具有中国特色、中国风格、中国气派的法治理论，他们被称为"中国法治实践学派"。完全照抄照搬西方是一种教条主义，在中国是行不通的。中国法治实践学派的主张切合实际，实事求是。中国法学研究应该多一点自己的东西，少一点"言必称欧美"。

一、一切从实际出发

教条主义就是不从实际出发，把书本、理论当作教条。这是一种僵化的态度。僵化地对待马克思主义是一种教条主义，僵化地对待西方理论、"言必称欧美"也是一种教条主义。把马克思主义变成僵化的教条，曾经带来严重危害；"言必称欧美"也同样会给全面深化改革、全面推进依法治国带来严重后果。

中国当然要重视借鉴其他国家的理论和成功经验。事实上，明末清初"西学东渐"，西方学术思想就开始影响中国。张之洞提出的"中学为体，西学为用"便是晚清新式知识分子最典型的西学观点。清末沈家本主持修律，"参考古今，博稽中外"，中国法律因此走向近代化之路。改革开放三十多年，中国法治成绩的取得与学习借鉴其他国家的理论和实践做法是分不开的。今天，全面推进依法治国更需要借鉴国外有益经验。但中国不可能成为欧美国家的翻版。过去不可能，现在不可能，将来也不可能。在欧洲大陆法系国家，虽然罗马法的接受看起来是自愿的，但前提是罗马统治者以武力扩大其版图，推行罗马法，罗马法因此成为"商品生产者社会的第一个世界性法律"。在英美法系国家，英国通过殖民主义扩张，用监督甚至强迫的方法完成英国法的移植。中国如今的现实已不是罗马扩张、英国殖民那个时代。中国借鉴了大陆法系，但在借鉴过程中不是完全照抄照搬，而是根据实际不断创新，逐渐形成了具有中国特色的社会主义法律体系。

是否注重中国现实，是否强调一切从实际出发，是中国法治实践学派与教条主义的鲜明区别。一切从实际出发，就要坚持走自己的法治道路，从中国基本国情出发，同改革开放不断深化相适应。所有国家的法治建设都受制于自身的条件，需要量体裁衣，因地制宜。在中国，中国共产党领导、传统文化、经济改革、中西部发展不平衡、民族区域自治等等都构成当前法治建设的条件。离开这些条件，大谈西方理论和经验，"言必称欧美"，就是脱离实际，就是教条主义。

二、走进实践

教条主义，是本本主义，是主观主义，其特点是脱离实践，对实践指手画脚。与教条主义不同，中国法治实践学派主张走进实践，以实践为师，协同创新，破解法治实践难题。

习近平同志说："我国哲学社会科学应该以我们正在做的事情为中心，从我国改革发展的实践中挖掘新材料、发现新问题、提出新观点、构建新理论。"如果一个学者不懂得以实践为师，不懂得从实践中挖掘新材料、发现新问题，只会"言必称欧美"，只会从外国的理论和经验中寻找中国问题的答案，那么就无异于刻舟求剑、照猫画虎、生搬硬套、依样画葫芦。

中国正在发生的全面深化改革、全面推进依法治国的伟大实践是一场意义深远的革命，这场革命是中国特有的，不同于其他任何国家。任何国家的理论和实践都不可能为中国准备好现成的、一劳永逸的答案。中国的答案只有靠中国人自己去寻找，只有从中国自己的实践中去找。例如司法改革，获取其他国家的司法理论和实践知识并不难，难就难在解决中国司法改革实践中的问题。我们当然必须遵守司法程序正义和实体正义的共同价值。但如何通过一系列的具体制度设计实现司法正义的共同价值，却不是单纯依靠高谈阔论、"言必称欧美"所能解决的。再如供给侧改革，如果一个学者不深入实践，就不可能完全懂得供给侧改革提出来的一系列法律需求。目前中国最需要学者们为供给侧改革、法治政府、司法改革、法治社会等一系列实践难题提供破解方案和理论支持。客观上说，中国法学研究离实践需求存在很大距离。

中国法治实践学派倡导用实证、实验的方法研究中国法治，这与中国法治实践提出的要求是相呼应的。法治中国建设是一项系统工程，客观上促使法学研究走向方法论变革。习近平同志说："对现代社会科学积累的有益知识体系，运用的模型推演、数量分析等有效手段，我们也可以用，而且应该好好用。""马克思写的《资本论》、列宁写的《帝国主义论》、毛泽东同志写的系列农村调查报告等著作，都运用了大量统计数字和田野调查材料。"法学家只有走进实践，才能掌握第一手资料。传统以规则为中心的研究方法让位于以实践为中心的研究方法将逐渐成为不争的事实。

中国法学研究正在进行着一场方法论的革命。中国法治实践学派提出以实践、实证、实验为研究方法可以视为方法论革命的标志。没有方法论意义上的革命，中国法学研究就难以跳出窠臼，就难以实现理论创新。

三、体现中国特色、中国风格、中国气派

习近平同志指出，哲学社会科学要"着力构建中国特色哲学社会科学，在指导思想、学科体系、学术体系、话语体系等方面充分体现中国特色、中国风格、中国气派。""言必称欧美"者必然淡化甚至否定中国特色、中国风格、中国气派，因为他们崇拜欧美，亦步亦趋，仰人鼻息。中国法治实践学派明确把自己的学术目标确定为打造中国特色、中国风格、中国气派。没有中国特色、中国风格、中国气派，中国法学研究就谈不上成熟、自信，就谈不上有实力。

中国特色、中国风格、中国气派是拥有话语权的表现。中国的法治

故事，应该是中国人讲得最好。讲好中国的故事，就要求中国法学家"善于提炼标识性概念，打造易于为国际社会所理解和接受的新概念、新范畴、新表述"。"言必称欧美"，就难以提出新概念、新范畴、新表述，就难以实现理论创新。

中国法治实践学派正在不断创新中国的法治故事，正在不断创造"新概念、新范畴、新表述"。中国法治实践学派这个概念本身就是崭新的，就具有中国特色、中国风格、中国气派。它不是在书斋里空想出来的，是从实践中总结出来的，是土生土长的。

中国法治实践学派产生的背景是依法治国的伟大实践。更直接点说，中国法治实践学派缘起于习近平同志主政浙江时推出的"法治浙江"实践。余杭法治指数、吴兴法院司法透明指数、杭州电子政府发展指数等实验性研究启发了一批参与"法治浙江"实践的学者，他们是通过亲历法治实践才提出中国法治实践学派思想的。由此可见，中国法治实践学派这个概念的提出就是一种创新。正如习近平同志所说："哲学社会科学创新可大可小，揭示一条规律是创新，提出一种学说是创新，阐明一个道理是创新，创造一种解决问题的办法也是创新。"

在中国法治实践学派概念下，法学家们将中国法治道路、实践创新、理论创新、实践哲学、实证方法、实学传统、知行合一精神、实验主义法治、实践理性、公共理性、法治质量、法治效果等等有机统一起来，形成一种新思路、新角度、新方法，这就是创新的表现。通过一大批学者的不懈努力，中国法治实践学派将逐步形成自己的理论范式。

"言必称欧美"，就不会主动举起中国旗帜；中国法治实践学派恰恰相反，独树一帜。中国法治实践学派一方面从自然法学派、哲理法学派、现实主义法学派等西方法学流派中汲取营养，一方面立足中国的实践，总结中国的实践，致力于创造自己特色、风格、气派的言说体系，致力于打破西方法学派一统天下的格局，致力于为世界法治文明提供中国的元素。习近平同志说："把中国实践总结好，就有更强能力为解决世界性问题提供思路和办法。这是由特殊性到普遍性的发展规律。"①

中国法学家身处社会大变革时代，应当有大无畏的担当精神，应当具有"为天地立心，为生民立命，为往圣继绝学，为万世开太平"的气魄，应当为法治理论和实践创新充分展示中国特色、中国风格、中国气派。

后　记

本文系首次发表。以"反对法治教条主义"为题，目的在于表明中国法治实践学派的立场。

---

① 本文引用习近平同志《在哲学社会科学工作座谈会上的讲话》均根据新华社2016 年 5 月 16 日授权发布通稿。

法治需要我们行动

中国法治实践难题需要理论界和实践界协力破解。不久前，中国法治实践学派（温州）研究基地成立。一批学者选择温州作为法治调研和实验基地。温州人敢为人先，富有开拓精神。温州应当在法治建设方面先行先试，应当成为中国法治的"试验田"，应当成为中国法治的"先发地区"。温州应当有法治大作为。温州人能够创造经济的"温州模式"，温州人也完全能够创造法治的"温州经验"。在历史上，"永嘉学派"成为中国实学传统的主要代表；今天，中国法治实践学派正在行动，正在努力复兴中国实学传统精神。

法治是财富。法治是每个人的财富。一个人有三样东西最宝贵，那就是生命、财产和自由。法律是生命、财产和自由的守护神。法治精神要求限制公权、保护私权，法治精神要求每个人具备保护自己生命、财产和自由的自觉，法治精神要求每个人具备不侵犯他人生命、财产和自由的自觉。法治需要每个人的行动。

法治建设需要的不是无休止的空谈，不是无休止的抱怨，不是无休止的痛骂，而是实实在在的行动，建设性的行动，创造性的行动。每个中国人的细小努力，如同涓涓细流汇成江海，最后汇集起来的法治力量一定是不可估量的。

中国法治实践学派不是少数人的事。我们需要团结一大批人。我们不仅要团结中国的专家学者，还要团结国外专家学者。我们需要一种理想主义的情怀。我们需要一种判断力。我们需要一种行动力。我们需要一种热情，需要一种激情，需要一种信心！

中国的转型期是一个特殊的时代。时代赋予我们一种责任。我们的理论工作者、实践工作者要义无反顾、责无旁贷地担起这份责任。过去，无数优秀的学者为后人留下许许多多宝贵的财富。他们值得我们学习，他们是我们的基础，他们是我们的榜样。但我们没有必要迷信。我们要相信，我们在这么一个特殊的转型期，我们也能作出一些特殊的事情，我们也能为中国法治、为世界法治作出特殊的贡献。我们期待，也相信，当后人在总结历史的时候，我们这一大批为法治中国的实现而不懈努力的人能够被后人们追寻和赞扬！

让我们担当起责任，让我们共同奋斗，让我们这样被历史记载：这一代人为法治中国作出了不可磨灭的贡献！

2016 年 2 月 13 日

于得一书庐

| 后 记

2016 年 3 月 6 日，中国民主建国会温州市委会法治建设委员会成立。本文是我应邀为中国民主建国会温州法治建设委员会微信平台写的"创刊词"。有修改。

不遗余力地推进中国法治实践学派的发展

《中国法治实践学派》第一卷于 2014 年 5 月正式出版。现在，我们推出第二卷。

自《中国法治实践学派》第一卷出版以来，特别是党的十八届四中全会出台《法治决定》以来，我的工作主线紧紧围绕中国法治实践学派和实践、实证、实验式的法治研究而展开，并且得到了方方面面的支持。

我在不同的国际国内学术研讨场合，从不同的角度阐述中国法治实践学派。例如：

2014 年 5 月 24 日，由中国人民大学法律与全球化研究中心、*Frontiers of Law in China* 杂志社和国家社科基金重大项目"法治评估创新及其在中国的应用研究"课题组联合主办的"法治评估：普遍性与特殊性"国际研讨会在北京召开。此前，我提出的"法治评估创新及其在中国的应用研究"这个课题已成为国家社科基金重大项目。我在会上提出：中国法治评估面临转型，法治评估理论化就是转型的表现之一；中国法治实践学派应当成为中国法治建设的主流群体。中国法学研究要围绕一个"实"字做文章，要注重现实、实践、实证、实效，要努力使实证研究成为一种常规范式。

2014年7月3日，上海市法学会、上海交通大学共同主办的"法治与社会转型"国际学术研讨会召开。我以"中国法治话语如何形成"为题，提出中国法治话语权的形成有赖于三个方面的努力：其一，要进行无数的法治实验和实践，要进行无数的制度创新；其二，要构建法治中国理论体系，要创造中国法学学术流派；其三，要形成强大的经济实力，强大的军事实力，强大的法治实力，三者不可缺一。

2014年12月6日至7日，首届"中国大学智库论坛"在上海举行。本次论坛由教育部和上海市政府共同指导，复旦大学和论坛秘书处联合主办。《光明日报》整版刊登若干官员和学者的观点，其中摘发了我的如下观点："法治中国是一场伟大的实践，一系列法治实践中出现的重大问题都需要理论界及时进行论证、阐释。中国法学智库要积极推动法治理论创新，要谋建法治实践的中国学派。理论界应深入社会，融入实践，只有在实践中总结抽象出来的理论，才能真正指导法治中国实践。中国要有计划地扩大世界范围内的法治交流，要让世界上更多的场合出现中国的法治声音。中国要在国际法治交流中谋求合作，开展竞争，在博弈中最大限度地赢得法治话语权。"教育部社会科学委员会副主任顾海良也谈到要谋建中国学派，并认为高校应当勇于担当社会责任，走在中国特色新型智库建设的前列，在理论上形成"中国学派"，在战略研究上树立"中国意识"，在社会引领上打造"中国话语"，在政策建言上提出"中国方案"。

2015年1月23日，由中国社会科学杂志社、中国人民大学主办的

"首届法学前沿论坛"在北京召开，会议主题为"理论建构与现实回应：法治中国视野下的法学研究"。我专门就中国法治实践学派的基本逻辑、使命和前景进行了阐述。作为法学学派，中国法治实践学派的一个重要任务就是构建法治中国理论体系。我提出三个中国法治实践学派发展愿景：建设法治中国理论；复兴中国实学传统；为世界法治文明提供中国元素。《光明日报》文章《法治中国视野下的法学研究》对我的观点进行了报道。中国法学会副会长张文显教授在会上特别强调法治理论建设："十八届四中全会首次将法治理论推到一个全新的高度，我们应抓住机遇，形成中国特色社会主义法学理论、概念体系和话语体系，并在此基础上对若干关键性问题作出清晰的阐释。"中国社会科学院秘书长、中国社会科学杂志社总编辑高翔在致辞中也高度重视学派在中国的形成："法学界应重视学科基础理论建设，重视跨学科交流，注重理论与实践的地位，努力推动原创性学术成果，推动中国法学学派的形成。"

2015年1月23日下午，我在京召集部分法学家就中国法治实践学派话题召开座谈会。江平、李步云、郭道晖、李林、胡建淼、武树臣、季卫东、张志铭、郑永流、刘作翔、杜宴林、吕庆喆、王敬波等学者以及地方司法机关的同志出席座谈会。与会法学家就中国法治实践学派展开了十分热烈的讨论。此前，李步云教授已经在《中国社会科学报》发表《中国法治实践学派的哲学基础是马克思主义实践观》一文。座谈会上，他再次坚定地表明支持态度，强调自己就是中国法治实践学派的一员，并希望有更多的法学界同仁来共同推动中国法治实践学派的发展。围绕中国法治实践学派的宗旨、理论基础、方法论、形成路径、发展前景等问题，与会法学家提出了许多中肯而有益的建议。

中共中央十八届四中全会提出法治理论建设的重大任务。根据中央政法委指示，中国法学会具体负责前期调研论证工作。2015 年 2 月 5 日，中国法学会在杭州举办"法治理论调研座谈会"。座谈会上，我从中国法治实践学派的角度，就如何构建和贯彻实施中国特色的社会主义法治理论发表观点。会后，我接受中国法学会任务，起草具体实施方案。中国法学会在杭州、北京座谈会的基础上，形成关于发展中国特色社会主义法治理论的研究成果，上报中央政法委。

2015 年 5 月 30 日，首届"法治社会·长江论坛——法治社会的理论与实践"在武汉举行。我的话题围绕"论中国法治精神的培育"而展开。我提出：法治精神替代潜规则的过程是观念革命的过程，是思想启蒙的过程，只有经过法治启蒙，法治精神才能成为社会的主导精神。随着"四个全面"的推进，法治启蒙将不可逆转地成为中国社会变革的重要内容。伴随这样一个法治启蒙运动，契约精神得以弘扬、法治实践得以不断深入推进、中国特色社会主义法治理论得以形成、中国法学学派得以产生，法治精神最终成为社会的主流精神。法治必然被信仰。中国法治实践学派概念的提出，实际上就暗含着上述逻辑。

2015 年 6 月 1 日，中国法治实践学派研讨会在中国法治研究院工作室召开。美国托马斯·杰斐逊法学院 Susan 教授、Claire 教授参加讨论。Claire 教授认为中国法治实践学派的方法论特征是倡导实证主义，具有明显的问题指向——中国法治实践，并且已经形成区别于世界上其他国家其他学者的学术群体，初步具备学派特征。她还专门撰写了比较中国法治实践学派与世界其他法学流派的论文。Susan 教授认为，中国法治实践学派之所以能在中国出现，与马克思主义实践观具有特别紧密的联系；中国法治道路有别于西方国家，中国法治实践学派符合中国实际，具有广阔的发展前景。

　　我们发表一系列阐述有关中国法治实践学派的论文，深入推进相关课题的研究，例如：

　　我们在《中国社会科学》2015 年第 5 期发表了《论法治评估的转型》，在对中国法治评估进行全面总结的基础上，提出实现法治评估转型的基本思路，并阐述了中国法治实践学派的基本精神和方法论。

　　我们在《浙江大学学报》（人文社会科学版）2014 年第 5 期推出的第二期"中国法治实践学派及其理论研究"专栏发表论文《中国法学实证研究客观性难题求解》。该论文对中国法治实践学派的方法论进行了比较深入的探讨，2015 年第 2 期《新华文摘》全文转载。

　　我们在《浙江大学学报》（人文社会科学版）2014 年第 5 期推出的第二期"中国法治实践学派及其理论研究"专栏发表文章《中国法治实践学派的界定》，2015 年第 1 期《中国社会科学文摘》全文转载。

　　中共中央十八届四中全会召开前夕，我完成《大力支持法治中国理论建设和学派发展》的报告，由浙江大学党委呈送中央办公厅。十八届四中全会闭幕不久，《法制日报》即以《中国特色社会主义法学理论根植于实践》为题发表此文。

　　我们在 2015 年第 4 期中央党校《党政干部论坛》发表了第一篇论述司法透明指数的文章《司法透明指数的指向与机制》。

　　我们继续每年在中国社会科学院《法治蓝皮书》发表《余杭法治指数报告》。

　　我们即将在《浙江大学学报》（人文社会科学版）推出第三期"中国法治实践学派及其理论研究"专栏。

　　上述研究成果的发表离不开团队的力量。研究团队其他成员也陆续发表阐述中国法治实践学派或具有中国法治实践学派特征的研究成果。

我们深入推进相关国家重大、重点以及其他法治课题的研究，并几乎都采用实验式的研究方法，如教育部重大项目"中国法治政府建设指标体系研究"、国家社科基金重点项目"司法透明指数研究"、余杭法治指数研究、吴兴区人民法院司法透明指数研究等。我们力图使这些研究成为中国法治实践学派的范例。

我参与了中央十八届四中全会《法治决定》的相关研究。十八届四中全会以后，我参与了中国特色社会主义法治理论建设课题的研究。我们正在深化法治中国理论研究。

我们高度重视法治理论的宣讲和法治精神的培育。

我在中共中央纪委杭州培训中心全国纪检干部培训班、司法部全国法治宣传干部培训班、地方省市县各级政府和司法机关干部的理论学习班上作报告解读中央依法治国精神的时候，始终不忘用法治理论武装广大领导干部的头脑，始终不忘法治精神的启蒙，始终不忘阐明中国法治实践学派产生的条件、使命、基本精神和发展前景。

我们还在中学开展了法治启蒙实验。我们首先选取浙江省浦江县黄宅中学作为实验点。围绕中国法治实践学派这个关键词，我们提出"实验主义法治"这个新概念和新逻辑，提出"法治启蒙运动"这个培育法治精神的路径，并且将培育中国法治精神付诸于具体行动。

我们将继续不遗余力地推进中国法治实践学派的形成和发展。

每年，我们都会不定期地向广大读者呈上《中国法治实践学派》。

每年，中国法治实践学派都会倍增其影响力。

每年，中国法治的重大进步都会印证中国法治实践学派的理论。

2015 年 5 月 12 日

于弘道书院

| 后 记 --

本文系《中国法治实践学派》第二卷后记。后记作为每年工作总结，记录了我们为推进中国法治实践学派发展付出的努力。

中国法治实践学派发展的足迹

过去的一年，是中国法治实践学派取得良好进展的一年，这归功于中国法治实践学派学术群体的有力推进。不同地方、不同专业的学者们都用不同的方式、在不同的专业领域作出了贡献。客观上，中国法治实践学派已经成为一大批学者的共识，已经成为一大批学者更清晰的目标，已经成为一种学术路线图。单从这一点看，中国法治实践学派的意义就不言而喻了。

我是中国法治实践学派的一员，矢志不渝地推动中国法治实践学派的发展。我借《中国法治实践学派》这本集子的后记简单罗列一下过去一年所做的工作，向大家做一个工作汇报。这些工作对中国法治实践学派的发展自然是有意义的。

一、法治指数实验

余杭法治指数实验是中国法治实践学派这一概念的起源事件之一。

余杭法治指数开中国量化法治评估先河。2016 年，余杭法治指数评估组发布第 9 个年度的评估结果 75.7。该数据比 2014 年有明显提升，表明中共中央十八届四中全会以后，余杭区法治建设工作的力度明显加强。特别是 2013 年，余杭法治指数首次下跌，与中泰垃圾焚烧事件有关，评估组及时向余杭区委区政府提出建议。余杭区委区政府高度重视，做了大量主动积极的矛盾化解工作。

2016 年 7 月 15 日，《法制日报》头版头条为"法治浙江"十周年点赞：《从"法治浙江"到"法治中国"——习近平法治思想脉络追溯》（作者陈东升、王春）。该文将法治指数作为"法治浙江"宏伟蓝图的第一件具体事例："余杭已连续九年评估出台法治指数，成为基层法治建设的一块'试验田'，为全国建设积累经验。"

余杭法治评估被评为浙江改革开放 30 年百件大事之一。

2016 年，法治量化评估被推选为"法治浙江"十周年十大法治事件的参选 20 件大事之一。

教育部重大课题"中国法治政府建设指标体系研究"顺利推进。

二、司法透明指数实验

司法透明指数实验也是中国法治实践学派这一概念的起源事件之一。

湖州吴兴区法院是司法透明指数实验田。2016 年，司法透明指数评估组公布 2015 年吴兴法院司法透明指数为 0.864。

司法透明指数被写入 2015 年最高法院首部《中国法院的司法公开》白皮书。

司法透明指数被评为2015年"浙江大学十大学术进展"。

司法透明指数被推选为"法治浙江"十周年十大法治事件参选20件大事之一。

国家社科基金重点课题"司法透明指数研究"顺利推进。

三、中国法治实践学派研究基地（浙江）

中国法治研究院自2008年成立初就旨在打造具有国际影响力的高端智库。中国法治研究院把推进中国法治实践学派的发展作为具体工作。中国法治研究院第一工作室、第二工作室具体负责组织各项课题研究、研讨、宣传、外联等工作。中国法治研究院中英文网站运行进入常态化。

中国法治研究院个案研究中心成立。

中国法治研究院组织学者、律师以及实务部门同志参与个案课题组，重点选择疑难复杂、重大典型案件，从个案中探寻法治，发现法治症结，寻找法治规律，推动法治发展。

中国法治研究院投融资研究中心（杭州）成立。

中国法治研究院投融资研究中心组织跨学科研究团队，以问题为导向，对企业投资和融资、国内和国际资本市场、金融和法治等问题开展跨学科研究，旨在推进中国投融资制度创新，规范投融资行为，破解中国企业投融资难题，破解中国金融法治难题，推进法治中国建设。

中国法治研究院大数据研究中心成立。中心组织有数据分析、计算机、统计等相关专业人才参与的跨学科研究团队。中心以"大数据法治"为问题导向，以创新大数据法治理论和大数据法治发展机制为具体任务。

中国法治实践学派研究基地（温州）成立，基地设在温州大学法政学院。

温州是一个神奇的地方。以叶适为代表的永嘉学派是中国实学传统的主要代表。"温州模式"闻名天下。温州人遍布全世界。温州是研究中国地方法治、基层法治极具代表性的"实验田"。倡导中国法治实践学派的学者们之所以在温州建立研究基地，目的就是走进实践，走进基层，走进田野，把温州作为法治实证研究的场域，通过剖析个案、比较分析来破解中国法治实践难题，创新中国法律制度和法治理论，并由此推进中国法治实践学派的形成和发展。

四、中国法治研究院投融资研究中心（上海）成立

中国法治研究院（上海）投融资研究中心的成立是创新智库发展模式的一个具体行动。

中国法治研究院（上海）投融资研究中心将组织跨学科研究团队，以问题为导向，对企业投融资、金融法治等问题开展深入研究，旨在推进中国投融资制度创新，规范投融资行为，破解中国企业投融资难题和中国金融法治难题，推进法治中国建设。

中国法治研究院（上海）投融资研究中心将首先以互联网金融法治问题为重点研究课题。中国法治研究院（上海）投融资研究中心设立在陆家嘴核心金融区域中信五牛城互联网金融平台"沪金所"总部——上海洛安资产管理有限公司。研究者直接将互联网金融平台作为实验室研究的观察对象，由此及彼，找出互联网金融存在的问题，寻找具体解决方案。

五、中国法治实践学派研究基地（河北）成立

中国法治实践学派研究基地（河北）由河北经贸大学法学院和河北省社会科学院法学研究所合作建立，得到河北省政法委的大力支持。

河北是个厚重的地方。以颜习斋和李塨为代表的颜李学派是中国实学传统在北方的重要代表。燕赵大地，人才辈出，文化底蕴深厚。河北地处京畿要地，是研究中国地方法治和进行法治实验的重要场域。中国法治实践学派法学家群体之所以要在河北建立研究基地，旨在将河北作为法治实验场域，协同创新，凝聚法治合力，破解法治中国难题。中国法治实践学派河北研究基地将选择法治指数、司法透明指数、基层法治建设作为先行实验项目。河北省高级人民法院已经委托河北省社会科学院法学所对全省法院系统开展"阳光司法指数"测评。河北省政法委组织调研组赴浙江调研法治指数、司法透明指数以及"法治浙江"实践。中国法治实践学派将选择河北正定县等地作为基层法治作为重点调研和实验点，正定是习近平同志曾经担任县委书记的地方。

六、中国法治实践学派研究基地（江苏）成立

中国法治实践学派研究基地（江苏）由中国法治研究院和南京师范大学中国法治现代化研究院合作设立，落户中国法治现代化研究院。

江苏是南北文化的交汇区域，兼容并蓄，素有经世致用精神传统，士农工商同道、义利相互兼顾观念深入人心。江苏昆山人顾炎武与黄宗羲、王夫之并称为"明末清初三大思想家"。顾炎武提出"博学于文，

行己有耻"的治学宗旨，认为圣人的学说是注重道德践履和社会政治实践的学说，反对宋明理学家"专用心于内"、脱离实际和实践的蹈虚空谈。中国法治实践学派江苏基地明确深入研究顾炎武学术思想，并努力传承顾炎武实学精神。

中国法治研究院与中国法治现代化研究院合作，成立中国法治实践学派江苏研究基地具有重要意义。以公丕祥教授为首的研究团队历来重视中国和江苏法治实践研究。两个团队的合作，能够为江苏、浙江两个经济发达地区实现法治协同创新，为其他地区的法治实践提供先例参考，为发现中国法治发展规律作出贡献。

七、中国法治实践学派及其理论专栏

从 2013 年开始，《浙江大学学报》开辟"中国法治实践学派及其理论"专栏，本人担任特邀主持人，本栏目旨在打造中国法治实践学派的重要讨论平台。

本栏目至今已推出 6 期，发表了《中国法学实证研究客观性难题求解——韦伯社会科学方法论的启示》《论实验主义法治——中国法治实践学派的一种方法论进路》《中国法治政府建设指标体系的构建》等论文，多篇论文被《新华文摘》《中国社会科学文摘》转载，在学术界产生了良好影响。

八、法治质量和中国法治实践学派专栏

2016 年 6 月，武汉大学《宏观质量研究》开辟"法治质量和中国

法治实践学派"专栏，本人担任特邀主持人。本栏目旨在打造中国法治实践学派的又一个重要讨论平台。

法治质量应当作为中国法治实践学派的关键词来讨论。法治质量，总体上看，并未取得与其重要性相称的位置。虽然，也有人使用了法治质量这个概念，并强调其重要性，但它并没有成为中国法治话语体系里的关键词。这不能不说是一种极大的遗憾。本栏目的设立将弥补这种遗憾。

九、关于中国法治实践学派的讨论

浙江、北京、江苏、河北等地先后举行"中国法治实践学派论坛""中国法治实践学派座谈会""中国法治实践学派探讨会"大小不同的各种学术讨论。江平、李步云、郭道晖、张文显、公丕祥等一大批著名法学家参与中国法治实践学派的学术讨论活动，有力地推动了中国法治实践学派的发展。

弘道书院效仿历史上著名的"鹅湖会谈"模式，不定期举办"中国法治实践学派会谈"，至今已举办会谈活动若干期。

十、中国法治实践学派的国外传播

中国法治实践学派通过学术研讨、著作海外出版、合作研究、邀请访学或讲学等各种学术交流活动与国外学者建立联系，吸引国外学者参与中国法治实践学派讨论，扩大中国法治实践学派的国际影响。这当然有助于赢得法治话语权，意义长远。

以上只是中国法治实践学派的若干工作，更多的工作是无法在短短的后记里详述的，但历史会记载中国法治实践学派的足迹。

《中国法治实践学派》第三卷推出了。《中国法治实践学派》第四卷正在编辑之中。可重复表述的是，《中国法治实践学派》的影响越来越大，一定会成为著名的学术品牌。这可由实践来证明。

最后，我仍然不忘这样的呼吁：中国法学家要有强烈的时代责任感，要致力于探寻中国法治发展道路，要担当起创新法治中国制度体系和理论体系的重任，要坚持中国实际，要有行动的力量，要走进实践，要知行合一，要为世界法治文明提供中国元素作出应有的贡献。

2016 年 7 月 18 日

于北京无忧居

| 后　记 --

本文系《中国法治实践学派》第三卷后记。

论实验主义法治

——中国法治实践学派的一种方法论进路

中共中央《关于全面推进依法治国若干重大问题的决定》为法治中国实践和理论研究注入了强大的动力。针对中国法治实践，学界已有的研究主要集中在三个关键领域上：目标、结构和方法。法治实践的目标问题表现为各种法治理论在抽象层面上的价值倾向，以及在具体层面上对法治社会效果的不同构想；法治实践的结构问题表现为不同理论为了实现特定目标所构想的法治实践要素的联系方式和组织秩序；法治实践的方法问题即为了实现特定法治实践目标而采取的宏观路径和微观技术。然而，已有的研究多为局部探讨，如果将法治实践视为一个整体性制度化的系统行为，则至少应有一致且融贯的方法论体系。

目前已有的研究仍然无法对法治理论与实践的关系作出妥善的终局性安排。部分研究站在所谓的规范性立场，基于某一前置理论立场，对法治实践的价值、效果、方法、结构等环节进行批判性审视；还有一些研究采取所谓描述性视角，对法治实践的各环节进行还原性分析，以求发现普适性的规律。然而，不对前提进行追问的规范立场，极易异化为理论独断论；不对结果进行批判的描述视角，则有蜕变为自然主义谬误之虞。我们相信，以上所有理论都不会拒绝理论与实践相结合这一马克思主义普遍真理，然而，却鲜有法治理论给出理论与实践如何结合的可普遍化方案。

我认为，近来兴起的实验主义治理理论有可能为以上疑问提供一个较妥当的总体解答。实验主义治理理论与中国法治实践学派方法论不谋而合。中国法治实践学派方法论体系本身就已包含了实验主义因素，其特色在于鲜明地倡导以实验、实践、实证为研究方法①。其中，实践是马克思主义实践观的哲学前提，强调行动与实效；实证是相对于规范研究而言的社会科学研究方法，强调技术与方法；实验既指实证研究的一种具体方式，也指法治实践的一种模式，强调结构与过程，它以特定法治场域为实验点，以社会调查、量化分析为方法，以探索和认识法治实践活动的本质和规律、探寻最优化法治道路为目的，反复试验、观测法治方案的效果②。可以说，实验是实证的一种方法，是中国法治实践学派的重要方法论，实验主义的法治理论也是中国法治实践学派理论建构方向的题中应有之义。因此尝试引入实验主义治理理论，结合中国法治实践学派的方法论，提出实验主义法治构想，深入探索中国法治实践，构建中国特色社会主义法治理论。本文即可视为借助既有理论框架，对学派之方法论进行体系化的表达及梳理。

---

① 钱弘道、王朝霞：《论中国法治评估的转型》，载《中国社会科学》2015 年第 5 期。
② 钱弘道：《中国法治实践学派及其界定》，载《浙江大学学报》（人文社会科学版）2014 年第 5 期。

一、实验主义治理理论

实验主义治理理论是当代较为成熟且新颖的治理理论之一。它形成于欧盟的治理实践，20世纪后期，欧盟面临着种种规制不足，如联盟权力机构决策权力及能力不足、成员国对自身权力之关切、成员国与联盟权力机构的政治经济政策冲突以及对欧盟决策程序和权力任意性的质疑等，实验主义治理理论就是对上述问题的治理解决方案①。它是对旧的"指令—控制"型治理方式的替代方案，受杜威的实用主义理念的影响，强调给予一线人员充分的自主权以实现治理目标，而联盟权力机构主要负责监督基层工作绩效，汇集信息、进行比较，并促进持续性的改进②。《牛津治理手册》将这一治理方法定义为一种递归过程，这种递归过程的基础是：对不同条件下达成目标的路径进行对比，并进行比较和学习，以寻求临时性的目标设定和路径修正③。

这种治理方式主要包括以下四个步骤：

（1）由中央部门、地方部门和外部利益相关者共同制定临时性的框架性目标和评价标准；（2）地方部门被赋予广泛的自由裁量权，以自己

---

① 类似概念早在1991年马斯特里赫特条约对"欧洲经济与货币联盟"的设想中就已提出，其正式出现于2000年里斯本峰会上的治理构想中。参见 E.Szyszczak, "Experimental Governance: The Open Method of Coordination," *European Law Journal*, Vol.12, No.4 (2006), pp.486-502。

② C.F.Sabel & W.H.Simon, "Minimalism and Experimentalism in the Administrative State," *Columbia Public Law Research Paper*, No.10-238（2011）, http://ssrn.com/abstract=1600898, 2015-08-03.

③ C.F.Sabel & J. Zeitlin, "Experimentalist Governance," in D.Levi-Faur（ed.）, *The Oxford Handbook of Governance*, Oxford: Oxford University Press, 2012, pp.169-183.

的方式来达成这些目标；（3）作为这种自治权的前提，地方单位必须定期汇报其执行成果，并参与到同行评议中来，以与其他地方部门为达成同一目标而使用的方法进行比较；（4）经过评议后，对治理的目标、标准和决策程序根据评议结果进行定期修正。

与传统治理理论相比，实验主义治理蕴含着以下几个特有的核心理念：

一是决策过程的"开放式协作方法"（The Open Method of Coordination, OMC）。这一方法主要区别于传统治理方式中的"共同体决策方法"（community method of policymaking）。旧的治理方式中，政策的规划和决策过程都集中在作为共同体代表的中央机关内完成，而 OMC 的政策规划是去中心化的。这里中央机关不再仅仅是决策机构，而是一个政策中转平台，其主要任务是协调地方单位的实践，并对其进行评估，促进地方之间的交流学习，并将总结优化后的地方经验在整个系统内推行①。

二是治理主体的网状结构。这里主要区别于传统治理方式中的层级结构。层级结构是基于"委托代理责任"构建的，在这种结构中，上级机关向下级机关进行层层授权委托，整个治理体系中的观念都是由上级确定并向下传达的，下级机关只能严格遵循上级的授权行动；而实验主义治理模式遵循所谓"动态责任机制"，其决策体系是网状的，上下级不再是简单的委托代理关系，下级的行动不再是仅仅机械执行上级指示，相反，上级的决策需要下级的经验与知识，于是，观念和执行之间的差异被抹平了。

---

① E.Szyszczak,"Experimental Governance: The Open Method of Coordination," European Law Journal, Vol.12, No.4（2006）, pp.486-502.

三是协商过程的直接协商多元体制（Directly Deliberative Polyarchy, DDP）。这主要区别于传统的圆桌式协商民主。传统的圆桌式协商，主要是通过提供利益表达机会来影响决策方向，但决策仍需依赖于层级体制，决策权仍集中在上层①。而在DDP中，协商体现为基层可以根据自身经验，反对已被完成且接受的实践，用参与者的实践经验来寻求可能对策，并非仅通过抽象原则回应抽象问题。多元主义是指地方之间同时进行多样化的实践，并互相学习。DDP是从差异中进行学习的体系，它认为所有方案都是临时性、可更改的。

学者总结，这一治理方式有三种突出的优点：（1）能适应多样性，能在多样的地方语境前提下实现一致性目标，而不是采用"一刀切"的解决方案；（2）通过对追求宏观一致目标的多种具体路径的严格对比，提供了一种对地方经验进行协同性学习的机制；（3）目标本身和达成目标的方式都被明确设定为临时性的，都要付出经验的修正，因此，在一个阶段暴露出来的问题会在下一个循环中得到修正②。

实验主义是一种基于结构—功能、信息—反馈、竞争—协调的决策系统，它反对用纯粹抽象的理论推演来确定实践路径，这完全符合中国法治实践学派注重实效的态度。它并不试图提供终局性方案，而是给出一种总体实践方法论，它是"寻找方法"的方法。实验主义治理理论为实验主义法治概念提供了理论前提。

---

① R.Brassett & W.Smith, "Experimentalist Governance, Deliberation and Democracy: A Case Study of Primary Commodity Roundtables," CSGR Working Paper, Vol.2010, No.271 (2010).

② J.Zeitlan & C.F.Sabel, "Experimentalism in Transnational Governance: Emergent Pathways and Diffusion Mechanisms," http://www2.warwick.ac.uk/fac/soccsgrgreen/papers/experimentalismintransnational governanceisapaper_2.pdf, 2015-08-03.

二、实验主义在中国何以可能：中国法治实践
学派的实验主义特质之来源

实验主义理论虽然由西方学者提出，但却是对人类社会治理实践的整体方法论总结，对全球治理实践具有普遍的解释力。实验主义治理理论的主要提倡者之一查尔斯·萨贝尔（Charles Sabel）就提出，应反对欧盟"例外主义"，欧盟应被视为实验主义的先驱者，而非异常值①。而对于中国法治实践这一特定命题，萨贝尔教授认为：实验主义方法论同样可以适用于法治建设实践；从中国的改革进程来看，中国基层已经发展出足够的自治力量来实现实验主义的关键要素②。

中国法治实践学派秉持本土立场，强调法治实践要尊重中国的历史文化传统及经济政治社会条件，建立具有"中国特色、中国风格、中国气派"的法治理论体系③。而本文对实验主义治理理论的引入，绝非脱离中国实际的强行嫁接，而是对中国法治实践已有关键要素的自然发展和提炼。实验主义的关键要素有二，在纵向功能上，要求在发展过程中坚持实践优位于理论，以渐进试错的实验实践为主要方法路径；在横向结构上，要求治理领域的各基层主体具有充分的实践自主性和实践能

---

① 实验主义治理模式在美国、加拿大、澳大利亚、WTO 等国家和国际组织的广泛适用也证明了这一观点。参见 C.F.Sabel & J.Zeitlin, "Learning from Difference: The New Architecture of Experimentalist Governance in the EU," European Law Journal, Vol.14, No.3 (2008), pp.271-327。

② 该观点出自 Charles Sabel 教授与杜维超 2015 年 1 月 30 日私人信件。

③ 钱弘道：《中国法治实践学派的兴起与使命》，载《浙江大学学报》（人文社会科学版）2013 年第 8 期。

力，形成差异化的实验，才能进一步对比评估及互相学习。我们认为，在这两方面，中国都已经具备了形成完备实验主义治理模式的条件。而中国法治实践学派正是这一历史现实发展的自然结果，其本身也具有浓厚的实验主义学派特质，本文即是对学派自身主要方法论之一的提炼。

（一）纵向功能基础：实验试错的中国现代治理传统

与强调理性设计的唯理主义相反，实践倾向的制度化进路并不追求理论上的完美设计，而更注重在控制条件下寻求可能的最优解，实验试错是基本方式。本文认为，实验试错方法正是我国现代治理中一贯隐含的线索，实验主义法治实践是这一线索的自然发展。

五四运动前后，杜威的实验方法理论就已引起中国知识界的广泛关注。胡适就曾提出："实验是真理的唯一试金石……实验主义只承认那……步步有自动的实验。"[①] 革命先驱瞿秋白也指出，虽然在终极真理的追求上不能诉诸实验，但"实验主义的积极精神早已包含在互辩律的唯物论里"[②]，实验是唯物主义实践观不可避免的一个环节，实验的就必然是实践的。

在中国的革命实践中，曾经由于盲从抽象理论的本本主义而造成了革命的严重损失。在革命经验的总结中开始强调实验的重要性。毛泽东在《实践论》中反复强调科学实验的重要性，他指出，只有在社会实践过程中（物质生产过程中，阶级斗争过程中，科学实验过程中），人们达到了思想中所预想的结果时，人们的认识才被证实了。马克思等杰出

---

① 《胡适日记全编》（1919—1922），安徽教育出版社 2001 年版，第 340 页。
② 《瞿秋白文集》（政治理论编）第 2 卷，人民出版社 2013 年版，第 625 页。

理论家也只有"亲自参加了当时的阶级斗争和科学实验的实践",才能形成他们的理论①。这一观点已融入实事求是的思想中,成为我国的政治思想路线。这是我国实验方法治理传统的理论起点。

改革开放后,中国面临着前所未有的新情况、新问题,实践是检验真理的唯一标准这一原则被正式确立,这标志着实验主义治理路径的正式确立。以邓小平同志为核心的第二代领导集体提出"摸着石头过河"的实验路径,强调"我们现在做的事都是一个试验,对我们来说,都是新事物,所以要摸索前进"。改革开放后,先试点,再由点到面的制度创新方式被广泛采用,这一路径已经形成了中国特色的成熟的实验主义方法论,当前先试先行的综合配套改革以及各种综合配套改革试验区的设立,更是对这一方法高度精细化的运用。中共十八届三中全会《改革决定》再次强调,必须"加强顶层设计和摸着石头过河相结合",明确继承了这一治理传统。

中国法治实践学派正是中国实验试错治理传统的产物。中国进行了一系列的法治论证和实践,法治指数就是其中的一个探索和见证,是系统层面的制度创新。"余杭法治指数"敢为天下之先,就是推进中国法治的一个样本、一块试验田,在这一成功实验的带动下,全国开始普遍开展法治评估②。中国法治实践学派在法治实践中坚持实验和试错的实践路径,以最稳妥的方式寻求最优的实践方案,从而同样具备了实验主义的特质。

---

① 《毛泽东选集》第一卷,人民出版社1991年版,第287页。

② S.Heilmann,"From Local Experiments to National Policy: The Origins of China's Distinctive Policy Process," The China Journal, No.59 (2008), pp.1-30.

（二）横向结构基础：现代中国地方自主性的发展

作为一个试错与互相学习的系统，实验主义的基本前提就是各局部的自主性，以及由此带来的实践差异性。差异是评价和学习的基础，而差异性在我国治理领域的体现主要是地方治理的自主性。

新中国建立初，我国曾试图模仿苏联式高度集权的全能主义体制，实施全面的中央计划，但这种体制已被实践证明不可行，中国社会主义建设因而受到挫折。毛泽东总结苏联和我国经验，在《论十大关系》一文中提出"要有中央和地方两个积极性"，"不可以和不应当统一的，不能强求统一。正当的独立性，正当的权利，省、市、地、县、区、乡都应当有，都应当争"①，这里实际上承认了地方性知识的存在和区域自主的必要性。

改革开放后，这一观念得到贯彻。改革开放的核心任务之一就是央地关系从集权化向分权化的转变。这集中体现在我国体制改革的"放权让利"战略，以及财政体制中的"分灶吃饭"政策，特别是1994年的分税制改革，进一步清晰地划分了央地间的权责范围，使地方政府主体意识和积极性不断加强，地方开始超越统一的国家目标，产生了自身独特的利益考虑，区域间的差异性日益扩大②。

由于这一时期以经济建设为中心的国家目标的驱动，中国产生了"发展型地方主义"：发展即地方政府以经济发展为核心任务和重点目

---

① 《毛泽东文集》第七卷，人民出版社1999年版，第31页。

② ［美］李侃如：《治理中国：从革命到改革》，胡国成、赵梅译，中国社会科学出版社2010年版，第180页。

标;发展的主要执行者是地方政府,主要目标也是地方利益①。而中央对地方干部的晋升考核标准也以地方经济建设成效为主要依据,这更进一步刺激了地方政府间的经济竞争,强化了地方能动性和自主性②。中共十八届三中全会决定再次提出,要调动"中央和地方两个积极性",是对这一权力结构的再次确认。

中国法治实践学派的诞生同样是地方自主推动且具备明显地方特色的法治实践成果。浙江省是中国最早的法治实验发起者之一,在"法治浙江"的地方法治先行实践中,诞生了"全国法治试验田"杭州市余杭区,并借此推出了中国第一个法治评估体系和中国内地第一个法治指数,从而催生了中国法治实践学派。而中国法治实践学派认为,法治中国建设没有现成答案,必须关注一线实践中的问题,甚至直接参与实践③。

综上所述,在纵向上,中央在治理上的实验倾向为地方带来了实验空间;在横向上,地方的区域自主性增强也扩大了地方实践的差异性。可以说,中国法治实践已经自发地出现了实验主义所需要的基本要素。中国法治实践学派也是在这种条件下自然形成的,并坚持了实验主义的理论方法特质。当然,这一实践由于缺乏理论自觉和整体总结,尚未形成主动的、可控的、体系化的实验主义治理形态。本文接下来就以规范性视角,对中国法治实践向实验主义重构的整体性路径进行探讨,提出一种全新的实验主义法治构想,进而为中国特色社会主义法治理论发展提供新的思路。

---

① 吴国光、郑永年:《论中央—地方关系:中国制度转型中的一个轴心问题》,牛津大学出版社 1995 年版,第 26 页。

② 周黎安:《晋升博弈中政府官员的激励与合作——兼论我国地方保护主义和重复建设问题长期存在的原因》,载《经济研究》2004 年第 6 期。

③ 钱弘道:《中国法治试验田孕育法治评估与实践学派》,载《中国社会科学报》2014 年第 5 月 7 日。

三、实验主义视域下的法治实践体系重构

上文通过描述性研究，说明了我国在纵向治理传统和横向权力结构两个关键方面已经存在足以容纳实验主义法治模式的空间。以下将就法治实践的三个核心要素即目标、结构、方法，进行基于实验主义视角的考察，以探索其向更为系统化的实验主义法治模式转型的路径。

（一）目标重构：以框架性目标取代理论独断

作为一个系统，法治的本质特征就是目的性，目的是结构、功能和方法的最终指向。法治的目的问题通常表现为关于法治价值的争论，也即法治是为了什么的问题。对这一问题，我国学术界大致有三种理论方案：抽象理论的权利论、政治实践的功利论和社会功能的秩序论。

1.权利论

这一理论的背景是我国权利话语的兴起，它从抽象的形而上理论推导出发，认为法治实践的目标应当是保护公民的私权利。这一观点认同权力让渡理论，认为国家权力本质上来自公民授权，目标也应当是为人民权利服务[①]。而从权力—权利对立的角度出发，权利保护要求通过法治建立权力制衡体系，并最终以权利制约公权力，以保证国家权力在法律下运行[②]，因此法治的核心目标经常被认为是法治政府建设，如马怀

[①] 杨春福：《保障公民权利——中国法治化进程的价值取向》，载《中国法学》2002年第6期。

[②] 魏宏：《关于法治的内涵、目标和实现途径》，载《西北大学学报》（哲学社会科学版）1999年第3期。

德认为法治国家建设必须要求建立有限有为的政府①。这一理论取向在我国学术界几成通说。

2. 功利论

这一理论从描述意义上，认为我国法治实践是服务于社会主义经济建设的政治目标的。这一理解有政治实践渊源。改革开放初期确立了以经济建设为中心的政治目标，邓小平指出，"改革党和国家领导制度及其他制度，是为了充分发挥社会主义制度的优越性，加速社会主义现代化建设事业的发展"②。西方学者一般认为，中国法治建设的根本动机是经济因素③。而在确立建设社会主义市场经济目标，特别是中国加入世贸组织后，市场对公平竞争的要求进一步促进了法治建设。

3. 秩序论

这一理论从社会功能角度出发，将法治视为调整社会关系、维持社会秩序的工具，认为"法治的目标是促进利益一致的关系"，以增进个人、团体和国家机关之间的合作，实现社会团结④。这一理论的正面发展是对公平正义价值的追求，即认为法治应当追求矫正正义，维护社会公正，以服务于我国和谐社会构建⑤；而这一理论的负面发展则是所谓的维稳思维，片面强调法治的外在价值，而忽视法治的内在正义追求，当自由与秩序价值目标发生冲突时，甚至以秩序侵吞自由，以维护社会

---

① 马怀德：《法治政府特征及建设途径》，载《国家行政学院学报》2008 年第 2 期。

② 《邓小平文选》第二卷，人民出版社 1994 年版，第 332 页。

③ C.Jones, "Capitalism, Globalization and Rule of Law: An Alternative Trajectory of Legal Change in China," Social & Legal Studies, Vol.3, No.2 (1994), pp.195-221.

④ 叶必丰：《法治的基础、目标和途径——法治与社会稳定》，载《江苏社会科学》1999 年第 1 期。

⑤ 徐显明：《公平正义：当代中国社会主义法治的价值追求》，载《法学家》2006 年第 5 期。

表面的稳定①。

在这些讨论中，学者们普遍暴露了对语义分析方法的忽视，从而混淆了规范和描述的界限。实际上，法治并不能成为分类学对象的实在物，而要基于合目的性的价值来进行构建，因而，法治是个本质上具有争议性的概念（Essentially Contested Concept），并不存在所谓语义明确和意识形态中立的法治定义②。法治仅在作观念史讨论时才有语义学意义，而在现代法治实践中，它应当是规范论范畴的，是纯粹语用学的。因而，一些学者试图采用下定义的方式确定法治的客观目标，实质上陷入了循环论证而不自知。在进入实践之前，为法治实践所设立的前置目标只能是纯粹价值判断，而这种判断难免陷入"明希豪森困境"式的价值独断。可以说，在价值实践领域，所谓"谋定而后动"是不可能的，只有实践本身才能厘清和凝聚价值。

实验主义不追求理论的统一性，也反对仅依靠提前设置的理论指导实践，而以实效为指向筹划实践。我们完全赞同波斯纳的观点，即政策判断应该基于事实和后果，而不是概念主义和原则③。马克思主义实践观同样反对以抽象理论来限定真实世界的实践："思辨终止的地方，即在现实生活面前，正是描述人们的实践活动和实际发展过程的真正实证

① 张波:《论当代中国法治价值目标的定位和选择》，载《南京社会科学》2004 年第 1 期。

② 因此，"法治的价值实际上是什么"并不是一个好问题，真正的问题是"我们需要什么样的法治"。参见 Radin, Margaret Jane. "Reconsidering the rule of law." BUL Rev, Vol.69, No.4 (1989)，pp. 781-822. ; J.Waldron, "Is the Rule of Law an Essentially Contested Concept (in Florida)?" Law and Philosophy, Vol.21, No.2 (2002)，pp.137-164。

③ [美] 波斯纳:《道德和法律理论的疑问》，苏力译，中国政法大学出版社 2001 年版，第 263—264 页。

的科学开始的地方……对现实的描述将使独立的哲学失去生存环境。"①
中国法治实践学派遵循马克思主义实践观，基于实验主义取向，反对以
抽象理论推演设置静态的法治目标，而要求基于实验主义原则，设立
实验性的框架性目标。这种目标设立的主要特征包括：（1）从设立主体
看，框架性目标是由中央单位、地方单位和利益相关群体共同设定，且
其设立与执行是一体的，即在执行中逐步明确和修正目标。（2）从具体
内容看，框架性目标仅设定若干基本准则，而这些较为抽象的准则保留
了充分的解释和探索空间。（3）从实现方法看，框架性目标不对具体
方法作出规定，而由地方单位自由设定具体路径。（4）从既定效力看，
框架性目标并不是终局性的，其具体细节可以根据行动中的反馈不断
修正②。

　　崔之元教授提出，应当用实验主义治理的"框架性目标"理解中共
十八届三中全会提出的若干战略③，本人赞同这一思路。基于我国权力
运行逻辑，我国法治实践的框架性目标，应当基于十八届三中全会《改
革决定》和四中全会《法治决定》两个基本文件而构建。

　　实际上，党的十八届三中全会文件明确为框架性目标预留了探索和
实验空间。《改革决定》一方面指出要"加快转变政府职能，进一步简
政放权，最大限度减少中央政府对微观事务的管理"，另一方面还强调
"人民是改革的主体，要坚持党的群众路线"，要"建立社会参与机制，

---

　　① 《马克思恩格斯选集》第 1 卷，人民出版社 1995 年版，第 73—74 页。

　　② C.F.Sabel & J.Zeitlin, "Learning from Difference: The New Architecture of Experimentalist Governance in the EU," European Law Journal, Vol.14, No.3 (2008), pp.271-327.

　　③ 该观点由崔之元教授于 2014 年 4 月 29 日在纽约"社会研究新学院"（New School for Social Research）作的题为"理解习近平的宏大改革战略：总目标和框架性目标"学术报告会中提出。

充分发挥人民群众积极性、主动性、创造性，鼓励地方、基层和群众大胆探索，加强重大改革试点工作，及时总结经验，宽容改革失误"。以上论述明确表明，中央政府将仅负责设置宏观目标，也即给出完整框架性目标的初步架构。而只有在基层对这一初步架构给出自己的理解及解释之后，一个只针对局部的框架性目标才能在基层确立。相对于传统的中央单一决策模式，这一实验主义方法所确定的目标无疑更贴合地方实际，而其差异性也更适合进行评议、比较和学习。更重要的是，基层参与框架性目标确立时，可以（应当）鼓励本地利益相关群体参与，以提升目标的可行性和实效性。

而如前文所述，经基层确定后的目标也是临时性的，是可以修正的。党的十八届四中全会《法治决定》以极为简练的篇幅，就法治政府建设、法治队伍建设、宪法实施、司法公正、法治社会建设、党对法治建设的领导等诸多方面提出了宏观目标。文本的简短和对象的复杂性决定了这些目标必然是极具开放性和解释空间的。以建设法治政府部分"依法全面履行政府职能"一条为例，报告提出，要"完善行政组织和行政程序法律制度，推进机构、职能、权限、程序、责任法定化"，但对如何完善相关法律制度、如何推进相关内容法定化，却并无明确规定，这就给基层的实验和实践留出了充分的空间。其具体实践后果必然也存在地方间的差异性，而对比这些实验结果，可以就此宏观框架目标进行再审视，从而对目标本身的理解不断作出修正。

最后，这种框架性目标还应体现在法治评估步骤中。评估是实验主义法治体系得以运转的关键步骤，在构建中国法治评估的指标体系时，因为法治评估指标的可量化要求，就同时需要确定法治实践框架目标的实质及具体的内容，因而不同地区的法治评估指标编制过程，同时就是对框架性目标的诠释和实验过程。如从外部视角来审视这一过程的话，要考虑与中央确定的框架性目标总体一致；再如从内部视角加以审视，则要考虑对框架性目标的何种诠释和具体化对法治实践是最有益的。而法治评估的结果就成为重新诠释、理解框架性目标的新起点。

（二）结构重构：以网状结构突破层级体制

按照系统论的定义，结构是系统内部各要素相对稳定的联系方式和组织秩序，而系统结构对系统最终功能产出具有决定性意义①。如果将法治实践视为一个系统行为，则实践主体的关系和组织运作形式决定了实现法治实践目标的最终效果。在中国法治实践进程中，法治主体结构可以从国家社会关系、政府内部结构两个方向来理解。

首先，从国家社会关系的外部视角看，中国法治实践是国家主义的。有学者指出，中国的法治道路是政府推进的，这是由中国国情决定的，由于当前中国独特的政治组织形式及其社会基础和影响，当前中国的政治资源就是最大的法治本土资源，国家自然是法治建设最大的推动力②。改革开放后的一段时期，法学理论界基于流行的自由主义话语，对改革开放前的强国家主义进行反思，并寄希望于以公民社会发育促成政治发展。然而，法治实践结果却再次与理论图景形成鲜明对比，特别是"社会主义法治理论"提出以来，国家主义实际上掌握了法治实践话语权③。虽然理论界对所谓的"市民社会"发展寄予厚望，但研究表明，

① 魏宏森、曾国屏：《系统论》，清华大学出版社 1995 年版，第 288—292 页。
② 蒋立山：《中国法治道路问题讨论》，载《中外法学》1998 年第 4 期。
③ 于浩：《共和国法治建构中的国家主义立场》，载《法制与社会发展》2014 年第 5 期。

由于我国社会力量基础薄弱，社会的发展也必须在国家扶持和控制之下才能进行，中国的国家社会关系形成了国家合作主义，而在中国构建那种完全自主性的市民社会是极为困难的①。这体现在当前法治实践中，就是国家政府部门承担了法治建设的主要任务，而政府以外的社会力量的作用被忽视或低估了。

其次，从国家主义内部视角看，中国法治实践的国家权力体系是科层制和条块分割的。可以说，现在中国的政治发展的目标之一就是构建现代国家体系，而这种现代国家的模型就是韦伯式的官僚科层制及形式理性的法律系统。这种系统要求现代法律的普遍性，认为现代法律的本质特点应当包括立法的普遍性和适用法律的一致性，而部门和地方立法则有可能破坏法律的普遍性，从而是不被信任的②。因而，这种科层制要求中央和地方关系应当是指令—执行模式，中央享有决策权，地方应准确地执行中央决策，邓小平就曾指出："中央要有权威。改革要成功，就必须有领导有秩序地进行……中央定了措施，各地各部门就要坚决执行，不但要迅速，而且要很有力。"③而中央与地方的权力冲突集中体现为我国垂直管理部门和地方政府关系中的"条块分割"。虽然在改革进程中，我国根据情势变化，通过人事及财政的权力分配调整，促使条块权力格局不断发生变动，但两者之间此消彼长的矛盾性却并未消除④。

---

① M.Pei, "Chinese Civic Associations: An Empirical Analysis", Modern China, Vol.24, No.3（1998），pp.283-318.

② 李强：《现代国家制度构建与法律的统一性：对法律制度的政治学阐释》，见梁治平：《国家、市场、社会：当代中国的法律与发展》，中国政法大学出版社 2006 年版，第256 页。

③ 《邓小平文选》第三卷，人民出版社 1993 年版，第 277 页。

④ 孙发峰：《从条块分割走向协同治理——垂直管理部门与地方政府关系的调整取向探析》，载《广西社会科学》2011 年第 4 期。

实验主义治理理论早已指出，现代政治决策的系统性失灵有两个原因：无知和不确定。无知是指国家高层机关远离具体社会事实，而不知如何应对某一具体情况，但基层参与者则更了解情况，对这种情况，可以通过新合作主义应对，在决策步骤吸纳基层部门和市民参与，而高层完成决策后，基层仍然仅负责执行即可，因而这一应对方式并没有挑战传统的指令—执行模式。而第二种系统性失灵的原因是不确定性，这里要面对的社会事实是未曾经历或不断变化的，在这种情况下，基层参与者和中央机关一样，对社会事实并没有确定的知识，这就要求必须淡化中央和地方在决策与执行上的分工差别和层级制度，也要削弱区域和部门间的条块分割，采取实验主义路径，通过地方的执行、评议和互相学习，逐步寻求更佳的决策可能。这种决策—执行模式中，中央和地方的关系是网络状的，不仅地方之间存在着互相竞争和学习，中央也要学习地方的经验，且并不要求地方在实践中完全执行中央决策 ①。

中国国情的特殊性加剧了知识的地方性，这也使我们的法治实践必然要面对很大的不确定，法治实践的过程也必然是探索和实验的过程。这就使法治实践路径的探寻不应寄希望于少数决策者的理性决断，而应关注地方自主的路径实验和竞争，这一路径也符合法律的经济分析：新制度经济学理论认为，国家所理性设计的法律制度经常会与社会生活的自然演变脱节，使法律效力与法律实效发生矛盾，国家的强制性制度变迁很可能无法提供有效的制度供给 ②。而实际上，中国法治建设确实也呈现出地方实验和竞争的态势。首先，中国的经济建设导向导致了中国

---

① C.F.Sabel & J.Zeitlin, "Experimentalism in the EU: Common Ground and Persistent Differences," Regulation & Governance, Vol.6, No.3（2012）, pp.410-426.

② 卢现祥:《西方新制度经济学》,中国发展出版社 1996 年版,第 113—115 页。

地方间的区域经济竞争，而由于制度建设对经济建设的正面作用，这种竞争进一步演化成地方制度竞争，甚至地方法治建设竞争[①]，这种竞争产生的后果就是某些先进地区在法治制度建设上的"先试先行"，即"先行法治化"现象[②]。而中国法治实践学派本身也是中国法治先行地区的法治实验的成果，诞生于中国法治试验田的实践中，而中国法治实践学派诞生的重要任务之一，就是对中国法治实验进行理论总结，并服务于进一步的法治实践[③]。

《法治决定》中已经隐藏了这一结构转变的思路。《法治决定》要求，在立法上，要"深入推进科学立法、民主立法，健全立法机关主导、社会各方有序参与立法的途径和方式"。按照实验主义方法要求，这里的民主立法绝不应仅理解为代表代议制度，而应当包括了基层利益和实践经验在立法中的体现。因而，《法治决定》所要求建立的立法起草、论证、协调、审议机制、向下级人大征询立法意见机制、基层立法联系点制度、立法项目征集和论证制度，以及行政决策机制中的公众参与、专家论证、风险评估、合法性审查、集体讨论决定等措施，都应视为实验主义中的"制度中转"途径，都应当明确服务于对基层实践经验的收集、评估、推广。其实《法治决定》也明确指出，要实现立法和改革决策相衔接，做到重大改革于法有据，立法主动适应改革和经济社会发展需要。实践证明行之有效的，要及时上升为法律。实践条件还不成熟、需要先行先试的，要按照法定程序进行授权。对不适应改革要求的法律法

① 万江：《中国的地方法治建设竞争》，载《中外法学》2013 年第 4 期。

② 孙笑侠、钟瑞庆：《"先发"地区的先行法治化——以浙江省法治发展实践为例》，载《学习与探索》2010 年第 1 期。

③ 参见钱弘道：《法治指数：法治中国的探索和见证》，载《光明日报》2013 年 4 月 9 日；武树臣：《法治实践呼唤法治实践学派》，载《中国社会科学报》2013 年 7 月 24 日。

规，要及时修改和废止。这本身就完全符合实验主义的要求，为实现实验主义法治结构的顺利转型指明了道路。

（三）方法重构：作为路径实验的法治评估

系统论和控制论认为，一个合目的性系统必然是一个开放的系统，其发展能力就来自系统内部的反馈机制。具体来说，系统根据负反馈来修正行为，才能维持系统向特定目的运行①。而具体到实验主义治理体系内，其体系的反馈机制也就是第三个步骤即同行评议，也就是对已有差异化实验效果进行评估的过程，只有经过评估，才能确定实验效果，进而开启下一步的学习和修正步骤，可以说评估是实验主义体系的关键环节和核心方法。而在实验主义法治架构内，这一评估步骤就是法治评估体系。在目标及结构设定完毕后，评估步骤是实验主义法治体系得以良好运转的关键方法。因而，本部分所讨论的方法特指作为实验主义法治的反馈控制方法的中国法治评估体系，而非微观的法律技术。

中国法治实践学派早已认识到评估体系在法治实践中的重要性。2008 年 6 月，浙江大学法学院与杭州市余杭区委合作成立了"法治余杭量化考核评估体系"专项课题组，并推出了余杭"法治指数"，成为我国第一个法治评估体系。这一实践引起广泛反响，根据国务院 2004 年发布的《行政纲要》，2008 年 12 月，深圳市发布了《关于制定和实施〈深圳市法治政府建设指标体系（试行）〉的决定》。2009 年 12 月，国务院法制办发布《关于推行法治政府建设指标体系的指导意见（讨论

---

① Rosenblueth, Arturo, Norbert Wiener, and Julian Bigelow. "Behavior, purpose and teleology." Philosophy of science Vol.10, No.1 (1943)：pp.18-24.

稿)》，其后，北京、上海、四川、甘肃等地省市级政府纷纷展开法治政府评估，各高校及科研机构也积极参与法治评估研究。《改革决定》决定"建立科学的法治建设指标体系和考核标准"，更加促进了法治评估的发展。法治评估应当进一步发展，这有待于向实验主义模式转变。可以从法治评估的目的、路径及内容三个方面进行考察。

对于法治评估的目的，有研究者将其总结为"诠释、深化落实、导引、评测"四种作用。其中，诠释作用是指将评估体系作为一个具有客观共识性的认知标尺，以统一政府与民众对法治化标准的认知；而深化落实作用，则是将法治化要求具体化、微观化，使其从制度设计迈向实质性落实；导引作用，则是通过对行为的正负激励措施，引导各法治实践主体实现法治化目标；评测作用，则是通过量化考评，掌握法治实践具体效果，以改进今后工作①。这一观点实际上将法治评估视为一个绩效考核体系，该观点秉持的是传统的指令—执行分离的治理模式，认为指标体系的设计者（高级单位）负责决策，而指标体系的考核对象（低级单位）负责执行决策，指标的主要目标是考察对决策的执行是否准确。虽然也提及应根据评估结果对决策进行修正，但这一目标并未质疑高级单位在决策中的垄断地位。这一模式显然与实验主义弱化层级的治理取向不同。在实验主义模式中，评估的目的是对基层差异化实践进行比较，并促进基层的互相学习，而高层评估主导者的角色是政策中转者，即要通过评估，将较优的实践模式在系统内推广。这里的决策权是平等地在高低层级间分享的。当然，通过法治评估产生内生压力，提升

---

① 国家行政学院课题组：《法治政府指标体系与作用》，载《中共天津市委党校学报》2014 年第 2 期。

官员积极性，倒逼地方法治建设是十分必要的，但实验主义的法治观更注重法治评估的评估、比较、促进学习这些准决策方法作用，在实验主义框架内部，法治评估体系主要是作为路径实验和政策中转的平台而存在的。

法治评估的路径大致分为三种：内部路径、外部路径及内外结合路径。内部路径，即政府体系内部自行组织的业绩考核，是上级对下级的工作评价过程，甚至与对下级的奖惩措施挂钩。这一路径的优点是效率较高、阻力较小、便于统一标准、规范力较强，但缺点也极为明显，即公信力不足、科学性不够、易流于形式等，且由于其明显的"指令—执行"模式特征，当然是不符合实验主义构想的。外部路径则是政府外第三方独立进行的评估，这种评估形式虽然科学性较高、公信力较强，但由于我国强势政府的国情，具体操作较为困难，难以统一化标准，且其评估成果难以通过反馈影响政府决策，无法正式进入治理决策体系，同样不适用于实验主义构想①。更具可行性的是内外结合的途径，即政府与第三方合作的评估，如第三方通过政府课题承接参与评估、政府直接委托第三方参与评估环节、政府委托第三方独立评估等模式②。实验主义要求评估区域差异，以便学习性决策，而差异性测量的前提是标准的统一性，因而要求应当保障局部地区内部路径的统一，也即在区域内，应由区域高层级机关主导和推行较为统一的评估标准；然而，由于行政和学术资源的有限性，在所有区域、层级和事项上进行无遗漏的评估是

---

① 周尚君、彭浩：《可量化的正义：地方法治指数评估体系研究报告》，载《法学评论》2014 年第 2 期。

② 杨小军、陈庆云：《法治政府第三方评估问题研究》，载《学习论坛》2014 年第 12 期。

不可能的，而从实验主义统计原理上看，也是不必要的。解决这一悖论的可行方案，是采取分层抽样的统计学技术，即在区域内就某一个法治事项，由高层级机关主导，按照由专家群体制定的标准，根据地区各局部不同的经济社会条件，选出一定数量具有代表性的样本区域进行评估。这种评估方式一方面可以以较低成本保证实验主义体系的运行，另一方面也可以避免评估异化为内部绩效考核。

最后，法治评估的内容按其评估指标属性，可以分为主观指标和客观指标。主观指标即人们对法治的主观感受，这种指标形式测评的效度较高，真实性容易保证，且指标的设计、编制和收集成本较低，但缺点是主观性较强，容易受到内外部各种因素影响而产生非理性和波动性；而客观指标则是对制度事实及其具体后果的测评，其优点在于可以克服主观性，保证科学客观的测量结果，但设计和实施难度大，数据真实性不易保证①。实验主义认为，评估内容应该服务于整体性的法治实践决策循环，应当成为新的决策循环依据的信息和知识来源，因而，指标设计的形式是次要的，应当针对不同的决策需求进行差异化的指标设计，以提供决策所需的知识。比如，新的决策循环可能包括目的再设定和制度再设计，其中，主观指标能更好地体现民众对现有制度目标的满意度，因而更适于为目的设定提供参考，而客观指标则能更精确地测量现有制度的各项要素的完备情况，因而更适于为制度设计提供参考。而实验主义淡化绩效考核色彩的取向，也使得评估结果的真实性和可靠性更高。总之，由于在实验主义法治体系内，评估指标的设定标准不再是方法论导向——主要关注其真实性和有效性，而是转化为目的论导向——

① 王敬波：《法治政府的评估主体、指标与方法》，载《改革》2014 年第 9 期。

主要关注其是否能为决策提供所需的信息和知识。

实验主义一直是中国法治实践学派的核心方法论之一，本文是对这一方法论的体系化和理论化。这一理论构想不仅是对世界先进理论和经验的学习和批判，还是对新中国以来治理经验的总结和升华，更是对近年来党中央关于法治建设重大部署的深入分析与阐释。我们认为，在这一极具解释力和指导力的理论框架下，可以有效地阐释中国全面推进依法治国的原则，探索法治政府建设和司法改革的路径选择，厘清国内法治和国际法治的关系，并为一系列法治实践重大问题的解决提供可参考的思路。本文提出的实验主义法治这一初步构想，尚有待于随着中国特色社会主义法治理论和实践的推进而进一步完善和发展。在此过程中，实验主义法治理论也将为中国特色的法治实践提供理论动力，为中国特色社会主义法治理论发展提供新视角，为中国国际法治理论话语权的扩大提供有力的论证基础。

| 后 记 ··

本文原载《浙江大学学报》（人文社会科学版）2015 年第 6 期。《新华文摘》2016 年第 5 期、《社会科学文摘》2016 年第 2 期转载。本文首次提出"实验主义法治"新概念，从实验主义角度对中国法治实践学派的方法论进行了阐释。论文由我与博士生杜维超合作完成。

论法治实效

中国法治实践学派的一个关键词是"实效",既指要追求研究的实际效果,也指法治建设工作要追求实际成效。法治实践工作当然必须讲究实效,这在中央关于法治建设的纲领性文件中都可以找到依据。客观上,"实效""成效""效果"等词已成为法治建设的热词。习近平同志强调:推进法治建设要干在实处,注重实效,反对形式主义、做表面文章。①《中共中央关于全面推进依法治国若干重大问题的决定》中规定了"增强监督合力和实效""提高普法实效""把法治建设成效作为衡量各级领导班子和领导干部工作实绩重要内容,纳入政绩考核指标体系"等内容;《法治政府建设实施纲要(2015—2020)》中则规定了"增强公众参与实效""决策机关应当跟踪决策执行情况和实施效果"等内容。法治实效任务之所以被空前强化,主要是因为法治建设中存在种种实效

① 参见习近平:《干在实处　走在前列——推进浙江新发展的思考与实践》,中共中央党校出版社 2014 年版,第 362 页。

不佳的问题。有人提出："我国的法律制度正面临越来越严重的'实效性危机'。"①有人呼吁：必须推行富有实效的法治。②在法治建构行动中，"法治实效"是一个关键性考量因素。它通过科学揭示法治建构的行动效果，有效激发法治建构参与者的动力，并为其指明下一步的行动方向，从而有助于破解法治建设中出现的形式主义难题。如果忽视法治实效的考量，法治建构行动将面临合理性乃至合法性的严峻拷问。因此，深入探讨"法治实效"这一议题具有理论与实践的双重意义。

一、国内的研究：从法律实效到法治实效

在我国，关于法治实效的研究由来已久，以往的相关学术成果清晰地呈现了它的发展轨迹及特点。不仅出现了从法律实效到法治实效研究上的跨越，也呈现了不同阶段的典型研究范式，为法治实效的后续研究指明了方向。

（一）法律实效及其研究范式

早在 1989 年，国内学界就开始重视"法律实效"的研究，那时还没有使用"法治实效"这一术语。赵震江、周旺生、张骐、齐海滨、王晨光共同署名在《中外法学》上发表了一篇题名为《论法律实效》的学术论文，从主体、制度、文化等方面详细论述了法律实效的主要实现条件，对法律实效的研究起到了引领作用。

① 柯华庆：《实效主义》，上海三联书店 2013 年版，第 132 页。
② 江必新、郑礼华：《全面深化改革与法治政府建设的完善》，载《法学杂志》2014 年第 1 期。

最初，学界对法律实效的研究采用的是单纯定性的研究方法。从内容上看，法律实效的研究最先发端于对概念的界定及与相近概念的区分，后来逐步扩展到了法律实效的影响因素、实现路径及研究意义等内容上来，这些研究都毫无例外地采用了定性研究方法，主要内容体现在以下三个方面：

1. 法律实效的内涵界定。 法律实效是法律的贯彻与实行以及获得公民和政府遵守的程度。① 衡量一个国家的法制状况的标准并不仅在于法律数量上的多寡，关键在于法律得到实施与遵守的程度。法律实效与法律效力之间有一定联系，但也存在显著区别。法律效力是法律实效的前提，而法律实效是法律效力的继续，是从静态转入动态的表现形式，比静态的法律效力更有意义。② 此外，张骐认为，法律实效与法律效果、法律效益三者之间在概念上也有重叠，分别从不同角度描述着法律实施的状况。③

2. 法律实效的诸多影响因素及实现路径。 赵震江等学者认为法律实效主要受主体、制度、文化等因素影响；④ 屠世超认为：法律实效在更大程度上受法律自身内在因素的制约；⑤ 王佳明则提出：法律实效的最终实现必然受立法、执法、司法、守法各法律运行环节的影响；⑥ 此外，杜敏提出：法律实效不可避免地还会受到个体、体制、法律监督、

---

① 巴中山、关明凯：《论法律实效》，载《吉林师范学院学报》1991 年第 1 期。
② 黄海林：《法效力与法实效之研究》，载《法学》1992 年第 1 期。
③ 张骐：《法律实施的概念、评价标准及影响因素分析》，载《法律科学》1999 年第 1 期。
④ 赵震江、周旺生、张骐、齐海滨、王晨光：《论法律实效》，载《中外法学》1989 年第 2 期。
⑤ 屠世超：《论法律实效》，载《当代法学》2000 年第 2 期。
⑥ 王佳明：《论法律实效》，载《河北法学》2000 年第 4 期。

法律环境等诸多间接因素的影响①。因为分析法律实效影响因素的着眼点不同，学者们所探求的实现路径也有较大差异，这种差异正反映了法律实效实现路径的系统性与复杂性特征。

3. 加强法律实效研究的重要意义。从理论层面看，能够完善法理学；② 从实践层面看，则有利于挖掘改进法律实效的积极因素、制约法律实效发挥的消极因素，从而可以有针对性地提升我国社会主义法治建设的步伐。③

以上研究自始至终单纯采用了定性的研究范式。④ 尽管定性研究范式具有概括性强、所涉问题领域广等优势，但其缺陷也是十分明显的。比如，因为研究者主要通过文献资料检索与分析的方式获取信息，导致研究结果不全面、不准确；因为研究者信息处理能力不足，仅能实现静态观察，无法满足动态研究的要求；受研究主体主观因素影响较多，必然会导致评价结果的客观性不足。⑤ 定性研究范式的诸多弊端，引起了学界对法律实效研究范式的反思。

以法律实效评价为研究突破点，学界表现出了转变单纯定性研究范式的努力，但最终并没有真正推出定量研究范式，最多仅发展到了对定

---

① 杜敏：《论法律实效》，载《西南民族学院学报》(哲学社会科学版)2001 年第 5 期。

② 邹晓红：《法律实效：界定、特征及其研究意义》，载《松辽学刊》(人文社会科学版) 2001 年第 6 期。

③ 陈明：《论法律实效的评判》，载《甘肃理论学刊》2006 年第 6 期。

④ 定性研究是在法律的整体实现及其实现的社会效果这一宏观范围上衡量法治实现的状况、程度，分析、判断法律整体的实效，得出一个适当的评价结果。参见黄建武：《法的实现——法的一种社会学分析》，中国人民大学出版社 1997 年版，第 8 页。

⑤ 刘佳奇：《论大数据时代法律实效研究范式之变革》，载《湖北社会科学》2015 年第 7 期。

量研究范式的定性研究上。① 郭立新认为：在依法治国的今天，法学研究不能再忽视对法律实效的实证分析，仅注重对法律本身的注释，盲目崇拜法律本身就能有效调节社会的功能。加强对法律实效的社会实证分析，是每个法学理论研究者和法律工作者所面临的共同任务。② 姜丛华认为：可以从量与质两个方面对法律实效进行评价，要保证评价结论的正确性就必须深入实际，调查研究，获取大量的可靠的实证材料。③ 谢晖认为："法律实效总是客观的，它总是可以被我们用统计学的原理统计出来（如诉讼率、犯罪率、违法率以及法律执行率的数量统计），也可以被我们的心理所感觉得到（如人们对政通人和、秩序井然、人民自由的心理感受），这些都为人们评估法律提供了现实的可计量或可客观描述的条件。"④ 此时，尽管学界出现了开展定量研究的学术声音，但可能基于定量研究条件、环境与经验的局限，法律实效的研究仍旧沿用着定性研究范式，并没有真正推行定量研究范式，很大程度上影响了法律实效评价的准确性。

（二）法治实效及其研究范式

法治指数的出现是法律实效及其研究范式出现质的转变的标志性事件。以浙江余杭为实验场域，余杭法治指数课题组从整体上设计出一套

---

① 定性研究是在法律的整体实现及其实现的社会效果这一宏观范围上衡量法治实现的状况、程度，分析、判断法律整体的实效，得出一个适当的评价结果。参见黄建武：《法的实现——法的一种社会学分析》，中国人民大学出版社 1997 年版，第 8 页。

② 郭立新：《论法的效力与实效》，载《中央检察官管理学院学报》1994 年第 4 期。

③ 姜丛华：《论法律运行的实现》，载《浙江大学学报》（社科版）1995 年第 2 期，第 44—49 页。

④ 谢晖：《论法律实效》，载《学习与探索》2005 年第 1 期，第 95—102 页。

能够准确反映该地区法治发展状况的指标体系，深入实践调查研究以完成数据采集与测评工作，并于 2007 年发布了我国内地第一个法治指数，年度发布一直持续至今。中国法治实践学派的概念以及相关理论正是在这个过程中得以酝酿并被提出的。学者们认为，中国法治实践学派就是目标针对法治实效的研究。法律实效研究转向法治实效研究，特别是法治实效的量化研究，中国法治实践学派发挥了不容忽视的作用。

1. **从法律实效向法治实效的跨越，从本质上讲是研究对象的重大变化**。从研究范畴上来看，法律实效研究与法治实效研究已不可同日而语。如果说法律实效仅关涉制定出来的法律的实施状况，法治实效关涉的则是立法、司法、执法、守法各法治运行环节动态的综合的呈现。事实上，"法律实效"从来就不应是单纯的"法律"实效，起码已经制定出来的法律尚面临着健全与否的拷问，即便实施状况良好，也难以达至良法善治的预期，必须采用纵贯法治全过程的动态观测体系。那么，为何出现了"法律实效"这一概念？法律实效只是法治的时代性。法治的原初含义是通过制定法律，运用法律调整社会生活关系，形成社会生活的法秩序。在此定义下，学界提出了"法律实效"这一术语。但发展到近现代社会，又出现了与之相适应的、更为宽厚的法治含义：在形式意义上，法治还意味着对法律至上权威的强调，意味着在处理与公权和私权相关问题上严格坚持合法性原则；在实体价值追求上，法治还意味着"良法之治"。① 在此定义下，"法律实效"这一术语已远远不能匹配法治的范畴与要求，改称"法治实效"已成必然，以表达实现法治实效

---

① 张志铭、于浩：《共和国法治认识的逻辑展开》，载《法学研究》2013 年第 3 期，第 3—16 页。

的全局性、动态性，而不再仅仅局限于法律制度这一单一层面。从地方法治先行现象来看，在提法上出现的一些微妙变化或许证明了这一点。2000 年前后还主要是以"依法治 ×"为主，2004 年之后则普遍改称"法治××"。这里面除了表达地方法治建设从被动向主动的转变之外，^①很明显也表达了从固化的一维到动态的多维的转变。

2. 从法律实效向法治实效的跨越，是从定性向定量研究范式的转变。如何达至法治实效动态的良好呈现？过去单纯静态的定性研究面临着很大局限性，为此诸多学者提出，定量研究具有功能填补效果，应切实推行定量研究。但要求已经习惯于纯理论、纯文本式研究的学者突然转到定量研究上来，客观上确实存在很大难度。因为定量研究不仅是新的研究技术的引入，还是研究空间上的转移，即要求从书斋转入实践。从"理论"到"实践"，虽然在字面上只有四字之差，但在学者们看来它们之间存在着巨大鸿沟，难以跨越。中国法治实践学派之所以能够迈出关键性一步，促成法治实效研究范式由定性向定量的转变，除了客观上受很多外部有利条件促成之外，很大程度上主要是由该学派的基本特征所决定。中国法治实践学派最大的特征就是强调"实践"，^②以中国法治实践为问题导向，以探寻中国法治道路为目标，以实践哲学为理论基础，以实证研究为常规范式，倡导实验方法，倡导知行合一精神。^③中

①　"依法治 ×"阶段的地方法治建设具有被动性，基本路径是贯彻中央法治、执行国家政策；"法治××"阶段的地方法治建设则具有能动性，着力建立并推进以地方社会为基础的地方法治发展战略。参见付子堂、张善根：《地方法治建设及其评估机制探析》，载《中国社会科学》2014 年第 11 期，第 125 页。

②　钱弘道：《以实践为师》，载《浙江大学学报》（人文社会科学版）2016 年第 4 期，第 105—106 页。

③　钱弘道：《发展中国法治实践学派》，载《中国社会科学报》2016 年 5 月 27 日第 957 期。

国法治实践学派要求在实践中以定量方法观测法治实效，在行动中建构实效路径，为法治实效研究提供了全新视角和动态思维。

二、国外的学术资源：皮尔斯实效主义及其启示

国外存在不少有助于法治实效研究的学术成果。本文以美国著名哲学家查尔斯·皮尔斯（Charles Peirce）的实效主义（Pragmaticism）① 为例。皮尔斯实效主义思想具有代表性与针对性，可以为我们进一步开展法治实效研究提供借鉴。并且，皮尔斯的实效主义和中国法治实践学派所秉持的基本精神有诸多契合之处，有些观点不谋而合，进一步印证了中国法治实效研究范式转变上的合理性。

（一）在实践中探求实效

"实效"是皮尔斯理论的核心论点，它指明了人们的行动目标与意义。"考虑一下你的概念的对象具有什么样的、可以想象的、具有实际意义的效果。那时，你关于这种效果的概念就是你关于这个对象的概念的全部。"② 人们在开展一项行动时如果完全缺乏"实效"观念是无法想象的，最终会导致行动偏离方向甚至变得毫无实际意义。皮尔斯的这一主张正好与中国法治实践学派相契合。"中国法治实践学派注重实

---

① 19世纪70年代，皮尔斯创设了实用主义学说，从而被公认为"实用主义第一人"，但他认为他哲学的核心是实效，与詹姆士与杜威的实用主义学说有别，1905年4月直接将其实用主义改称为"实效主义"。参见［美］皮尔斯：《皮尔斯文选》，涂纪亮、周兆平译，社会科学文献出版社2006年版，第4—7页。

② ［美］皮尔斯：《皮尔斯文选》，涂纪亮、周兆平译，社会科学文献出版社2006年版，第22页。

效，主张一切法律和法治措施都要由效果来检验。"①"实效"应在"实践"中探求。皮尔斯为中国法治实践学派如何在"实践"中实现实效提供了理论启示。

无论是实效目标的确立还是实现过程，单靠无谓的争论是行不通的，必须结合实践来完成。皮尔斯认为：没完没了的"误解和争论使得实证科学的最高成就变成无所作为的文人的一种单纯的消遣，一种像下棋那样的游戏：无所作为的快乐就是它的目的，啃书本就是它的方法"②。这并不是要完全排除思辨在其中的作用，而是要清除那些毫无意义的思辨，只保留那些与人的行动相联系的部分，由此皮尔斯阐明了自己的实践观。他反对脱离实践而空谈效果，相反，主张对实践具有影响力的概念、观念并不是先天具有的，而是与实践紧密相连的。确定实效目标并予以实现的过程就是"实践思考"的过程，通过考虑实践的作用、实践所造成的事实和结果来完成整个行动任务。③

皮尔斯进一步强调：人们的行动受过去与未来实践的双重影响。"我们把我们的行为建立在我们已知的事实之上。"④ 这是皮尔斯对过去的实践所持有的态度，即主张只有尊重并参照过去的实践经验，人们才能从中获得确立实效目标的客观依据。此外，皮尔斯提出："结论必定指向未来。"⑤ 以此，皮尔斯从对未来实践影响的视角重申了人们行动的实际

---

① 钱弘道：《中国法治实践学派及其界定》，载《浙江大学学报》（人文社会科学版）2014 年第 5 期，第 121—123 页。

② ［美］皮尔斯：《皮尔斯文选》，涂纪亮、周兆平译，社会科学文献出版社 2006 年版，第 12 页。

③ 曹小荣：《实践论哲学导引》，浙江大学出版社 2006 年版，第 32 页。

④ ［美］皮尔斯：《皮尔斯文选》，涂纪亮、周兆平译，社会科学文献出版社 2006 年版，第 38 页。

⑤ 同上书，第 39 页。

意义，即应该对未来实践产生符合实际的良好影响。在此意义上，人们行动的实效目标必定源于实践发展的客观需求，最终形成的成果也必须回归到实践并用于指导实践；脱离实践的实效目标只能是一种奇思妙想，不可能有实际意义。一向以实践为基本特征的中国法治实践学派，在考量法治实效时应强化"实践思考"，加强调查研究，发挥过去与未来实践经验在推进法治建设方面的双重效果。

（二）用实验方法探求实效路径

在实效目标确立之后，何种方法更有助于实现这一目标就成了整个议题的关键。人们付诸实际行动并最终实现实效目标靠的是内在坚定的信念。[①] 在此意义上，信念定位人们对未来的期待，引导人们通过行动来实现预期目标，这决定了树立信念的重要意义，因此，如何树立信念就成了关键一问。

树立正确而坚定的信念需要科学的方法。实践中出现了四种确定信念的方法，即固执的方法、权威的方法、先验的方法以及科学的方法。皮尔斯偏爱科学方法。作为一位实践科学家，皮尔斯参与了科学方法的实践并且极力将科学方法推广到信念确定的其他领域。[②] 在他看来，仅凭个人意志来确定信念的固执方法毫无可取之处。仰仗国家的组织力量

---

① 皮尔斯极为赞赏培根对信念下的定义，即"人所根据而准备行动的东西"，它"正好有三种特征：第一，它是我们意识到的某种东西；第二，它平息了怀疑引起的焦虑；第三，它导致在我们的本性中建立起一种行动规则，或者简单地说，是一种习惯。"参见[美]皮尔斯：《皮尔斯文选》，涂纪亮、周兆平译，社会科学文献出版社2006年版，第89页。

② [美] D.韦德·汉兹：《开放的经济学方法论》，段文辉译，武汉大学出版社2009年版，第236页。

和暴力从政治上确定信念的权威方法，虽然在历史长河中曾经发挥过作用，但在现代社会单靠这种方法显然已经不合时宜了。"没有一个机构能够控制住各个方面的意见，只有那些极其重要的意见受到控制，在其他方面必须让人们的思想接受自然原因的支配。"① 对于肯定每个人心中皆有共同的先验原则并通过集体讨论来确定信念的先验方法，虽然具备了"集体讨论"这一民主要素，但因为与现实脱节而缺乏可适用性。在对其他方法进行了细致分析评判之后，皮尔斯选择了科学方法，并将其视为能够提供具有"外在永恒性，而不存在主观偏见的"信念的方法。

在科学方法中，皮尔斯最珍视实验方法。确定概念意义的方法无非就是实验的方法。实验在满足实验者、可加以证实的假设以及对假设真理性的怀疑等条件下开展。在此方面，皮尔斯又与中国法治实践学派的主张不谋而合。"中国法治建设并无经验可循，以实验的方式、以探索性的姿态进行法治实验是有效方式。"② 在实验过程中，需"直接讨论实验者借以挑选某些可辨别的对象，以便对之进行操作的那些选择活动；其次谈谈实验者用以改变这些对象的外部的（或准外部的）行动；再次，谈谈实验者观察世界对他的活动所做的反应；最后谈谈实验者从该实验中获得的教益。"③ 皮尔斯将研究自然科学的实验方法应用到了社会科学领域，为法治实效探索提供了具体可行的科学方法。中国法治实践学派

① ［美］皮尔斯：《皮尔斯文选》，涂纪亮、周兆平译，社会科学文献出版社2006年版，第77页。

② 钱弘道、王朝霞：《论中国法治评估的转型》，载《中国社会科学》2015年第5期，第84—105页。

③ ［美］皮尔斯：《皮尔斯文选》，涂纪亮、周兆平译，社会科学文献出版社2006年版，第14页。

一开始就采用了实验方法，在余杭法治指数、湖州阳光司法指数、杭州电子政府指数运行中都有所体现，关键的问题是如何有效运用实验方法达到理想"探效"的目的。

（三）检验是保证实效的必要环节

"一切实验都要讲究实验效果，而法治评估就是检验实验效果的方法。"[①] 中国法治实践学派的这一论点提出了实效检验的必要性，皮尔斯实效主义中的检验论为其提供了理论支撑。

检验论强调理性认识应与理性目标相统一，由此创设了效果检验的必要前提。皮尔斯这一理论的最突出特征，"正在于它确认在理性认知和理性目的之间有着不可分割的联系"，强调理性认知对于实现理性目的的指导作用，实际上就是强调实然与应然的不可分离。[②] 在皮尔斯看来，思想、观念和制度是理性认知的结果，具有工具性意义，被用于实现理性目标。但显然，思想、观念和制度在实践应用中不可避免地会产生两种效果，一是预期效果，二是实际效果。在实际效果实现之前仅是预期效果，这是强调理性认识与理性目标之间紧密联系的基础。预期效果总是指向未来的，由经验、实验抽象出来的普遍性在此扮演着重要角色。预期效果是理性认识为了实现理性目标而设定的努力方向，要转变成实际效果还有赖于人们的实际行动。通过人们的实际行动产生的实际效果，往往与预期效果之间存在偏差，而这种偏差正是检验的目标所在。皮尔斯强调应通过检验来发现这一客观存在的偏差，追根溯源地研

---

① 钱弘道：《中国法治实践学派的实践观》，载《浙江大学学报》（人文社会科学版），2015 年第 6 期。

② 柯华庆：《实效主义》，上海三联书店 2013 年版，第 138 页。

究产生偏差的内在原因，审视实效路径的合理性，并根据实效不佳的原因对实效路径作相应调整，使人们行动的实际效果尽可能地逼近预期实效目标，由此构建起了他的检验论。该论点为中国法治实践学派提供的重要启示是，法治评估的纠偏功能必须有效发挥，如果仅"评"不"纠"，必定将削弱法治评估制度推进法治建设的预期功能。

尽管因为鼓动行动与追求效果而被一些学者嫌弃太过世俗，实效主义因为其特有的理论优越性仍然获得了很高的评价。它冲破了脱离实际的学院哲学的桎梏，把哲学与生活密切联系了起来，使哲学成了直接影响人们生活的时代精神。[①] 它本质上是一种"实践哲学""行动哲学""生活哲学"，而且它在美国不仅单单是一种哲学，也是广泛的社会实践。[②] 以上评价并非言过其实，相反从实效主义的产生与发展背景来看是恰当的、中肯的。实效主义正好诞生于美国独立前后，国内与国际环境极为复杂，各方面的发展面临着重重困难。对于最初来自欧洲移民的美国国民而言，欧洲贵族的高雅脱俗，脱离实际的思辨玄想，与生存无关的哲学问题，没有任何意义。为了生存，他们更注重行动、功利和效果。[③] 可以说，实效主义是真正契合了美国当时实际情况的哲学，是培育国人的求实精神和进取心的哲学，是极大推动了美国迅猛发展的哲学。任何一个正面临着与 19 世纪 70 年代的美国相似境遇的国家，都具备适用实效主义的客观需求与环境。根据皮尔斯实效主义所给出的启示，中国要有效克服法治建设中出现的形式主义并取得实质性成效，必须改变单纯

---

① 王元明：《行动与效果：美国实用主义研究》，中国社会科学出版社 1998 年版，第 1 页。

② 苗金春：《语境与工具——解读实用主义法学的进路》，山东人民出版社 2004 年版，第 39 页。

③ 孙昌育：《现代西方主要哲学流派述评》，华南理工大学出版社 2001 年版，第 109 页。

形而上的思维方式，必须切合实际地开展法治建设行动，必须运用科学方法来探得实现法治实效的理想路径，以确保实效路径科学、高效。

三、法治实效为何不佳

法治实效之所以状况不佳，原因是多方面的。政治、经济、文化、社会等各方面的因素都影响法治实效。本文仅从法治推进主体角度进行分析。法治推动力中，包含了官方主导力、民间原动力和职业建构力等多方力量。① 在法治推进过程中，政府、社会公众、法律人作为官方、民间与职业阶层的各方代表基于自身不同的利益诉求，分别扮演着不同角色。他们一方面是法治建设的动力主体，另一方面则因各自的内在属性或利益诉求形成不同程度的阻碍因素，从而造成了法治实效的不佳后果。

（一）政府的弊端

在法治建设启动之初，由于市场、公众参与、竞争机制等都尚未发育成熟，巨大权力主要集中于政府手中，法治建设必须以政府强力推行和大力促进的方式展开，作为第一推动力的政府角色由此确立。政府比较普通的组织和个人，在使法律实效获得实现的过程中所起的作用重要

① 参见王锡锌：《公众参与和中国法治变革的动力模式》，载《法学家》2008年第6期，第90—100页；孙笑侠：《搬迁风云中寻找法治动力》，载《东方法学》2010年第4期，第3—13页；贺日开、李震：《新时期的社会主义法治国家与法治中国建设》，载《金陵法律评论》2015年第1期，第74—88页；庞正：《法治秩序的社会之维》，载《法律科学》（西北政法大学学报）2016年第1期，第3—15页；文献的作者都肯定了这一观点。

得多。①政府因为手中的集中性权力而拥有强大的社会动员与组织能力，可以有效破除法治建设初期的各种阻力并确保法治实效实现。但是，政府作为法治建设的动力主体并非完美，随着法治化进程的逐步推进，它的劣势也日渐显露，并成为实现法治实效的巨大障碍。作为法治的重要动力主体，政府也具有其明显弊端：

1. 容易产生与民争利的现象。在法治建设中，政府以及有能力影响政府决策的群体为了持续地维护自身利益，有可能衍生出阻碍法治推进的强大反动力。比如，在行政法实施过程中，作为核心行为主体的政府在实际中根据自身的生存环境，往往做出与法律指引方向相背的利益选择和行动逻辑，一定程度上虚置或瓦解了已有的法律规则，这是行政法实效缺短的根本原因。②再如，今天的中国已经形成强大的特殊利益集团和官僚权贵特权阶层，有的地方甚至有形成网络的贪官污吏群体，有些还与黑社会勾结，为了保持既得的垄断性权益，成为反动的力量，成为改革的阻力。③

2. 容易滋生对抗性观念。政府主导下的法治建设容易局限于体制内循环，既造成法治目标的局限性，也无法与社会形成开放、良性的互动，最终会因为这种自我封闭而逐步失去活力。④此外，基于行政效率或恢复秩序的考虑，政府习惯于运用手中的强权以高效解决问题，忽视了与社会利益团体及公众开展富有意义的协商对话，引发了社会群体性

---

① 赵震江、周旺生、张骐、齐海滨、王晨光：《论法律实效》，载《中外法学》1989 年第 2 期，第 1—7 页。

② 王霁霞：《行政法实施中政府的利益选择与行动逻辑》，载《法学杂志》2011 年第 6 期，第 118—134 页。

③ 郭道晖：《中国法治发展的历程与社会动力》，载《河北法学》2012 年第 8 期，第 8—15 页。

④ 周汉华：《构筑多元动力机制　加快建设法治政府》，载《法学研究》2014 年第 6 期，第 27—31 页。

对抗，致使政府所努力追求的法治实效就此落空。中国政法大学中国法治政府研究院发布的《中国法治政府评估报告（2013）》就证实了这一点：大多城市政府建立的矛盾化解机制的实效性值得质疑。①

3. **容易形成形式主义作风**。由于上级政府对下级工作监督上存在诸多盲点，通过行政系统内政治动员而推进的各项工作，尚无法形成对日常工作持续、有效、实质的约束，② 形式主义作风具备了蔓延之机。在法治建设中，一些地方政府对依法行政的组织推进工作呈现模式化、套路化，停留于口头承诺，缺乏实质举措。③ 这类现象一方面确实由法治推进中客观存在的巨大阻力所致，另一方面则是形式主义作风作祟的后果，不可避免地会影响法治实效目标的实现。

（二）公众参与的局限

"法律发展的重心自古以来就不在于国家活动，而在于社会本身。"④ 社会公众是法治的内生动力主体。"将法律交给人民群众，必然会促进全民权利意识的觉醒，并将这种意识转化为公众对其自身权利尤其是私权（民事权利）的关注和维护的具体行动，成为推动法治发展的一股重要力量。"⑤ 如果法治建设中出现社会公众缺位，就如缺失了滋养

---

① "中国法治政府评估"课题组：《中国法治政府评估报告（2013）》，载《行政法学研究》2014 年第 1 期，第 3—10 页。

② 赵鹏：《从评估数据分析法治政府建设中形式主义表现及其根源》，载《中国政法大学学报》2014 年第 4 期，第 56—62 页。

③ 马怀德：《法治政府建设要警惕形式主义》，载《人民日报》2014 年 4 月 28 日。

④ ［奥］埃利希：《法社会学原理》，舒国滢译，中国大百科全书出版社 2009 年版，第 429 页。

⑤ 柳经纬：《当代中国法治进程中的公众参与》，载《华东政法大学学报》2012 年第 5 期，第 12—21 页。

的土壤，法治实效将难以实现。"如果要将公众参与作为一种改革推动力并为改革结果提供正当性资源，参与者的角色必须是充实的，参与过程必须是'富有意义的'"。① 然而，受各种因素的影响公众参与情况并不理想，是法治实效不彰的重要原因。概括而言，这些不利因素主要来自两个方面：

1.参与主体自身条件的局限。由于当前社会公众的法治意识与素养普遍偏低，在参与立法、司法与执法等活动中，无法正确与充分地表达其观点与意见。相关权力部门考虑到公众参与能力的局限，在专业性与技术性较强的法治建设活动中，为降低运行成本或者节约决策时间，只吸纳专家参与其中，将普通公众排除在外，从而剥夺了利益相关公众的参与权与知情权。此外，公众参与理性存在很大局限。根据迪尔凯姆的研究，"沉睡"的社会（社会整合的缺失）和"亢奋"的社会（社会整合的过度）同样危险。当前中国社会处于转轨时期，体现出来的基本特征就是表面"亢奋"，实质"沉睡"。② 在这个时期的中国，社会公众虽然具有了一定的参与意识，但却严重缺乏参与理性。一方面社会公众缺乏参与法治建设的理性认知，参与积极性不高；另一方面也缺乏参与的规范意识，引发出参与的无序化甚至风险。随着新兴媒体的发展，越来越多的公众更青睐于通过网络与自媒体等渠道参与法治建设，但缺乏规范的公众在豪放地公开讨论中，往往会使公众参与变味甚至陷入抽象愤怒与集体狂欢、民粹主义下的"无社会组织"后果、话语和行为的无理

---

① 王锡锌：《公众参与和中国法治变革的动力模式》，载《法学家》2008 年第 6 期，第 90—100 页。

② 周尚君：《地方法治试验的动力机制与制度前景》，载《中国法学》2014 年第 2 期，第 50—64 页。

性破坏等困境。①

2.**参与主体外在条件的束缚**。除了公众自身存在的局限外，还有使公众参与低效的外在条件制约，具体包括参与信息不足、参与渠道不畅、参与效果不明、参与保障缺位等等，都会造成法治实效不彰的后果。公众参与的先决条件是了解与决策相关的信息，然而，由于政府往往根据自身意愿利用掌控的信息来控制公众参与度，使公众难以掌握到充分的相关参与信息；目前参与渠道不畅也是一大障碍，虽然法律规定了听证会、论证会等渠道，但这几种渠道的属性大大限制了参与主体的公众性，起不到吸纳公众充分参与的效果；即便在公众参与之后，因为不清楚公众参与意见的采纳情况，其参与的积极性会受到极大影响；在公众无法有效参与的情况下，也没有相关保障机制获得及时救济。系列外在条件严重束缚了公众参与的广度与效度，致使公众作为法治动力主体的角色无法得到理想展现，从而影响了法治实效的有效实现。

（三）法律人的缺憾

"正义的品质更多地依赖于那些执行法律的人的品质。"② 实践中，从事立法、司法、执法以及法学研究的群体，被称为"法律人"，他们作为一线法律工作者，"处于国家机构与市民社会的衔接部位，起着法治秩序的安全阀的作用"。③ 在法治建设中，法律人的整体素质在很大程度上影响着法治实效的高低。论说，法律人应该是法治的坚定维护

① 于建嵘：《自媒体时代公众参与的困境与破解路径》，载《上海大学学报》（社会科学版）2013 年第 4 期，第 1—8 页。

② [美] 亨利·J. 亚伯拉罕：《司法的过程》（第 7 版），泮伟江等译，北京大学出版社 2009 年版，第 1 页。

③ 季卫东：《法治秩序的建构》，中国政法大学出版社 1999 年版，第 198 页。

者，但事实上，法律人的违法、避法、恶意运用法律的行为对法治的伤害最大。① 造成法律人陷入这一弊害的原因除了体制因素外，最为主要的还是其自身素养上的缺憾。

1. 职业道德陷落。法律人作为法律职业共同体，应该遵守法律职业道德。法律职业道德要求法律人应树立起法律信仰。如果"法律人法律信仰的缺失，必然导致对法律的轻侮，其结果必将危害法律及其适用，伤害社会公正。"② 实践中，因为法律人的职业道德陷落，大量的法律人只围绕着自身或部门利益而奔忙，置社会公平、公正于不顾，必然会造成对国家法治的极大伤害。一个社会、国家的民主法治水准，是不可能超过该国法律人的平均水准以上的。如果法律人的职业道德严重陷落，势必会影响全国的民主法治水平。③

2. 职业技能低下。法律职业技能决定着司法或执法的质量与效率。衡量法律人法律职业技能高低的标准有：以智慧和经验填补法律的空白、以人性与情理疏释法律的刚性、以合理和精准确定法律的尺度、以爱国与敏感弥补体制的缺陷。④ 实践中，法律人因为知识面过窄或者实践经验不足，出现了普遍法律职业技能低下的问题。苏力曾提出：法律人的一个普遍的弱点是对法条和某些"好词"太专注、太迷信，缺乏经

---

① 陈金钊：《法治共识形成的难题——对当代中国"法治思潮"的观察》，载《法治论坛》2014 年第 3 期，第 57—72 页。

② 卓泽渊：《法律人的价值精神、法律信仰和法律理性》，载《中国法律评论》2014 年第 3 期，第 49—53 页。

③ 胡玉鸿：《法学方法与法律人》第 1 卷，山东人民出版社 2002 年版，第 498—499 页。

④ 胡玉鸿：《法律实践技艺的定位、标准与养成》，载《法学》2012 年第 9 期，第 3—7 页。

济学、社会学、政治学知识。① 应飞虎则通过对法律人视野的专门调查研究发现，由于视野的障碍，法律人对法律问题的观念可能不务实、想当然、理想化，因而对制度变迁的指导力有限。②

3. 执业方法偏执。法教义学与社科法学方法之争由来已久，法律人执业出现了普遍偏向某一种方法的极端现象，影响了法治权威与法治信仰的树立。为此，孙笑侠提出：法律人不能拘泥于法律规则和概念逻辑，但也不能刻板地不作结果主义的考量，应兼采两种思维方法来执业。③ 另外，目前在法学研究工作者中仍然存在着很多唯理主义者，他们最大的兴趣与志向便是躲在书斋中进行法治理论建构，脱离法治实践，忽视实证研究方法的运用，通过文字游戏与逻辑推理的方式发明创造一些抽象而不切实际的法学理论。"这种习惯于从'法理学模式'来理解中国法治的研究，会受既定规则与法理逻辑的局限，而无法回应社会转型与变革。"④

自然，法治实效不佳并非单纯由法治推动主体一种因素造成，而是由体制、制度、文化等诸多其他因素综合影响所致，但主体因素是最为主要、最为根本的，其他因素无不源起于主体因素。从法治推进主体反映出来的法治实效不佳的状况，直接揭示了采取措施以实现法治实效的迫切性。

---

① 苏力：《法律人自身的问题》，载《北方法学》2011 年第 4 期，第 155—160 页。

② 应飞虎：《制度变迁中的法律人视野》，载《法学》2004 年第 8 期，第 20—31 页。

③ 孙笑侠：《法律人思维的二元论》，载《中外法学》2013 年第 6 期，第 1105—1136 页。

④ 孙笑侠：《法治转型及其中国式任务》，载《苏州大学学报》（法学版）2014 年第 1 期，第 23—33 页。

四、法治评估倒逼法治实效

如何实现法治实效？实现法治实效有多种途径，法治评估是一种已经被实践证明行之有效的倒逼机制。虽然法治评估已经成为中央顶层设计内容，但其作用并没有真正显现。虽然法治指数、司法透明指数、司法文明指数、法治政府评估等各种内容已经开展，但同样面临着实效之问。法治评估远没有满足实践需求，诸多法治建设环节存在评估缺位。因此，如何通过完善、推广法治评估机制来提高法治实效是理论和实践界面临的重要课题。

（一）法治评估应贯穿法治建设全程

法治评估机制本质上是实效主义的检验方法，不仅可以用于把握各法治实效影响因素的正负作用度，也可以用来观测各法治实效实现举措应用前的可行性与应用后的有效性，还可以用于衡量全国或区域、整体或局部法治发展水平。法治评估是实现法治实效的重要路径。法治评估应当贯穿于法治建设全程，发挥预测、引导与评价等功能。

法治实效受多种因素影响，各参与主体、法治环节以及实现方法都是其中的重要影响因子，这些实现条件相互联系又相互促进，共同作用而形成法治实效的路径（参见图1）。整个路径图显示，法治评估处于核心位置，链接着法治实效实现的各种其他要素，贯穿于法治建设全程，是实现法治实效的重要制度保障。在助力法治实效实现的整个过程中，存在几个关键性环节特别值得关注：1.法治实效的实现之路应始于现实可行的实效目标，它需借助调查研究之力汇集立法、司法、执法、守法各法治环节的实践经验来制定，在经可行性评估后被输送到法治建设的推进工作之中；2.法治实效的实现离不开实验方法，所有重大的制度创新都应接受实验验证，只有在实验结果通过评估之后，才能投入到法治建设实践进行推广应用。否则，直接投入应用的创新性制度有可能达不到预期，甚至会产生偏离法治实效目标的作用力；3.法治实效与法治推进主体的法治精神成正比，科学地引入公众参与可以有效培育法治精神。为此，一开始法治评估的制度设计中就嵌入了公众参与机制。法治推进主体，特别是社会公众，除了直接参与法治建设之外，还可以通过法治评估这一路径实现参与的愿望与诉求。法治评估可以使不同社会群体根据自身条件选择通过定量或定性的研究方法参与其中，以此在实现法治评估结果准确性与可接受性的同时，也培育了全社会成员的法治精神，但关键要保证法治评估中的公众参与实效。

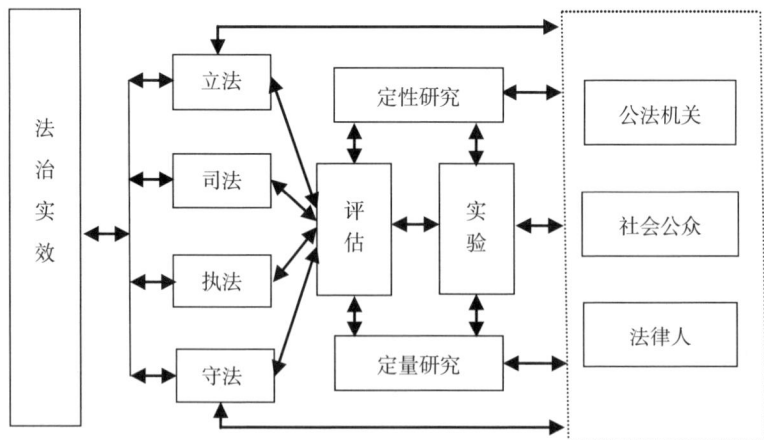

图 1　法治实效实现路径图

（二）结合实践制定法治实效目标

在法治实效的追求之路上，科学设定法治实效目标是基础与前提。只有在合理目标的指引下，才能使法治建设行动更具方向感、更具高效性。2004 年 3 月国务院发布的《全面推进依法行政实施纲要》首次明确设定了十年左右基本实现法治政府的目标。这一法治目标的设定史无前例，激发了全国上下积极投入法治政府建设的实际行动，但后来实践证明该目标并未实现。由于缺乏实践调查而过于乐观地估计了法治政府的建设基础和策略功效，造成了依法行政十年建设目标在一定程度上的失准性，引发了法治政府建设中急功近利和形式主义的不利后果。为此，2012 年 11 月，党的十八大对此目标作了修正，改为：到 2020 年基本建成法治政府这一目标。

设定法治实效目标是一项科学性要求极高的工作，不仅需要到立法、司法、执法与守法的具体法治实践中开展调查研究，还需作目标执行前的可行性评估。设定法治实效目标的过程就是对中国法治现状与发展规律精确盘点的过程，实践调查是其中的必经环节。只有通过调查研究，才能了解实际情况，总结经验，为作出正确决策创造条件，为检查决策的偏差和实施过程中的问题提供第一手材料。① 以余杭法治评估为例，从法治的九个方面深入实践开展调查，对除立法之外的司法、执法、守法三个法治环节进行了细化展现；调查覆盖区级机关、乡镇、农村社区；调查对象也十分广泛，不仅包括内部评估组，还包括外部评估

---

① 参见习近平：《干在实处 走在前列——推进浙江新发展的思考与实践》，中共中央党校出版社 2014 年版，第 533 页。

组、评估专家组以及公众。以上设计力求全面客观地展现余杭法治样貌。余杭法治建设几乎每年都能步入新台阶（参见表1），与八年来连续开展的以调查研究为前提的法治评估分不开。没有细致地调查研究，就不可能准确把握余杭法治发展之长短，就难于准确设定下一步发展目标。

表1 2007—2015年余杭法治指数详表

年度分项得分	2007	2008	2009	2010	2011	2012	2013	2014	2015
总指数	71.6	71.84	72.12	72.48	72.56	73.66	71.85	74.01	75.70
公众满意度	76.96	71.99	68.79	66.38	67.15	70.20	70.16	70.79	72.42
内部评估组评分	68.27	73.67	78.91	79.66	76.93	75.96	78.61	76.66	79.40
外部评估组评分	64.18	69.80	75.27	78.29	73.54	74.13	73.14	79.50	78.09
专家组评分	71.61	71.77	69.83	72.02	75.75	76.08	69.89	73.02	75.98

在法治实效目标结合实践初步设定出来之后，尚不能直接转入执行阶段，还应作全方位的可行性评估。可行性评估应从正反两个方面来准确定位目标的实施基础、环境及各主要影响因素，综合建构起未来一定时间段内法治目标实施的模型，从中观测法治目标实现的可能性。只有通过可行性评估的法治目标，才能投入法治实践的执行环节。

（三）法治建设方案需经实验验证并评估

在法治实效目标确定下来的同时，还需设计为实现这一目标服务的整套方案。法治建设方案科学可行与否，直接影响着实效目标的实现程度，应尽可能确保它的科学合理性。推进法治建设往往需要调动方方面面的社会资源，由此可以想象一套法治建设方案的复杂性。如何确保法治建设方案的科学合理性？皮尔斯与中国法治实践学派一致选择了实验方法。"法治实验的特点是自觉地以科学理论为指导，以特定法治场域为实验点，以社会调查、量化分析为方法，以探索和认识法治实践活动的本质和规律、探寻最优化法治道路为目的，反复试验观测法治方案的效果。"①

根据实效主义的方法论，通过法治实验来确定法治建设方案的科学性，是确保法治实效的绝佳路径。实效主义主张实验是探索理性认识与理性目标达到统一的最佳科学方法。在实验过程中，可以对理性认识与理性目标进行不断调试，直到两者达到协调统一。当实践结果（包括每一阶段性结果）与实践目标（包括每一阶段性目标）之间出现偏差时，实验主体必须调节实践手段。这种调节，或者表现为改变计划、方案等实践手段，并调整实践活动本身，或者表现为进一步完善原定的实践目标、实践观念，使其与客观实际和实践活动的现有水平更趋一致。如此循环不断，直至实践目的的最终实现。②法治建设并无现成的经验可循，加之法治环境与条件一直处于动态的变化之中，使静态的法治建设方案与目标之间出现偏差的几率很高。唯有在区域法治建设实践中广泛开展具有"试错"性质的法治实验，不断调试法治建设方案与目标之间的关系，最终才能设计出保证法治实效的最佳方案。

不过，经过实验探索设计出来的方案需接受评估。只有经过实验与评估两道验证机制的检验，才能基本确定法治建设方案的科学合理性。浙江余杭开展法治建设的方案、杭州市开展电子政府建设的方案、浙江湖州开展阳光司法的方案不仅接受了场域性实验的验证，同时也都通过

---

① 钱弘道：《中国法治实践学派及其界定》，载《浙江大学学报》（人文社会科学版）2014 年第 5 期，第 121—123 页。

② 王炳书：《实践理性论》，武汉大学出版社 2001 年版，第 251 页。

了评估机制的检验。

（四）增强法治评估中的公众参与实效

党的十八届四中全会明确提出"必须弘扬社会主义法治精神"。法治精神正如皮尔斯实效主义所倡导的信念之地位，一旦法治精神在全社会树立起来，无论是政府官员、法律人还是社会公众就具备了法治信仰，法治习惯就会慢慢生成，法治实效也就会自然而然地实现。因此，如何有效树立起法治精神就是问题的关键。《法治政府建设实施纲要(2015—2020)》规定："增强公众参与实效"。法治评估的公众参与机制，是一种有效的法治精神培育方法。法治建设部门、学界专家以及社会公众共同参与法治评估，使学界专家的智识与公众的期望充分反映到法治建设实践之中，在保证了法治建设决策科学合理性的同时，也培育了公众的法治精神。然而，实践中法治评估的公众参与度往往得不到保证，严重影响了评估结果的客观公正性以及公信力。

如何增强公众参与法治评估的实效？一方面，法治建设指标体系力求科学。法治精神的弘扬建立在对法治的基本认知之上，因此，改变公众关于法治不可捉摸和难以评判的观念，是公众参与法治建设的基础。法治评估的制度设计中引入法治的操作定义，用一套法治指标体系来展现法治的内在要求，通过由虚向实、由抽象向具体的转变，使原本难以理解的法治概念转变成社会公众所能够直接感受与衡量的细化指标，使公众审视、参与及监督法治建设进程成为可能。因此，在公众参与的基础上设计一套科学的指标体系是实现公众参与法治评估的前提与基础。另一方面，社会公众参与评估务必充分。使公众充分参与法治评估过程是保证公众参与法治评估实效的核心环节。通过外部评估，将公众实质性地引入法治评估过程这一做法值得借鉴。以"余杭法治指数"为例，参与法治评估的主体，除作为内部组的权力部门工作人员与作为外部组的非权力部门专业人员外，还包括人民群众与专家。应该说，除了内部组的权力部门工作人员，其他参与主体都可以列入公众范畴。按此计算方法，公众参与比重高达 82.5%。[①] 公众参与的高比重是基础，此外，还需配套其他有效机制来保证公众的实质性参与，如信息公开、沟通、监督、申诉等机制。

五、结　语

法治中国建设务求实效。国内学术界对法治实效的研究已经取得一定成果，以法治实效为目标的中国法治实践学派将促进法治实效研究。皮尔斯与中国法治实践学派在重要论点上有相通之处，都强调实践、实验、检验，彼此相互印证，共同为法治实效路径探索提供了经验支持。法治评估能倒逼法治实效。以法治评估为基点，可以建构起一个系统的法治实效实现路径图。法治评估是贯穿法治建设全程并保证其成效的制度设计。要真正发挥法治评估机制这一作用，还需深入挖掘其功能优势，全面拓展其应用领域。在法治实效的追求上当然要遵循法治自然演进的规律，不能过于急功近利。[②] 但法治实效的实现毕竟是有路可循、有方法可运用的，法治评估就是路径和方法之一。可以期待，科学运用

[①] 包括 35% 的人民群众满意度分值，30% 的专家打分，17.5% 的外部组评估人员打分。参见钱弘道：《2012 年度余杭法治指数报告》，载《中国司法》2013 年第 11 期，第 35 页。

[②] 姚建宗：《法治中国建设的一种实践思路阐释》，载《当代世界与社会主义》2014 年第 5 期。

法治评估方法，将对法治实效的实现产生重大作用。

｜ 后 记 -------------------------------

本文载《浙江大学学报》（人文社会科学版）2016 年第 1 期。中国法治实践学派的一个关键词是"实效"。为何中国法治实效不佳？如何实现法治实效？这应当是法治研究的重大问题。近十年，法治实效研究有明显突破，法治评估就是典型例子。法治实效不佳的原因是多方面的，法治实效实现的途径也是多方面的。法治实效问题有待于深入研究，形成"法治效果理论"，并实质上指导和支撑法治实践。

本文由浙江大学博士后方桂荣副教授和我合作完成，方桂荣副教授为第一作者。

中国法学实证研究客观性难题求解

——韦伯社会科学方法论的启示

法学实证研究注重经验方法，着重研究法律的实际运行。法学实证研究源于近代欧洲实证主义思潮，实证研究在中国日益受到关注，越来越多的法学学者与法律实务工作者对实证研究已形成一定程度的共识①。法学实证研究可以弥补我国转型期因法律移植造成的制度文本与实践操作不对称的缺陷，可以借国际学术的"通用语言"② 树立中国

---

① 不少学者主张运用法学实证研究方法。如苏力《法治及其本土资源》，中国政法大学出版社 1996 年版；张千帆《认真对待实用主义——也谈中国法学向何处去》，载《现代法学》2007 年第 2 期；何家弘《多种些活树，少谈些森林——也说"中国法学向何处去"》，载《现代法学》2007 年第 1 期。近年来，在人所熟知的民间法研究之外，更有中青年学者如白建军、宋英辉、左卫民、王亚新、钱弘道、侯猛、艾佳慧等人也一直在刑法、刑事诉讼法、民事诉讼法、司法制度等领域进行扎实的实证研究，并得到实务界的赞许，而应用较为广泛、影响较大的要数浙江大学钱弘道教授主持的余杭法治指数与司法透明指数等研究。相对而言，民法领域对实证研究方法的态度则显得尤其谨慎，可参见《法学研究》2012 年第 1 期的有关专题研讨文章，如金可可的《民法实证研究方法与民法教义学》、薛军的《实证研究与民法方法论的发展》。

② 白建军：《少一点我认为，多一点我发现》，见宋英辉、王武良编：《法律实证研究方法》，北京大学出版社 2009 年版，第 76 页。

法学的独立形象，更可以促使我国现有的法律理念和制度乃至整个法律系统与其他社会系统尤其是市场经济系统相适应。

中国法治实践学派正在形成。"中国法治实践学派是以中国法治为研究对象，以探寻中国法治发展道路为目标，以实验、实践、实证为研究方法，注重现实、实效，具有中国特色、中国气派、中国风格的学术群体的总称。"① 法治指数、司法透明指数、电子政府发展指数以及法治中国指标体系等研究都是中国法治实践学派比较典型的实证案例。这些研究是从地方到全国、从司法到整个法治运行、定性定量兼顾的经验性实证研究。

这些经验性的实证研究首先要面对的是"客观性"问题。法学实证研究中的客观性的可信度有多少？法学实证研究能否因其主张客观性而取代传统法学研究？如果不能，其范围限度又在哪里？法律的规范特性要求研究具有应然性，那么法学实证研究如何达致实然的客观？几乎所有学科都会涉及规范和实证研究两大方法，两种方法一直处于辩驳争论之中，这种争论都会不同程度地关涉客观性。中国的法学实证研究由于起步较晚，知识结构不合理，又面对着特殊而复杂的法治中国实践，其客观性尤其受到质疑。有学者认为，中国法学研究中无论是定量还是定性都遇到了困难：刚开始发展起来的法学实证研究声势浩大，但量多质优者少，科学性和规范性亟待提高②。也有学者担忧，法学实证研究的呼声引起某种话语霸权，甚至有取代价值分析的倾向，有颠覆作为法学基

---

① 钱弘道：《中国法治实践学派的兴起与使命》，载《浙江大学学报》（人文社会科学版）2013 年第 5 期。

② 宋英辉、李哲、向燕等：《法律实证研究本土化探索》，北京大学出版社 2012 年版，第 10 页。

础的规范分析之嫌①。法学实证研究在中国面临司法信息不透明、研究者与作为样本的被研究者之互动受不可控因素影响等实践难题，这些困难都可以归结为中国法学实证研究的客观性难题。面对中国法学研究的客观性难题，本文选取韦伯的社会科学方法论的价值无涉（value neutrality）理论来论证中国法治实践学派所运用的实证方法的客观性②。

一、中国法学界对法学实证研究客观性的质疑

由于客观性问题是法学实证研究的根本问题，它自然受到许多学者的关注。有学者直接提出法学实证研究的客观性会因主体和对象的特殊而必然受到影响，故只能在相对可能的范围内体现③。也有学者间接指出，法学实证研究定性与定量的客观性表达在中国接受度有限④。更有学者认为中国法学实证研究由于不能达到完全"让法律实践自己说话"的客观，因而"从一开始就是一场注定失败的悲剧"⑤。法学界对实证研究的质疑既是规范和实证的争论在法学领域的表现，也是国外争论的中国表现。但因为这种争论或质疑被置于中国语境，因而自然带有中国的

---

① 参见任岳鹏《法的社会实证研究之能与不能》，载《政治与法律》2009 年第 8 期。近年来法学实证研究的"超规格待遇"讨论，见程金华《奢侈的学术时尚：法律实证研究》，载《中国社会科学报》2012 年 5 月 9 日。

② 我们可以从已有的理论中找到解决问题的逻辑。例如，孔德的实证主义思想、波斯纳法律经济学的实用主义观点以及韦伯的价值无涉理论均为可选择的解答方案。孔德创始的实证主义哲学"一方面强调自然科学的观察实验方法，另一方面又构思出一种适用于一切领域的一般原理"；波斯纳的法律经济学试图将所有不可解的价值通约为"国民财富最大化"。孔德、波斯纳、韦伯的研究进路有所不同。

③ 任岳鹏：《法的社会实证研究之能与不能》，载《政治与法律》2009 年第 8 期。

④ 唐应茂：《法律实证研究的受众问题》，载《法学》2013 年第 4 期。

⑤ 陈景辉：《法律与社会科学研究的方法论批判》，载《政法论坛》2013 年第 1 期。

特点。这些质疑择其主要，大体可归纳为以下几种观点。

（一）质疑观点一：法学实证研究客观性必然受到主体局限性的阻碍

客观上，法学实证研究的主体是存在局限性的，甚至整个中国法学研究的主体都存在局限。这样一种主体的局限引起一些学者对实证研究客观性的质疑。例如，有学者认为，法学实证研究的主体无论是个人还是团体，由于认知局限，都不可能详尽无遗地呈现法治实践的全部事实和所有原因。面对繁复而冗杂的客观事实，他们必然要进行必要的裁剪和拼贴，而裁剪和拼贴的判断依据不可能完全客观[1]。有学者认为，当下中国的社会科学研究主体尤其易受外在因素影响[2]，而这些描述也适于法学研究主体：一个是将学术问题与道德问题混为一谈的"泛道德化"影响研究者的判断，使研究者面临在道德评价与学术良知间的两难选择；另一个是意识形态与公共决策对实证研究的强大需求，自然科学对社会实证研究的挤压与歧视，商业化时代逐渐加剧的学术市场化这三者合力使得社会科学研究主体有意规避政治风险，设法寻求研究者或小团体自身利益，丧失社会科学的自主独立性。这些影响都会阻碍法学实证研究客观性的实现。若研究者以数据统计和个案分析所声明的客观性来掩盖由上述这些影响而形成的前见，则构成了"伪道德中立"[3]。

---

① 陈景辉：《法律与社会科学研究的方法论批判》，载《政法论坛》2013 年第 1 期。

② 罗卫东：《社会科学工作者的理性自觉：重返韦伯》，载《浙江社会科学》2006 年第 5 期。

③ 冯钢：《"客观性"、"理想类型"与"伪道德中立"——评罗卫东的"重返韦伯"》，载《浙江社会科学》2006 年第 6 期。

（二）质疑观点二：法学实证研究客观性必然受对象复杂性的影响

法学研究对象因为涉及价值等因素，对客观性可能产生影响，也引起一些学者的忧虑。例如，有学者认为，法学实证研究之对象是法律现象，尤其是司法实践；法律现象不同于客观的自然现象，"这是因为，在我们的生活实践中存在一个全称的价值语境（如法官应该依法审案、军人应该服从命令、法庭上禁止说谎等），正是这个价值语境使得我们常识中的事实命题常常是涉及价值的"①。而且，研究法治实践关键是研究从事实践的人，有学者认为，一方面，当被研究者知道别人正在研究他们时，他们会改变自己的行为（霍桑效应），甚至开始研究研究者，这种研究对象的主体特征大大地影响了实证研究的客观性；另一方面，被研究者会受到各种因素的影响，出于某种原因和目的，可能无法给研究者提供最全面、真实的统计数字和信息，进而基于这些统计和信息的研究无法达致客观②。

（三）质疑观点三：定量与定性研究都难以实现实证研究所声称的客观性

法学实证研究一般可从定性和定量两种方式入手。在中国传统法学研究中，学者大多运用定性研究。定性分析是质的方面的分析，说明现象的性质及其内在规定性与规律性。定量研究侧重于田野调查、搜集数

---

① 任岳鹏：《法的社会实证研究之能与不能》，载《政治与法律》2009 年第 8 期。

② 郭云忠：《法律实证研究导论》，北京大学出版社 2012 年版，第 88 页。

据，并运用相应的统计工具或模型对这些数据进行分析，进而向读者展现客观的事实。定性和定量两种方法往往被结合使用，而量化的趋势日趋明显。以法治评估为例，"在早期，对某一社会问题和目标进行评估的研究以描述和定性分析方法为主，如……马克斯·韦伯、富勒等关于法治内涵指标或要素的分析"。"随着自然科学的发展，定量分析方法在社会学科领域开始广泛运用。"① 就目前我国的法学实证研究成果来看，定量与定性研究都不尽如人意，因此难免遭人质疑。许多定量研究并没有严格按照统计方法去做，采集样本受到客观条件限制。定性研究问题也不小，有学者选择个案或者电影、小说等文本作为研究对象，而他们选择样本的代表性难免引起质疑。而这些学者面对质疑，只能以经验、学术直觉乃至想象为由来回应②。

上述三方面的质疑确实在一定程度上反映了当下中国法学实证研究的状态，可以归结为"基本学术训练的缺乏"和"无法实现绝对客观"两个层面。前者属于常识性的问题，在此不必讨论；后者是理论性的问题，则是本文需要集中讨论解决的。既然法学实证研究难以甚至无法实现绝对的客观性，是不是我们不必再花精力进行实证研究呢？答案是否定的。绝对客观性之外还有相对客观性。只要相对客观性存在，我们就应当肯定实证方法的意义。那么，接下来的问题是，实证研究的相对客观性是什么以及如何实现。

---

① 钱弘道、戈含锋、王朝霞等：《法治评估及其中国应用》，载《中国社会科学》2012 年第 4 期。

② 苏力：《也许正在发生：转型中国的法学》，法律出版社 2004 年版，第 25—30 页。

二、韦伯社会科学方法论对"客观性"的解释

如何回答实证的客观性问题，马克斯·韦伯早已进行了探讨。韦伯从自己独特的视角对实证研究的客观性问题作出了解释。这种解释可以作为前述对法学实证研究客观性质疑的回答，也可以作为今后中国法学实证研究的一种思路。

韦伯对社会科学方法论的关注离不开当时社会科学面临的问题。当时的社会科学出现两种思潮。一种思潮是在 19 世纪，社会科学主要受由孔德、斯宾塞掀起的实证主义思潮影响，模仿自然科学的外部观察与实验研究方法，并试图得出有关社会的一般公理式命题①。另一种思潮是对启蒙时代理性主义进行反思的新康德主义思潮。新康德主义反对用自然科学的方法研究人文社会科学。新康德主义哲学家文德尔班和李凯尔特将人文社会科学与自然科学进行区分，后期转为"历史相对主义"的狄尔泰等学者更是强调人类精神生活的独特性。

韦伯对上述两种思潮进行调和。他既坚持人文社会科学涉及价值问题，又认为人文社会科学研究可以做到类似于自然科学的"价值无涉"。韦伯构建了一套方法论体系，而价值无涉是其方法论的起点。

（一）韦伯坚持的"客观性"是价值无涉和价值关联的统一

"价值无涉"也被译为"价值中立"或"价值阙如"。价值无涉指科

---

① 郑戈：《韦伯论西方法律的独特性》，见李猛主编：《韦伯：法律与价值》，上海人民出版社 2001 年版，第 46—47 页。

学是客观的，与价值判断无关。社会科学也是客观的，其客观性来自对经验现实的逻辑综合和整理，也应该与价值判断区分开①。社会科学研究者只有秉持严格的、客观的、中立的态度进行观察和分析，才能保证研究的客观性和科学性。"调查研究者和教师应当无条件地将确定的经验事实同自己的实践评价以及对这些评价满不满意区别开来。这两件事情在逻辑上是完全不同的，把它们看作是统一的东西实际上是把异质的问题混淆起来。"②

韦伯的价值无涉不是说与价值没有关联。例如，在选择研究的课题时，研究者当然需要有自己的价值判断，按照自己的兴趣爱好确定自己研究的内容。韦伯的价值无涉不是取消价值判断，而是要求研究者在科学研究中严格区分经验事实与价值判断的界限。韦伯的价值无涉是指在研究的过程中不能有任何偏见，应遵循科学的原则，就研究对象的本来面目进行探索，根据自己所发现的资料进行科学研究。

这里就涉及与价值无涉相关的另一个重要概念：价值关联。韦伯的价值无涉是以价值关联为前提的。价值关联指的是价值对社会科学研究者具有制约作用，社会科学工作者总是按照一定的观点去收集和分析他所需要的经验资料。社会科学工作者所要认识的价值和所要解释的对象，就是他在社会事件中感兴趣的、与他的价值思想相一致的东西。企图直接从客观资料中提炼出没有成见的知识是自欺欺人③。

---

① 1919年，价值无涉概念得到集中讨论，韦伯反对当时学术权威在课堂上表达党派的观点，反对将自己的价值判断强加给学生，认为课堂不应由政治主导。

② M. Weber, *The Methodology of the Social Sciences*, trans. by E. A. Shils & H. A. Finch. New York: Free Press. 1949, p.1.

③ 侯钧生：《"价值关联"和"价值中立"——评M.韦伯社会学的价值思想》，载《社会学研究》1995年第3期。

韦伯是从李凯尔特那里借用价值关联这个概念的，但韦伯发展了李凯尔特的价值关联思想。李凯尔特认为价值是文化的固有要素，价值是超验的，其本质是有效性。韦伯吸收了李凯尔特的价值有效性观点，但将它界定为经验层面的有效性，而不是超验的有效性。李凯尔特的价值关联是历史对象与文化价值之间的关系，韦伯的价值关联是经验的社会实在与人的认识旨趣的关系。由此可见，李凯尔特的价值带有先验和超时空性质，而韦伯的价值原则带有现实性和利益倾向①。韦伯认为，研究的具体对象与深入程度取决于支配研究者和他那个时代的价值观。以经济社会学为例，一个事件作为社会经济事件的性质不在于其自身具有客观性；它受我们认知旨趣指向的制约，从特殊的文化意义中产生出来②。既然"文化科学"，也就是后来的人文社会科学与人的主观性是有关系的，那么韦伯就面临着价值无涉如何可能的问题。他在《社会科学与经济科学中的"价值无涉"的内涵》一文中提到两种价值无涉：一种是将应然与实然分离，一种是将自己的主观价值隐藏在话语之中。韦伯赞同第一种，反对第二种，他将第二种称为有党派政治的价值评判。

韦伯的将事实与价值分离的研究方法以承认人文社会科学与价值存在联系的事实为前提，而这本身就将学者带入了科学研究内部。因为只有承认价值关联而不是回避价值，才能做到在学术研究时保持价值无涉的立场。

---

① 侯钧生：《"价值关联"和"价值中立"——评 M. 韦伯社会学的价值思想》，载《社会学研究》1995 年第 3 期。

② M. Weber, *The Methodology of the Social Sciences*, trans. by E. A. Shils & H. A. Finch. New York: Free Press. 1949, p.64.

（二）韦伯的"客观性"表现为适当的因果关系

韦伯的方法论基础中有一个"客观可能性判断"。"客观可能性"是德国心理学家冯·克里斯提出的①，后由拉德布鲁赫等法学家借用于刑法学研究中。韦伯说："恰恰是法学家们，而且首先是刑事法学家们探讨这个问题，这是很自然的，因为刑事责任问题只要涉及在何种情况下能够被断言是某人的行为'导致了'一个特定的外部结果的问题，它就是一个纯粹的因果关系问题……人们相互之间的实际社会关系，尤其是司法问题……追问的是人的'行动'的因果意义。"②

韦伯据此认为，社会科学家的工作类似刑法学家的因果解释，社会科学所追问的是行为间具体的、有意义的因果关系。虽然人文社会科学的研究对象没有较为严密和精确的自然科学意义上的规律的联系，但它们表现为日常经验的、有规律的、反复出现的、适当的因果关系③。韦伯把这种具体人文社会科学的因果关系称为客观可能性，而把自然科学的规律称为必然性。社会科学的客观性表现为因果关系的客观可能性。在韦伯所述的原因推断过程中，客观可能性是一个尽可能妥当地估量出某一原因在随机事件发生的几率上所具有重要性的范畴。韦伯试图超越马克思的"经济决定论"，不赞成将某种因素看成是必然导致某现象或事件的决定性原因，而是认为社会现象具有复杂性，产生原因也是多

---

① 德国心理学家冯·克里斯的"客观可能性"对韦伯产生了直接影响。韦伯根据冯·克里斯、拉德布鲁赫等人的理论，发展了客观可能性理论。

② M. Weber, *The Methodology of the Social Sciences*, trans. by E. A. Shils & H. A. Finch. New York: Free Press. 1949, p.168.

③ M. Weber, *The Methodology of the Social Sciences*, trans. by E. A. Shils & H. A. Finch. New York: Free Press. 1949, p.80.

元的。

韦伯以对恺撒之死的历史研究为例阐述因果关系。历史学家要关心的是这一事件会给之后的历史进程带来何种有意义的影响，比如恺撒的死导致罗马的政局发生了戏剧性的转变。事件的发生存在概率，而且也会导致刑法或医学等方面的问题，但这并非历史学家要关心的问题。历史学家关心的是偶然事件的发生"必然"导致何种具有历史意义的进程。

韦伯认为，需要准确判断事件与结果之间因果关系的有效性，即判定某个事件引发有意义的结果如何才是客观可能的。这就涉及社会科学的内在逻辑，"这一逻辑过程其实是一个抽象化的过程：通过忽略一些现实要素以及通过修改一些条件来选择现实要素"[①]。这个过程包括两个部分，第一是确定作为条件的要素与作为现实的要素，然后通过修改条件来确定何种要素对有意义的结果产生影响。第二是通过智识上的分析与分解要素，使其中每种要素都适用于一个经验规则，将"给定的资料"带进研究者规律学的经验知识整体，在智识上建构出可能的因果关系，最终获得有关现实的因果性的综合。

（三）韦伯的"客观性"以对"理想类型"的应用与超越为实现路径

韦伯方法论中的客观可能性的发现离不开对"理想类型"（ideal type）[②]的应用。韦伯的"理想类型"理论是实现社会科学客观性的方法

---

① M. Weber, *The Methodology of the Social Sciences*, trans. by E. A. Shils & H. A. Finch. New York: Free Press. 1949, p.173.

② "理想类型"为通用译法，有学者认为鉴于其丰富的内涵应译作"理念型"，如林毓生。

论核心，理想类型分析法是韦伯在其研究中运用的一种方法。① 韦伯所致力建设的理想类型是要摆脱如下困境：惯常使用的概念工具常常面临两种困境，即或是由于概念过于宽泛，失去现象的某种具体特征，或是由于概念过于狭窄，无法包容相关的现象。韦伯建立理想类型的思想动机之一，是为了避免当时流行的历史学派个别化和特殊化的研究方法的缺陷。韦伯认为，任何科学系统都不可能把所有个别现象都涵盖，因为科学本身在一定意义上来说就是一种抽象。

韦伯一方面吸收了康德的认识论，认为概念是而且只能是理智掌握经验数据的首要分析工具；另一方面为了揭示社会科学事件可"理解"之本质，将人的行动的主观意图置于其中，以此建构的类型化的意义复合体就是理想类型②。他认为，理想类型"不是假设，但它为假设的建构提供了指导"；"它不是对事实的一个描述，但它要提供明确表达这样一个描述的工具"③。

韦伯在其《社会科学与社会政策中的"客观性"》一文中分别描述了三种理想类型④：一种是经验上存在的事实的历史描绘，它们具有相

----

① 理想类型是研究者研究社会和解释现实的一种概念工具，这些概念是抽象出来的分类概念，如"资本主义精神""新教伦理""天职观""科层制"等。参见百度百科对理想类型分析法的解释。

② 郑戈：《韦伯论西方法律的独特性》，见李猛主编：《韦伯：法律与价值》，上海人民出版社 2001 年版，第 46—47 页。

③ M. Weber, *The Methodology of the Social Sciences*, trans. by E. A. Shils & H. A. Finch. New York: Free Press. 1949, p.90.

④ 参见 M. Weber, *The Methodology of the Social Sciences*, trans. by E. A. Shils & H. A. Finch. New York: Free Press. 1949, p.97.《社会科学和社会政策中的"客观性"》一文是马克斯·韦伯为他和韦尔纳·桑巴特等人主编的《社会科学和社会政策文库》撰写的关于该杂志的"任务"或"定位"的文章。该文被认为是马克斯·韦伯探讨社会科学方法论的最重要的篇章之一。

对的有效性；另一种是一个理论的想象，是将有文化意义的部分抽离出来，运用概念抽象出来的一种思想图景，它是一种逻辑化的概念类型，涉及发生学与类型学的研究方法，如果运用得当，则有助于人文社会科学研究；还有一种则是"个人信仰的自白"①，它包含了学者自己所认为的应然的内容，是一种目的性的概念模式。此后韦伯在 1915 年发表了《中间考察——宗教拒世的阶段与方向》一文，认为最后一种理想类型在历史上出现过，是现实性的，也是系统性的，各个领域（如政治、经济、法律等）相互之间具有选择的亲和性。

韦伯也意识到，理想类型有其自身的局限。例如，要呈现的关系越广博，其文化意义就越是多方面的，而理想类型越不可能与一个综合、系统的概念相协调，就会不可避免地频繁重复地试图建构新的理想类型②。因此，要了解事实上内涵丰富的社会实在必然要超越既有的理想类型。而这并非是对理想类型的否定，因为社会科学的历史一直是概念建构从尝试到解体、不断调整、重组的过程③。

尽管韦伯自己在研究新教伦理和论述中国传统法律时并没有完全贯彻其价值无涉的客观立场，但韦伯的努力并不是徒劳的，他为人文社会科学研究的客观性开拓了一条新的道路，使人文社会科学成为具有独立性的学科。至此，韦伯关于社会科学的客观性问题的研究为中国法学实证研究的客观性提供了解释逻辑，为前述中国法学实证研究中的质疑提

---

① ［德］马克斯·韦伯：《社会科学方法论》，韩水法、莫茜译，商务印书馆 2013 年版，第 54 页。

② M. Weber, *The Methodology of the Social Sciences*, trans. by E. A. Shils & H. A. Finch. New York: Free Press. 1949, p.97.

③ M. Weber, *The Methodology of the Social Sciences*, trans. by E. A. Shils & H. A. Finch. New York: Free Press. 1949, p.105.

供了回答。

三、法学实证研究和中国法治实践学派

在回应韦伯关于客观性的逻辑之前，有必要先论证法学实证研究的必要性。也就是说，将这种社会科学方法论的客观性逻辑移植到法学中，是否同样适用？答案是肯定的。韦伯的法律社会学研究就是将社会科学的客观性体现在法学范畴的一个范例，中国法治实践学派的提出就是中国法学进行实证研究的一个范例。

（一）法学研究对象范围的广泛性决定了法学引入实证方法的必要性

法学不同于社会学、经济学等其他学科，法律具有规范性特点，前述一些对法学实证研究的深切忧虑正源于此。有学者认为，"是'以描述性为主的法律与社会科学并非适当的法律理论'，而不是'以描述性为主的社会科学并非适当的理论'"[①]。社会学中经常采用描述性研究的有民意调查、人口普查、社区研究、个案研究等，描述性研究中常用的搜集资料方法有访问法、问卷法、文献法和观察法等。我们要解决的问题是，这些实证研究常用的方法是否应当进入法学研究。

实际上，韦伯也承认法学与其他社会科学的区别。法学的研究对象（即法律）虽然没有自然科学所研究的规律那样恒定，但其内部是逻辑自洽的，而且使法律成为法律必须要保证这种逻辑自洽，规范有效性（对或

---

① 陈景辉：《法律与社会科学研究的方法论批判》，载《政法论坛》2013 年第 1 期。

错）成了法学主要的研究标准①。韦伯觉察到了这一点并承认："我们在谈论'法律'、'法律秩序'、'法律命题'时，必须严格注意法学和社会学之间的不同着眼点。从前者的角度我们会问：什么是法律的内在效力？……但是，如果站在后者的角度，我们要问的则是：由于一个群体中的许多人都有可能参与社会行动，那么这个群体中实际发生了什么？"②

问题在于，"应然"王国的法律规范与"实然"世界的社会行动是紧密联系的。复杂的社会实在对于法学研究者的"价值关联"，不仅包括狭义的法律领域（即正式法律文本及其适用），而且包括在法律上有重大意义的社会实在（如涉及法律生成的建国、立宪等社会活动）和以法律为条件的社会实在（法律实施中所影响的各领域的社会活动）。这三者间并没有固定的界限，是随时随事变化着的。如果社会存在与法律秩序有密切联系，"那也不能从法律意义上而要从社会学意义上——经验效力上——理解法律秩序"③。

因此，韦伯认为，在规范有效性的应用成为研究对象时，规范有效性自身在逻辑上就不能作为研究的标准了。由此观之，法学广泛的关注范围决定它需要借鉴其他学科的研究方法，致力于追求客观性的实证研究方法就是一种科学选择。此外，法学的规范分析方法也同样具有逻辑学、解释学乃至哲学、心理学的借鉴渊源。

---

① 韦伯在《社会科学方法论》中认为，旨在理解社会现象因果关系的社会科学与数学或逻辑学不同，它不以规范有效性（对与错）为研究标准，而以习惯有效性为研究标准。参见 M. Weber, *The Methodology of the Social Sciences*, trans. by E. A. Shils & H. A. Finch. New York: Free Press. 1949, p.41.

② ［德］马克斯·韦伯：《经济与社会》第 1 卷，闫克文译，上海人民出版社 2010 年版，第 429 页。

③ 同上书，第 430 页。

中国法学的实证研究并非与规范研究决然对立。法学作为社会科学的一个组成部分，与其他一切社会科学范畴具有共性。也正因如此，中国法治实践学派才会因为实证方法论特色而在法学中显出其独特性，才会以学派的姿态出现①。中国法治实践学派的研究对象是"中国法治"，而"中国法治"的范围不会局限于法学某一领域，也不会局限于法学学科，还会涉及社会学、政治学、经济学等其他学科。所以，我们无法将法学与其他社会科学割裂开来。中国法治实践学派所开展的研究可能以实证为主，可能规范实证并重，可能实证辅助于规范，没有绝对清晰的界限，不会拘泥于一切以"描述性为主"。

（二）法学理论对法律的建构与解构功能决定了法学研究方法的多样性

法学作为独立的学科其前提是必须明确自己的任务，这一任务就是法学对法律的建构作用。这种建构是动态的，表现为开始的建构与持续的再建构，即"理性重构"②。法学对法律的建构功能更多是法教义学的

---

① "中国法治实践学派"是钱弘道在 2012 年 12 月 16 日的中国社会科学论坛首次提出的概念。其后，2013 年 2 月 6 日的《中国社会科学报》发表钱弘道《中国法治实践学派正在形成》一文，阐明该学派的产生背景及特点。同年 7 月 24 日，《中国社会科学报》刊发李步云、武树臣、邱本等关于中国法治实践学派的文章。《浙江大学学报》（人文社会科学版）2013 年第 5 期开辟"中国法治实践学派及其理论"专栏，钱弘道、武树臣、邱本发表论文深入阐述该学派。钱弘道在 2013 年 4 月 9 日《光明日报》理论版发表《法治指数：法治中国的探索和见证》。钱弘道主编《中国法治实践学派》（第一卷）由法律出版社于 2014 年 5 月出版。

② 参见 J.M.Balkin, Understanding Legal Understanding: The Legal Subject and the Problem of Legal Coherence, The Yale Law Journal, October (1993), p.123."（作为一种解释性态度的）理性重构是将法律的各部分视为一种原理与政策之可辩护方案的尝试。当我们试图将法律的一部分应用到具体案例中时，就对这一部分法律进行了理性重构。"

努力，但建构过程中必然包含着对既有法律文本的批判，甚至某种程度的解构，这些批判或解构不是法教义学仅利用规范分析法就能单独完成的。

法学对法律的理性重构时的解构体现在两方面：第一，不是所有的法律教义都涉及道德上令人满意的原理与政策，我们必须想办法在从现行法律教义得出的不同原理与政策的说明中作出选择①；第二，现行法律集合的某一部分的例外和错误是另一种要求解构的情况②。理性解构使研究从"内部视角"转向"外部视角"。法学理论要形成一种完整的关于法律的自我形象定位，需要以法律内部视角（将法律作为自身行为规范）为基础的研究，也需要被德沃金称为"外部批判"的研究③。哈特的《法律的概念》尝试以社会学的描述方法考察法律的语词及其如何取决于具体的社会联系，从而清晰地把握法律的概念④，其研究虽然不是旨在批判既有法律，但无疑借助了将法律仅视为观察对象的外部视角。

由此可见，法律教义学的规范分析在重构法律的过程中总会面对解构的问题。解构是一种批判性的研究，这种对法律文本某种程度的解构

---

① 如果法律资料的解释看上去是不合原则的或者在道德上是不令人满意的，我们就会拒绝。参见 J. M. Balkin, Understanding Legal Understanding: The Legal Subject and the Problem of Legal Coherence, The Yale Law Journal, Vol. 103, No. 1 (1993), p.126。

② 在理性重构法律的时候，我们常常必须将特定的法律资料（如特定的司法判决）归类为反常的，甚至根据某特定事件已经判定某法律需要理性重构时，我们仍会发现法律的特定部分与此事件并不对应。出处同上。

③ J. M. Balkin, Understanding Legal Understanding: The Legal Subject and the Problem of Legal Coherence, The Yale Law Journal, October (1993), p. 110.

④ [英]哈特：《法律的概念》，张文显译，中国大百科全书出版社2003年版，序言，第1页。

或批判并不是规范分析的专长，倒是追求法律正当性的法哲学和追求社会中法律客观实施的实证研究方法可以发挥功用。

中国法治实践学派的旨趣在于追求法律实施的效果。这种以实践、实证、实验为特色的研究具有批判精神以及建构和解构功能。中国法治实践学派要考察法律是否符合客观实际、法律市场的需求情况、法律被遵守的程度等，就必须超越规范分析，深入实践，了解法律运行的实际情况，而这就必须借助实证研究。法治指数的研究就是一个典型例子。单纯依靠规范分析是无法完成法治指标设计、数据获取、民意调查、数据分析等工作的，这些工作主要借助实证研究完成，这样的实证研究必然涉及法律的理性解构。中国法治实践学派是通过实践来理性解构和建构中国法治的。

（三）中国法治实践学派倡导实证研究方法，但不排斥规范研究

学派的形成一般都立足于研究旨趣、研究对象、研究方法。中国法治实践学派从一开始就主张并实际综合运用规范和实证方法，这是中国法治实践学派的立足点。法治中国建设错综复杂，研究方法必须灵活把握，根据需要来决定采取何种方法。在实际研究过程中，中国法治实践学派自觉、自如地运用规范和实证方法解决法治的具体问题，不持方法论偏见。

重视实证研究是中国法治实践学派方法论的一个特征。因为在法治指数、司法透明指数、电子政府发展指数、法治中国指标体系等一系列研究中，倡导中国法治实践学派的学者们发现，实证研究方法在法学研究中具有不可忽视的作用。

"从罗马法律职业兴起至近代法律职业与法律教育的发展，法学一直是作为一种'理论性'的法律实践活动而存在的，而法学家向来都是法律职业群体中的一员。"① 法学学科特点在于它与法律职业密不可分，其核心是韦伯所描述的"法律思维"，这是一种动态的法律知识生成机制。它关注的是实在法的规范效力以及规范意义：通过对社会中现有的规范性因素搜集、提炼进而提供一套法言法语的概念体系，并提炼出一种共享的法律"意义"，继而在现实社会中得到运用与传承。这种法律思维甚至被我国学者称为"法学范式"②。然而，规范分析不是我国法学的唯一范式。倡导中国法治实践学派的学者们在进行法治指数等一系列实验时清楚地发现，基于这些实验的研究往往是价值分析、规范范式和实证进路并行的，"因为，缺乏相应规范分析，就不会有很好的问题意识，就不可能进行有针对性的实证研究"③。"对于法治和法学的发展来说，它们的功能是互补的。"④ 在倡导中国法治实践学派的学者们看来，法学界产生关于法学实证研究与规范法学的激烈的甚至是意气化的争论，实在没有必要。

当今中国法学界"已不存在一个统一的法学理论知识，也不存在用一种法学理论一统法学江山的可能性"。"如果有人或明或暗地坚持，那其实是一种本质主义的想法，也是一个神话。因为作为学术研究而言，没有哪一种理论能够解释具体现象的每一方面。或者说，不完全研究正

---

① 郑戈：《法律与现代人的命运：马克斯·韦伯法律思想研究导论》，法律出版社2006年版，第22页。

② 舒国滢：《法哲学：立场与方法》，北京大学出版社2010年版，第77页。

③ 赵骏：《中国法律实证研究的回归与超越》，载《政法论坛》2013年第2期。

④ 苏力：《也许正在发生：转型中国的法学》，法律出版社2004年版，第20页。

是学术的魅力所在。"① 实际上，任何法学学者都会不同程度地综合使用各种研究方法。相对于日益封闭的、精细的、以法教义学为核心的规范研究主流，法学实证研究并不试图成为支配一切法学研究的方法，但一定可以成为一大批法学家重视的方法论。正在形成的中国法治实践学派实际上证明了法学实证研究在我国是可能的和可行的。因为它有明确的问题意识，又有极大的开放性和包容性②。它的影响虽日益广泛，但不会造成"话语霸权"。

综上所述，法学并不会因其特殊的视角而拒绝致力于社会科学客观性的方法应用和中国法治实践学派推动法学实证研究常规化的努力。恰恰是强调"客观"的法学实证研究使法学呈现出立体的形态。然而，要彻底解答中国法学实证研究的客观性难题，就必须使中国的法学实证研究实现前述韦伯所论证的"客观性"。

四、中国法学实证研究客观性的实现：对韦伯的回应

中国法治实践学派面临的一个问题是如何实现实证研究中的客观性。如前所述，韦伯社会科学的客观性论证关键在于理想类型理论，但他建构的理想类型不是社会科学研究的目的，而是实现研究客观性的手段。如何运用理想类型理论实现人文社会科学研究的客观性，是一个操作性的问题。中国法学实证研究要实现自身的客观性，就要根据自己的

---

① 王博阳：《关于法律和社会科学的一种非典型性误读——与陈景辉先生商榷》，载《政法论坛》2013 年第 6 期。

② 钱弘道：《中国法治实践学派的兴起与使命》，载《浙江大学学报》（人文社会科学版）2013 年第 5 期。

现实情况来回应韦伯的社会科学方法。具体而言，从韦伯那里，我们可以得到启示，并至少可从以下几方面进行努力：正确处理研究者和研究参与者的关系，去除伪价值无涉；探索法律现象中因果关系的客观可能性；具体解决定量和定性研究中的客观性问题。

（一）正确处理研究者与研究参与者的关系

作为借鉴社会科学方法的法学实证研究，要达至客观性就必须承认研究主体的价值关联①。在法学研究中，这种"价值关联"相应的表述就是我们所熟悉的问题意识或者观念预设。它会随着研究的不断深入而发生变化，它不是研究中的价值判断。韦伯认为将价值判断引入经验陈述中，会造成"在去除所有实际价值判断之伪装下，简单地通过'让事实说话'去暗示这些带着特别力量的倾向"之"伪价值无涉"②。这种"伪价值无涉"对学术与教学是非常危险的。

为了处理好研究者的价值关联和去除伪价值无涉问题，需处理好研究者与研究参与者的关系③。中国法学实证研究的资助者多是政府、准行政机构或者国外的非政府组织，这些组织提供资助时会直接或间接地对研究者提出要求。在这些资助下坚持学术自由是去除伪价值无涉的关键一环，下面以司法透明指数课题研究为例。

研究者因为自己的问题意识认识到司法透明指数研究的意义，向浙

---

① 按韦伯的话，"只有始终无限多样的单个现象的某些我们赋予其一般文化意义的方面，才值得我们去认识，唯有它们才是因果解释的对象。"参见 M. Weber, *The Methodology of the Social Sciences*, trans. by E. A. Shils & H. A. Finch. New York: Free Press. 1949, p. 78。

② M. Weber, *The Methodology of the Social Sciences*, trans. by E. A. Shils & H. A. Finch. New York: Free Press. 1949, pp.9-10.

③ 郭云忠：《法律实证研究导论》，北京大学出版社 2012 年版，第 90—98 页。

江省高级人民法院提出设立司法透明指数项目建议①。这里涉及研究者与资助者的关系问题。浙江省高院和吴兴区法院都是研究资助者，也是合作者。在课题研究阶段，浙江省高院和吴兴法院作为资助者和合作者，而且对司法透明问题并非外行，可以将自己的问题意识与研究者的问题意识相结合。这正是协同创新中所需要的②。法院应该尽最大努力提供客观资料，研究者需要将这些资料按照问题意识与自己的观念预设相对照，不断修正自己的认识，并以适当方式将法院提供的资料体现于研究成果。在研究过程中，必须将应然和实然的东西区分开，避免价值判断代替客观事实。在指数测评阶段，为了确保相关数据的真实性和测评结果的客观性以及测评者作为第三方的独立性，法院不能参与测评，测评者独立完成指数测评，并提出提高司法透明指数的相关建议，并且公开测评结果，这样才能最大程度地保证实证研究客观性的实现。

（二）探索法律现象中因果关系的客观可能性

这里，韦伯给我们的启示是，恰当运用理解与解释的方法。韦伯理论中，实证研究对象的最小单位是个人的行为，具体而言是被研究者有意义的社会行动，其特征有二：一是具有主观的行动意图，二是具有针

---

① 2011年，钱弘道教授在浙江省高级人民法院举办的"阳光司法座谈会"上提出司法透明指数的建议被采纳，并成为浙江省高院2012年重点课题。浙江省高院委托浙江大学对司法透明指数开展研究，并将吴兴法院作为司法透明指数试点。课题组还邀请中国社会科学院、国家统计局、山东大学等单位的研究者参与合作。

② 外行的资助者不宜参与专业性的研究，研究成果也不宜先征求资助者意见，而已发表的研究成果应当公开其资助者以便读者对其信度与效度作出自己的判断。当然，资助者如果发现有些问题并未在研究成果中给予足够说明，那么将其声明或评论与研究成果一起发表是较好的选择。

对他人的表现①。而法律现象正是由立法及法律实施过程中被研究者的行动构成的，也适用于韦伯的理论。韦伯的实证研究并不试图发现纯粹客观的事实，而是对事件或现象给予客观可能的适当因果说明，他在刑法理论中发现并进一步论证了实证研究是对上述"行为"作出客观可能的适当归因。而探索这种客观可能性关键在于"理解此行为并利用这一理解来对其进行说明性的解释"②。

韦伯提出两种理解方式：其一是对某个既定行为（包括语言表达）本身的主观意义上直接的观察理解；其二是将既定行为置于一种比较综合的、明白易懂的意义背景中对动机的理性理解。多数法学实证研究者注重前者，韦伯则强调后者，他认为，"对于一门涉及行动的主观意义的科学来说，进行说明就需要把握意义的复杂性，这样才能使一个可以理解的行动的实际进程得到解释"③。例如，某法院不公开被执行人的信息情况，如果第三方测评其指数，机械地采用"该法院执行信息是否公开"这个指标，就会事与愿违。因为如果运用说明性的理解方式，就应当了解为何法院不公开被执行人的信息。经过了解得知，法院是为了防止被执行人藏匿财产而采取不公开其信息，以保护执行申请人的权利。司法透明指数的设计就是要探讨这种因果关系。

虽然客观可能性的探索要根据行动的主观意义去解释行动，但我们必须认识到，这些解释无论显得多么清晰，也只是一种相对可信的假

---

① ［德］马克斯·韦伯：《经济与社会》第 1 卷，闫克文译，上海人民出版社 2010 年版，第 93—95、112 页。

② M. Weber, *The Methodology of the Social Sciences*, trans. by E. A. Shils & H. A. Finch. New York: Free Press. 1949, p.40.

③ ［德］马克斯·韦伯：《经济与社会》第 1 卷，闫克文译，上海人民出版社 2010 年版，第 96—97 页。

设。因为，行动者自觉的动机可能掩盖了行动者真正的原始动机。反之亦然，在观察者看来似乎是相同或近似的行动过程，也许在实际的行动者那里会有极为不同的复杂动机①。即使主观上最诚实的自我分析，也只有一种相对的价值，即使那些表面看来非常近似的情况也值得我们去了解、描述和分析各种内在动机及其成因。

（三）解决定量与定性研究客观性的具体问题

面对行动者复杂的社会行动，建构一个行动的理想类型成了实证研究者解释其行为的必要方法论手段，因为它清晰易懂，不会模棱两可。中国的法学实证研究多倾向于建构理想类型来证实既有的法律与政策。而将韦伯理想类型方法引入我们的法学实证研究中，具体解决定量与定性研究的客观性问题时需要做到以下四点：

第一，法学实证研究要兼顾目的证实与证伪。韦伯主张，既有的理想类型是随着科学的发展而不断被新的理想类型超越的。法律作为人为的尺度，必然随着社会发展而不断变化，既有的制度也会被超越和创新，故而研究者不能只限于证实，也要尝试去证伪既有制度的某些方面。法学实证研究者多以定量和定性分析来证实新的创见，而较少检视或证伪前人研究。有学者认为："仅仅靠标新立异不可能获胜，因为法律人都有自己的路径依赖，除非你显然更好，否则没人理会这些实证研究。"② 例如，中国法治实践学派的实验案例——司法透明指数的研究和运用，研究者必须通过实证分析，论证司法透明指数比法院内部的上下

---

① ［德］马克斯·韦伯：《经济与社会》第 1 卷，闫克文译，上海人民出版社 2010年版，第 98 页。

② 苏力：《好的研究与实证研究》，载《法学》2013 年第 4 期。

级司法公开考核更有实效，更能产生倒逼作用，显然更好才行。其实，某种"法学理论被证伪并不意味着它不具有任何积极价值"①，法学理论是因时因地不断被修正的，在修正的过程中可能在一定程度上吸收了前人成果。研究者进行定量和定性分析时，对前人成果的证实和证伪是严格遵守学术规范的要求，也是促使法学实证研究达致客观的基本前提。

第二，法学实证研究要注重相关文献的积累和分析。韦伯所言的理想类型作为描述事实的工具和理论建构的指导，不是各个立场的"中间路线"。中间路线"是在科学上不可论证的，更确切地说，在评价范围内，它是最不明确的"。实证分析研究也不是纯粹的数据计算模型，实证研究要求研究者注重文献的积累②。例如，要进行司法透明指数的指标设计，必须掌握大量国内外关于司法公开的理论和实践的文献。"裁判文书公开"这个指标测定的前提，就是要对法院在网站公开的裁判文书进行分析，不是简单看裁判文书公开的数字，更重要的是分析裁判文书的裁判理由。这样，裁判文书就是实证研究的重要资料。

第三，法学实证研究要注重理解的逻辑。中国法学定量研究中出现的数字化"图腾"崇拜常常使国内读者难以理解和接受，且有大量并未真正借鉴社会科学而仅以数字为时尚包装的研究鱼目混珠。定性研究所表达的直观感受和个案细节常常缺乏样本的典型性和说明的逻辑性③，

---

① 雷小政：《法律生长与实证研究》，北京大学出版社2009年版，第94页。

② 法学实证研究所注重的文献主要分为三种：案卷资料是最重要的文献，相关的我国各地规范性法律文件以及国家机关正式或非正式的文件也很重要，国内外相同及相关的实证乃至理论研究成果是必不可少的。参见宋英辉、李哲、向燕等：《法律实证研究本土化探索》，北京大学出版社2012年版，第63—69页。

③ 关于这一点，可参见宋英辉、王武良编：《法律实证研究方法》，北京大学出版社2009年版，第418页；唐应茂：《法学实证研究的受众问题》，载《法学》2013年第4期；等等。

这种现象缘于过于注重审美而忽视了法学实证研究的理解逻辑。实证研究知识获取的进程即理解的逻辑，韦伯的理想类型是严格逻辑上的"理想"。理解逻辑是"关系建构的一个问题，此关系即我们的想象力将其作为合理的动机并因此将其作为'客观可能的'而予以接受的关系，而这种可能的出现从法则观点上看是充分的"①。

法学的定性研究主要涉及其逻辑的阐述。系统地厘清概念尤为重要，因为"文化现象之意义越需要急切地了解，就越需要运用不仅是特殊的而且是系统界定的明确概念"②。中国法学的定性研究中也有将某概念的特殊含义用于个案作为参照的，但其理解逻辑因学者对学术直觉和想象力的强调而模糊不清。

法学的定量研究主要在于其变量的设计。一方面，要充分把握各变量或其集合的意义，因为"不管我们论及的是显性的还是主观的过程，如果缺少充分的意义，那么无论有多么高度的一致性，也无论其概率能够在数字上得到多么精确的认定，它都仍然是一种难以理解的统计学概率"③。吴兴法院司法透明指数在法院行政管理和司法过程两大维度中的一级指标都有各项分变量构成其充分的意义，而且分变量的结构和比重随着研究的深入而得到调整。余杭法治指数也同样④。另一方面，变量

---

① M. Weber, *The Methodology of the Social Sciences*, trans. by E. A. Shils & H. A. Finch. New York: Free Press. 1949, pp.91-92.

② M. Weber, *The Methodology of the Social Sciences*, trans. by E. A. Shils & H. A. Finch. New York: Free Press. 1949, p.93.

③ ［德］马克斯·韦伯：《经济与社会》第 1 卷，闫克文译，上海人民出版社 2010年版，第 100—101 页。

④ 参见钱弘道：《2012 年度余杭法治指数报告》，载《中国司法》2013 年第 11 期。与前几年的余杭法治指数报告仔细对比可知，民主政治、依法行政以及司法公正等指标项下的分指标都稍有不同，而权重也不断调整，如 2008 年和 2009 年依法行政和公民法

设计过程要有独立的"客观可能性"论证。因为只有这样的理想类型设计才能在操作中使研究过程可控，表达清晰易懂，更有说服力。如吴兴法院司法透明指数各指标都有客观可能性论证，包括法理、宪法、法律法规的依据、司法实践依据以及当前中国司法公开的可能性等。当然，无论是定性还是定量研究，所利用的理想类型都不等于事实本身，我们必须"不断记住概念与具体事实之间的距离，必须细心研究两者在程度和种类上的偏差"①。

第四，法学实证研究要特别注重实践。中国法治实践学派提出以"实践"为关键词是深思熟虑的。实践是马克思主义哲学观的基础，是中国实学传统的当代表现形式，是法治中国赖以成功的根本方法。中国法学实证研究最缺的不是数据，而是实践中的理性。中国学者最缺乏的不是书斋里的理论分析，而是行动中获取的实践智慧。社会科学也可以进行实验，而实验就是实践的一种方式。中国法学实证研究的客观性可以在实验等有效方式中实现，这就是中国法治实践学派倡导注重实践、实证、实验的缘由所在。

五、结　论

前述对法学实证研究客观性的一些质疑在韦伯社会科学方法论中得到了解答。当然，韦伯的社会科学方法论并非放之四海而皆准，国内外

制教育两项的标准分分别为 160 分和 100 分，2010 年之后调整为 165 分和 95 分。而在操作中调整的具体依据尚待说明。

　①　［德］马克斯·韦伯：《经济与社会》第 1 卷，闫克文译，上海人民出版社 2010 年版，第 111 页。

皆有学者就韦伯的价值关联与理想类型进行了批判①。但瑕不掩瑜，这些批判都是继承基础上的批判。至少，韦伯已经提供了中国法学实证研究的一种解释逻辑。而且，将韦伯社会科学方法论用于法学实证研究客观性之可能与可行的证成也只是比较方案的尝试。概而言之，中国法学实证研究的努力与从韦伯社会科学方法论中寻得的启示有诸多契合之处，其客观性会随着这些实际的努力而不断增强。

事实上，法学实证研究在中国的当务之急是避免结论先行，做到既不"无病呻吟"也不"歌功颂德"，而韦伯社会科学方法论所给予的启示不无裨益。最重要的是，中国法学实证研究要在韦伯方法论基础上实现创新和超越，中国法治实践学派的提出正是基于这样的目标。法治中国的伟大实践要求在科学方法论基础上形成法治理论。尽管中国法学界对客观性问题仍然各执己见，实证研究的成果仍然鱼龙混杂，客观性强的仍然凤毛麟角，但法治指数、司法透明指数、电子政府发展指数等一系列实证研究毕竟开始了有益的尝试，中国法治实践学派也以崭新的姿态出现在中国法学界和世界法学界，这从一个侧面展示了中国法学实证研究的前途。中国法治实践学派倡导的以实践、实证、实验为特色的研究方法有助于法治中国的研究，有助于探索中国法治发展道路，有助于推进法治中国理论体系的形成。越来越多的人加入这个包容性极强，"具有国际视野，参考古今，博稽中外，融会贯通"②的中国法学流派

---

① 参见林端：《韦伯论中国传统法律》，中国政法大学出版社 2014 年版；李强：《马克思·韦伯法律社会学中的方法论问题》，载《法制与社会发展》2007 年第 1 期；赖君楠：《马克斯·韦伯"法律社会学"之重构：观念论的力量与客观性的界限》，载《中外法学》2014 年第 1 期。英国的彼得·温奇、阿兰·亨特、莫林·凯恩以及美国列奥·施特劳斯、伯尔曼等人的批评亦在赖君楠引述范围。

② 钱弘道：《中国法治实践学派正在形成》，载《中国社会科学报》2013 年 2 月 6 日。

中，足以说明中国法学实证研究的潜力。我们有理由相信中国法治实践学派的兴起和努力会对法治中国建设具有重要的贡献。

| 后 记 --

本文载《浙江大学学报》（人文社会科学版）2014 年第 5 期推出的第二期"中国法治实践学派及其理论研究"专栏。2015 年第 2 期《新华文摘》转载。

一个学派需要有自己的方法论特色。中国法治实践学派倡导实证研究方法。如何实现实证研究的客观性是个难题。本文旨在解决这个问题，由我与博士生崔鹤合作完成。

以法治实践培育公共理性

——兼论中国法治实践学派的现实意义

"公共理性"是一种思维和决策方式，是一种公共素养和公民能力，是一种利益整合机制和合作共治能力。"公共理性是各种政治主体（包括公民、各类社团和政府组织等）以公正的理念、自由而平等的身份，在政治社会这样一个持久存在的合作体系之中，对公共事务进行充分合作，以产生公共的、可以预期的共治效果的能力。"① 可见，公共理性跨越国家理性、政党理性、利益集团理性和个人理性。② 在一个急剧变迁的转型社会当中，人们会面临"原子化"的社会挑战，社会的连结状态出现松散，进而表现出"个人之间联系的弱化、个人与公共世界的疏离以及由此而衍生出来的个人与国家距离变远、道德规范失灵等一些基本的社会联结被破坏的现象"。③ 此时，公共理性对转型期社会的意义不

① 史云贵、黄炯竑：《20 世纪 90 年代以来公共理性研究述评》，载《湖北社会科学》2008 年第 1 期。

② 参见 http://baike.baidu.com/view/2236252.htm。

③ 田毅鹏：《中国社会后单位时代来临?》，载《社会科学报》2010 年 8 月 26 日。

言而喻，因为，从根本的意义上说，整个社会的正义和秩序有赖于公共理性。公共理性的成熟是法治社会形成的重要标志和必要条件，而公共理性的形成又主要地依赖于法治实践的推动，于是，中国法治实践学派的提出就天然地与公共理性的培育密切相连。换言之，中国法治实践学派的一个重要任务就是要在转型期的社会背景下，通过法治实践推动普遍的公共理性的形成。

一、公共理性可以测量法治社会的水平

对于法治的发展，法治道路的建设，公共理性观念是一个绕不开的主题，也是一个根本性的问题。这首先体现在公共理性与法治社会的关系上。公共理性是与法治社会分不开的。

公共理性与法治社会是一个什么样的关系呢？公共理性观念有以下几个特征："(1) 公共理性的理念是把理性的运用限制于 (a) 所有理性的一般特征，比如推理和证据规则，以及 (b) 一般共享的信念、常识性推理和无争议的科学方法；(2) 这个理念适用于有关基本结构和宪法要素的慎议和讨论；(3) 这个理想适用于 (a) 参与政治论辩的公民和政府官员，(b) 参与投票的公民，(c) 从事官方行为的政府官员——只要论辩、投票和行为属于 (2) 所界定的范围内。"① 因此，公共理性是这样一种观念——它是一种从"理性"步入到"合理性"的公共化、社会化的思维方式和治理模式：从个体性的思考转向主体间性的思考，从

---

① Lawrence B. Solum: Constructing an Ideal of Public Reason, 30 San Diego L. Rev. 729, Fall, 1993, p.730.

眼前利益的思考转向长远利益的思考，从私人利益的思考转向公共利益的思考；在公权层面从统治走向共治，在私权层面从私民走向公民，最终使二者交集于公共场域的合力，形成善治。

"法治社会"是一个经常与"法治国家""法治政府"相对应而出现的语词，① 它们虽然相互有所关联，但是各自的着眼有所不同。就人类历史的发展过程，国家的存在只是人类社会里的一个中间阶段，法治社会相对法治国家是一个更为上位且宽泛的范畴。② 法治社会更加强调各类社会群体和公民等社会生活的领域，法治国家则强调与"社会"对应的"国家"。法治政府则是法治国家的一部分。从本源和长远来看，法治社会的形成才是理想法治的标志。

（一）法治社会需要而且离不开公共理性

有关法治发展的具体路径，有两种不同的理解方式。一种观点认为法治秩序是可以通过人们理性的主观努力建构出来的，另一种观点认为，法治秩序是不能建构的，只能通过社会的自然演进而逐渐成

---

① 例如，习近平同志在主持 2013 年 2 月 23 日下午中共中央政治局就全面推进依法治国进行的第四次集体学习就强调，要"全面推进科学立法、严格执法、公正司法、全民守法，坚持依法治国、依法执政、依法行政共同推进，坚持法治国家、法治政府、法治社会一体建设，不断开创依法治国新局面"。详见《习近平：依法治国、依法执政、依法行政共同推进》，载中华人民共和国中央人民政府门户网站，http://www.gov.cn/ldhd/2013-02/24/content_2338937.htm,2013 年 4 月 18 日最后一次访问。

② 郭道晖教授就此认为，"就整个人类社会的历史发展而言，社会与社会权力是先于国家和国家权力而产生的；国家和国家权力最终也是要消亡的，从而法治国家也是要消亡的；但人类社会不能一日无法治，治理社会事务和维系社会秩序的社会规范与权威总是不可少的；也就是说，法治社会将是永存的，从而作为取代国家权力的强制力的社会权力———社会强制力也是始终必要的"。参见郭道晖：《法治国家与法治社会、公民社会》，载《政法论丛》2007 年 10 月第 5 期。

长。① 前者是自上而下的法治实现途径，后者是自下而上的法治实现途径。这两种路径在现实中是不可能截然分开的，而且无论是哪一种路径都离不开公共理性的观念。

国家权力原本是为了社会的有序运作而生，但权力是把"双刃剑"，权力的滥用和腐败成为政治社会的特有现象。于是，法治的首要任务是要限制权力。腐败是由于人性的自私所致。经济学的"理性人"假定表明，人们总是会在一切涉及选择的活动中"理性地最大化其满足度"。这里的"满足"既包括了货币性的满足，更包括了非货币性的满足；而这里的"理性"则指的是"手段适合目的，而不是对问题仔细思考"，换言之，"理性的决定也并不需要是意识层面深思的结果"，甚至，"理性决定完全不需要是清醒的"。② 卢梭就曾经从人们的自然状态开始探究，论证了在某种程度上，人类的进步史就是人类的堕落史，并质问道："如果在人与人之间，每个人基于私人利益为自己指定的规则与公共理性为共同体利益而指定的规则截然相反，每个人都以同伴的不幸而获益，那么你会对这样一种关系作何感想?"③ 因而，卢梭将公共理性与利益挂钩，并且他的公共理性观念是与私人利益与私人理性相对应的，这一点也和其在《社会契约论》中的立场相吻合。如果公权力的运用没有公共理性，官员的心中没有公众只有自己，就自然会产生权力的滥用和腐败，法治社会就无从谈起。

---

① 参见孙笑侠、钟瑞庆：《"先发"地区的先行法治化——以浙江省法治发展实践为例》，载《学习与探索》2010 年第 1 期（总第 186 期）。

② 参见［美］理查德·A.波斯纳：《法理学问题》，苏力译，中国政法大学出版社2002 年版，第 441—442 页。

③ Jean-Jacques Rousseau: A Dissertation on the Origin and Foundation of the Inequality of Mankind, http://www.bartleby.com/168/605.html.

公民社会的法治化就更加需要公共理性。社会上每一个人，当他是独立的个体时，他就只是理性的。从词源上看，rational 的词根"ratio"本身就有"计算"之意，是比较偏向工具性的结果导向的考量。① 理性是一种自我意识、私人满足和自身利益的视角。"因为理性选择的行动者们必定从第一人称的视角出发，无论哪一类的规范性问题都只能从由善来满足的利益或价值的角度来表现。"② 罗尔斯在其决定生活计划的理性选择原则里也同样提到了理性选择的最自然的准则，"如果目标是给定的，一个人应当用最小耗费的手段（无论何种手段）来实现它；或者，如果手段是给定的，一个人应当在最大可能的程度上去实现目标"。③应当说，启蒙运动带来的"理性"是一种由对神的崇拜、对权威的迷信，到个人自主性的转向，是对人文主义和人格独立的召唤，它强调人的主观感受以及独立的认知、思考、判断和选择的能力。黑格尔曾将理性表述为"自我意识"，认为"理性就是意识确知它自己即是一切实在这个确定性"。④ 虽然是有些唯心主义的观点，但理性的产生本身就是来自于人自我意识的一种觉醒，从天性上必然带有面向自身的倾向。但是，法治是一种规则之治，⑤ 它所考虑的基点必然也只能是普遍的、抽

----

① 以上也是笔者与目前国内已有的一些译作略有不同看法，而认为将"rational"译为"理性"更为合适的原因之一。

② 这里的"善"（goods）指的是对我们有益，且为我们所追求的；带有私人善的意味。See Jurgen Habermas: Reconciliation Through the Public use of Reason: Remarks on John Rawls's Political Liberalism, The Journal of Philosophy, Vol. 92, No. 3 (Mar., 1995), pp.113-114.

③ John Rawls: *A Theory of Justice* (original ed.), Cambridge, Massachusetts: Harvard University Press, 1971, p.412.

④ ［德］黑格尔:《精神现象学》上卷，贺麟、王玖兴译，商务印书馆 2012 年版，第 175 页。

⑤ "法治是一种规则之治"，并非意指概念法学那种机械的绝对形式法治，而是强调与"人治"相对应的"法治"，强调它的客观与普遍面向之追求，或者也可以更进一

象的，而不会是具体的、特定的利益。一个法治的公民社会，人们必须有一种公共的视角来思考，否则，在各种差异甚至冲突的利益之中，法治就无法成立，社会就无法运作，最终也损害了各个个体的利益。再变换到一个积极的角度看，法治社会自身也需要持续成长的土壤。就像有学者评论"李庄案"时说的那样："法院可以判决李庄，法院判决可对可错，但人民永远保留对判决的最终判决。如果人民失去了是非判断标准，那么法官和律师的行为约束就失去了道德基础；如果人民不接受、不信仰或并不真正理解法治，那么没有哪个国家可能在如此薄弱的法治土壤上建构法治社会。"①公民社会是法治建设中非常重要的一支根本性力量，有了公民社会的法治才会有也必将会有公权力的法治。而透过公共理性观念，通过一种"在政治上合理地指称公民为公民的观念（an idea of the politically reasonable addressed to citizens as citizens）来替换关于真理和公义的完备性学说（comprehensive doctrines of truth or right）"的方式，②公民才能真正理解和践行法治，深切了解自己在社会上的角色。

（二）公共理性是法治社会成熟的标志

第一，公共理性是连结公权和私权的桥梁。如上所述，国家权力和

步说，"法治在本质上是一种规则之治"。时至今日，法体系的"规则/原则模式"早已取代"规则模式"而为人们所普遍认同；作为规则之治的法治，不是认为那些未反映出一般规则（a general rule）的法律裁定可以完全地予以避免，而是一种以规则为先的法治态度。See Antonin Scalia: The Rule of Law as a Law of Rules, The University of Chicago Law Review, Vol. 56, No. 4 (Autumn, 1989), pp.1186-1187.

① 张千帆：《构建法治社会的土壤》，载《法制资讯》2010年第2期。

② John Rawls: *Political Liberalism* (expanded ed.), New York: Columbia University Press, 2005, p.441.

公民社会的法治化都离不开公共理性，同时，公共理性也有机地均衡和沟通起公权和私权的力量，而这两者的均衡和连结则标识着法治社会的成熟度。17世纪的欧洲，封建制度正在衰落，资产阶级开始兴起。处在这样一个社会脉络下的霍布斯，他眼里的公共理性主要是指主权者的理性，强调的是它的权威性。① 这也契合了当时英国海上贸易和殖民霸权蓬勃发展的背景和因素。而到了今天，社会和法治观念的发展让我们已不再把统治者的理性理所当然地视为最高的理性，公权的正当性必须要与私权相结合而成立，社会最高的理性转而变为公权与私权连结而生的公共理性。公共理性是一种以社会的整体利益为考量的理性观念，它通过"社会"这个基点将公权与私权连到一起，它让公权的运行兼顾到对私权的保障和来自私权的监督，也让私权的行使主体有更为宽广、包容的视域和更多的社会关怀。"民主和法治的存在有依赖于政治官员在以自身行为的限制度为荣耀上有所激励；换言之，这些限制必须是自我强制（self-enforcing）的。"② 基于人的理性和权力的天然扩张性，成熟法治社会中公权力的自我限制和自我强制，首先

① 霍布斯在《利维坦》第三十七章"Of Miracles, and Their Use（论奇迹和它的用处）"里这样说道，"在这个问题上，我们不能每一个人都运用各自的理性或良知去评判，而要运用公共理性，也就是上帝的最高代理人的理性去评判。事实上，如果我们已经将至高无上的主权交付给他，以让他作出一切对于我们的和平和防卫有必要的事，那么我们就已将他当成一位裁判者了。"原文为"In which question［意指奇迹的真假，译者加］we are not every one, to make our own private reason, or conscience, but the public reason, that is, the reason of God's supreme lieutenant, judge; and indeed we have made him judge already, if we have given him a sovereign power, to do all that is necessary for our peace and defence." See Thomas Hobbes: *Leviathan*, Cambridge, New York: Cambridge University Press, 2008, pp.290-296。

② Barry R. Weingast: The Political Foundations of Democracy and the Rule of Law,The American Political Science Review, Vol. 91, No. 2 (Jun., 1997), p.260.

必然是公权和私权在制度上连结与均衡的结果，进而才能形成基于荣耀和激励的自我强制。这里的"自我强制"是一种相当成熟的法治程度，是一种自觉自发的内省意识，也是一种完善的制度设置。要达到此种程度的成熟的法治社会，绝对不可能是一朝一夕所致，而要仰赖一个相当长期的发展过程；同样地，它也绝对不可能由社会中的单一特定力量支撑，而要仰仗所有社会成员的合力共建。所以，一个成熟的法治社会不是单靠国家公权力而建构，但也无法离开国家公权力的保障；而公共理性对于公权和私权的连结很重要的一点就是在形成整个社会的合力的同时来适当限缩公权力。法治的成熟预示着一种社会治理方式的成熟，而成熟的社会治理其主体必然是成熟的社会成员的合作共治，那么，公权与私权的结合以及公众参与就是迈向成熟法治社会的必经之路。

第二，公共理性是法治社会的表现方式，即法治社会需要通过公共理性表现出来。康德的公共理性是从"启蒙"的角度来论述的，他所想要回答的问题是"哪些限制是妨碍启蒙的，哪些却是非但没有妨碍，反而是在确实地促进它的呢"，他认为："人类理性的公共运用必须永远是自由的，而且只有它才能带来人类的启蒙。理性的私下运用往往会被限制得很狭隘，虽然不致因此而特别妨碍启蒙的进程。"① 所以，康德的公共理性思想侧重的是人们运用理性时的自由状态，它是人们脱离"不经别人的引导，就对运用自己的理智无能为力"的不成熟状态所要求的，这种自由是脱离了一切职务等预设身份和框架的自由，这种理性是一个

---

① Immanuel Kant: An Answer to the Question: "What is Enlightenment?", in Kant: Political Writings, translated by H.B. Nisbet, 中国政法大学出版社 2003 年版，第 55 页。

具备自由人的灵魂所拥有和公开运用的理性。① 简单说来，康德的公共理性观念就是，"对自由公共理性的唯一限制是内在于理性自身的"。② 启蒙带来了人类的反思与自我的意识，也同时加强了社会的多元化。一个多元化程度越高的社会，就需要更加成熟的法治予以配套保障。这是因为，在未经启蒙的早期社会中，可以依靠暴力统治；甚至在社会价值单一的背景下，或者也可以依靠德性治理；但在一个价值多元的社会中，必然要依靠拥有中立品质的法律进行治理。而通过法律的中立治理就是经由公共理性体现出来的，或者说，法律本身就是公共理性的产物。法治面对的是一个纷繁复杂的社会，治理一个如此多元的社会，所依赖的规则只能是公共的、普遍的、独立的，治理主体和参与主体的处事方式必须是推己及人的、公正中立的，否则治理便无法服人，社会便无法维系。因此，无论是法治社会所仰赖的客观规则，还是法治社会维系所依靠的主体力量，都需要通过公共理性的方式予以体现。

第三，公共理性是法治社会的测量器。正如法治社会的发展有一个过程一样，公共理性观念的发展同样有一个过程。"公共理性"的意

---

① 康德在此区分了两种形式的理性运用，即"理性的公开运用（the public use of reason）"与"理性的私下运用（the private use of reason）"——"理性的公开运用"是指"任何人作为学者在全部听众面前所能做的那种运用（use which anyone may make of it as a man of learning addressing the entire reading public）"；而"理性的私下运用"是指"一个人在其所受任的一定公职岗位或者职务上所运用的理性（which a person may make of it in a particular civil post or office with which he is entrusted）"。其中，前者是着眼于仅作为"人"的主体对于公共理性运用的无条件、无束缚的自身状态，呼应于启蒙的口号"Sapere aude! Have courage to use your own understanding!"。See Immanuel Kant: An Answer to the Question: "What is Enlightenment?", in Kant: Political Writings, translated by H.B. Nisbet, 中国政法大学出版社 2003 年版，第 54—55 页。

② Lawrence B. Solum: Constructing an Ideal of Public Reason, 30 San Diego L. Rev. 729, Fall, 1993, p.746.

涵本身，在霍布斯、康德与罗尔斯等人都有着或多或少的描述，其概念也有一个逐渐演变的过程。从霍布斯的主权者理性，到康德的个人自由意志，再到罗尔斯对公共理性的政治关系定位，其一系列观念的演变和发展非常显著地彰显了社会法治化程度的变化，也从侧面测量了法治社会的成熟度。三位来自不同时代和社会的典型代表，其公共理性的维度从公权转向私权，最后发展到两者对等的公共权，这本身就标志着法治理念的演进和法治社会的成熟。这其中，约翰·罗尔斯（John Rawls）的公共理性观念是较为晚近和成熟的阐释。他认为，公共理性关注的是"怎样来理解政治关系（how the political relation is to be understood）"，也就是"宪政民主政府与其公民之间的关系，及其相互之间的关系（a constitutional democratic government's relation to its citizens and their relation to one another）"。① 既然将公共理性定位为想要去关注和处理的是"政治关系"或"关于根本政治正义问题的公共善（public good concerning questions of fundamental political justice）"，那么，公共理性所适用的场域，与其说是一种"空间"或"场所"，倒不如说是"政治正义原则运用的结果或结局（upshot）"。这一看待方式同样适用于"所有的社会群体，无论教会还是学校、职业还是科学团体、企业还是工会组织"。② 同样地，法律也是规制涉及社会公共领

① See John Rawls: *Political Liberalism*（expanded ed.），New York: Columbia University Press, 2005, pp.441-442.

② 对此，罗尔斯在书中用了"家庭"的例子来进行说明——"政治原则并不直接适用于家庭内部的生活，但却的确作为社会制度的家庭施加了基本的限制"（political principles do not apply directly to its internal life, but they do impose essential constraints on the family as an institution），比如，政治原则在"怎样养育孩子"或"对待孩子"上没有强制要求，但禁止"虐待孩子"之类的情形是无疑的。这是因为，"家庭和其他社会群体中的成年成员首先是平等的公民（the adult members of families and other associations

域的事务，对于纯粹私人生活的范畴，法治语境下的法律是不予也不宜直接调整的。基于同样着眼于有着根本性和公共性的社会关系，公共理性是完全可以合理地用来测量社会的法治程度。一个法治社会的成熟，其一在于制度的良好和完善，其二在于社会成员心态的成熟；而一个好的制度是成熟公民社会的结果，也只有成熟公民社会才能维持其良好的运作。法治社会的成熟，最根本的是公民对法的认知和接受由外在到内化，由被动到主动。法是社会关系的合理化建制，公民对法的接受与尊崇本身就是公共理性的彰显。公共理性是民主法治国家的基本特征，公共理性的成熟度是与法治社会的成熟度必然相应的。

二、法治实践对公权层面公共理性形成的作用

公共理性的形成在实践上说就是一个公权与私权不断沟通的过程。公共理性的适用主体可以分为两部分：[①] 首先，也是相对直接和主要的主体就是"政府官员和公共机关的候选人（government officials and candidates for public office）"，同时也包括法官（judges）；[②] 另外，对于那些并非政府官员的公民（citizens who are not government officials），则主

---

are equal citizens first)"，而孩子作为"社会未来的公民（future citizens）"，理应受到正义原则的保障。See John Rawls: *Political Liberalism* (expanded ed.), New York: Columbia University Press, 2005, pp.468-471。

① 德沃金就曾经把罗尔斯的公共理性论证区分为两部分：政治共同体内所有通情达理的成员都可以理性接受的论证；以及官员们基于共同体的政治价值，而非完备性的宗教、道德或哲学学说的论证。具体可参见 Ronald Dworkin: *Justice in Robes*, Cambridge, Massachusetts: Harvard University Press, 2006, p.252。

② See John Rawls: *Political Liberalism* (expanded ed.), New York: Columbia University Press, 2005, pp.442-443.

要是通过"将自己视为理想的立法者、并且拒绝接受那些违背公共理性的政府官员和公共机关的候选人",同时"至少已经合理地发表了言论并进行了投票","来履行自己的公民责任和支持公共理性观念"。① 在常态情形下,后者就公共事务的执行虽然不算是主力军,但却是前者的基础来源与监督力量。法治实践对公共理性的助推可以从两大适用主体的"合理化"来分别予以窥探。

就公权层面而言,司法场域和行政场域是法治社会中公权层面非常直接也极其重要的两个组成部分。法治最基本的一点就是权利与义务的统一;对于公权力机关来说,就是权力与责任的统一:"权力"是理性,而"权责统一"就是合理性,也即公权机关的公共理性。"合理的(及其相互性的观念)不是利他主义的(只为他人利益的公正行动),也不是只关注自我的(并且只受其目的和情感的驱使)"。② 理性是以自我为中心的,虽然它也不是必然地以损害他人的利益为代价,但它却必然地是以自己的利益为出发点来看待他人的利益;而合理性是使人从"自我"的小圈子里跳脱出来,把自己当成一个"公民",将个人的身份"公共化"和"抽象化",把自己当下的利益视为任何一个平等公民可能具有的利益,并把当下的利益关涉方他人视为潜在的自己,以一种长远的、辩证的角度来思考和处理问题。③"公共理性必然意味着一种普遍立场的采纳,

---

① See John Rawls: *Political Liberalism* (expanded ed.), New York: Columbia University Press, 2005, pp.445-446.

② John Rawls: *Political Liberalism* (expanded edition), New York: Columbia University Press, 2005, p.54.

③ 在某些层面上,"合理性"是有些类似"无知之幕(veil of ignorance)"的意味。因为无知之幕本身就是试图通过一种试验的方式,假想所有人对自己在社会上的地位、能力、缺陷等等都无从了解与确定,以此迫使其以尽可能中立的视角而非自我利益的视角去建构社会。

这是一种由人民从自身特定利益和完备性观点引导的通常视角所提取，而占据着民主公民视角的立场。"① 而法治就是这样一种普遍的、公共的立场，司法和行政部门要真正法治化，就必然要有这种合理性的思维。

以司法透明指数为例。湖州市吴兴区法院的"司法透明指数（Judicial Transparency Index）"是一个"以指数化的形式对司法运行的透明度进行评测的工具"。② 吴兴区法院的"司法透明指数"有两个主要环节，分别为"民意调查指数"和"动态监测指数"（参见表2）；其中，后者就是一种公权层面公共理性的评测和推促机制。

表2　司法透明指数构成图

司法透明指数	民意调查指数（30%）	
	动态监测指数（70%）	法院行政管理透明指数（15%）
		司法过程透明指数（55%）

"司法透明指数"中的"动态监测指数"测评包含有"行政管理透明指标"和"司法过程透明指标"两部分，这是主要用于评估和督促法院和法官的公共理性的维度；前者又下分为"人事管理""财务运行""公众交流"三个一级指标，后者又下分为"立案""审判""执行"三个一级指标。无论是裁判文书的公开、法院人员和业务情况的公开以及诉讼

---

①　Samuel Freeman: Public Reason and Political Justifications, 72 Fordham L. Rev. 2021, April 2004, pp.2025-2026.

②　参见钱弘道：《司法透明指数研究报告》，2012年11月1日，第4页。司法透明指数的测定过程大体是首先通过专家咨询、社会调查等多种研究活动确定评测指标的主要维度和具体依据，然后通过法院网络等渠道进行相关数据的收集与打分，同时经由问卷形式开展民意调查并量化结果，再由若干法律专业人士对各项调查的权重予以确定，最后将所有结果代入专门的司法透明指数评测公式计算最终指数分值。

档案的电子化和案件审理过程的公开化，等等——总体来说，透明化就是一个促使法院和法官在司法过程中趋向"合理性"的过程。"司法透明"代表着面向公众的一种服务型的理念，代表着与他人之间的一种主动履责和良性互动的态度，代表着法院和法官公正地进行利益衡量的决心。司法公开、透明了，才有公信力；司法有公信力了，才有司法权威；司法有权威了，才有真正的法治。近期通过的《民事诉讼法》修改中，第152条对判决理由的公开、第156条对判决书的公开都体现了法院对当事人诉讼权利的保障，以及法院运作中的合理化发展，也佐证了公共理性发展的必然趋势。① 法院是一个处理利益和关系的地方，是司法场域内直接地、日常化运作公共理性的最重要主体，它每天所面对的是很多立场不同的"理性"，甚至法院与法官自身也可能有自己的立场和"理性"，而一个学派面向社会的中立、公开的第三方评估，则会或多或少地推着法院往"合理性"的方向去走，无论这种推促是"锦上添花"也好，是"雪中送炭"也罢，它都会激励法院或主动或被动地去关注和重

---

① 2012年8月31日，第十一届全国人民代表大会常务委员会第二十八次会议通过了关于修改《中华人民共和国民事诉讼法》的决定，并由中华人民共和国主席令第五十九号正式公布，且自2013年1月1日起施行。其中，原来的第一百三十八条第一款"判决书应当写明：（一）案由、诉讼请求、争议的事实和理由；（二）判决认定的事实、理由和适用的法律依据；（三）判决结果和诉讼费用的负担；（四）上诉期间和上诉的法院"，现改为第一百五十二条第一款"判决书应当写明判决结果和作出该判决的理由。判决书内容包括：（一）案由、诉讼请求、争议的事实和理由；（二）判决认定的事实和理由、适用的法律和理由；（三）判决结果和诉讼费用的负担；（四）上诉期间和上诉的法院"；同时，增加了第一百五十六条"公众可以查阅发生法律效力的判决书、裁定书，但涉及国家秘密、商业秘密和个人隐私的内容除外"。参见《中华人民共和国民事诉讼法》（2012年）"，载北大法意网，http://www.lawyee.net/Act/Act_Display.asp?ChannelID=1010100&KeyWord=&RID=820574；"全国人民代表大会常务委员会关于修改《中华人民共和国民事诉讼法》的决定"，载北大法意网，http://www.lawyee.net/Act/Act_Display.asp?ChannelID=1010100&KeyWord=&RID=820572,2013年4月26日最后一次访问。

视司法活动中的"公共理性"。

再看电子政府发展指数。2012 年年底，杭州市电子政府发展指数发布，这是中国电子政府发展指数（China E-Government Development Index, CEDI）的第一个实验结果。该指数由下属三个指数组成，分别为电信基础设施指数（Telecommunication Infrastructure Index, TII）、人力资本指数（Human Capital Index, HCI）和在线服务指数（Online Service Index, OSI）。① 这当中，"在线服务指数（OSI）"将"在线服务"的质量区分为四个阶段，每个阶段分解为若干指标，来分别客观评估政府门户网站的情况。四个阶段依次为新兴信息服务（Emerging Information Services）、增强信息服务（Enhanced Information Services）、事务服务（Transactional Services）以及连接服务（Connected Services），由弱到强来体系化地全面评估政府网站的服务功能，比如网站是否提供居民日常生活所面对的问题的基本信息，是否提供更多的信息、更方便的方法来帮助居民处理日常生活所面对的问题，等等。电子政府不仅仅就是传统政府的网络化、信息化，更彰显着一种公开透明的治理方式和公共服务的治理理念。"一种公共理性的理念，或者说公民性标准，意在扮演一种规制性的角色。公共理性的理念尤其以两种方式规制给出理由的实践：（1）作为自我评估的标准，（2）作为政治评判的标准。"作为自我评估的标准在于，人们会自问："在公共政治论辩中我应该给出或克制不要提出什么样的观点"？而"政治性批评可以用两种方式改变行为：

① "这三部分反映一个很重要的理念：电子政府发展不仅仅取决于在线服务。有最好的网站，但居民普遍都因电信基础设施不足而不能上网或因其缺乏上网的知识甚至是文盲的，当地的电子政府发展也不会理想。电子政府发展必须从居民的角度考虑，决定到底政府的信息、服务能否真正让居民受益。"参见钱弘道、熊美英：《中国电子政府发展指数报告——杭州的实验》，2012 年 12 月 15 日，第 23 页。

（1）通过提供可被接受的理由，（2）鉴于公民有期望得到其他公民同伴赞同的渴望，而通过传达不赞成来激励行为。"① 同样地，它对政府等公部门也有着类似的规制作用。电子政府指数评估体系的各项指标，不仅为评估主体和公众带来了评判的标准，也进一步促进政府自身去进行自我剖析和评价，去清楚地认知到自己应该做什么，已经做了什么，还需要做什么。自评与他评，放到法治政府上看待时，"作为自我评估的标准"就显得更为重要了。任何一段关系中，一个相对弱势的主体他会更自觉地去审视自己，也会更乐意地接受一种公共的评判标准；而一个相对强势的主体他要去检视自己则需要更加强烈的意识和意志，或是一个较为有力的推手。对政府电子治理的评估，目的绝不仅仅在单纯地评估，而是要以这种评估的手段引导政府的反思和发展，推促政府治理的民主、法治、透明和高效；② 因为，公共理性观念对于公部门主要的意义就在于不断地去审视自身，完善自身。

我们再以已经有数年实践积累的"余杭法治指数"为例，来做一个纵向的比较和分析。余杭近年来的法治状况，无论从日常生活的主观感受，还是相对客观的评估实践的结果来看，应该说至少是一个稳中有升的局面。③ 在这一总体的背景基调下，我们就以历年的党政机关自我测

---

① See Lawrence B. Solum: Constructing an Ideal of Public Reason, 30 San Diego L. Rev. 729, Fall, 1993, p.731.

② 世界银行在一份题为"Governance: The World Bank's Experience"的报告中，就将"善治"概括为透明的过程，充满敬业精神的政府体制，对自身行为充分负责的政府执行机制，参与公共事务的强大的公民社会，与所有法治的行为。参见 http://www-wds. worldbank.org/servlet/WDSContentServer/WDSP/IB/1994/05/01/000009265_3970716142854/ Rendered/PDF/multi0page.pdf,2013 年 4 月 26 日最后一次访问。

③ "综观 5 年的指数，从最初的 71.6 到现在的 72.56，每年的法治指数都有微幅上扬，总体上升的这 1 个百分点，实属不易"，具体可参见杭州市法制办：《杭州余杭区第

评的得分结果为例，探究这一法治实践对政府官员都有着哪些影响和意义。其中最引人注目的就是"推进民主政治建设，提高党的执政能力"一项，[①]2011 年度该项得分无论在时间纵向还是年度横向的比较上看，都处于绝对劣势，而再反过头来与"2007—2011'余杭法治指数'群众满意度调查得分汇总表"的该项指标得分相比，反而民众对该项情况在九大项中的评价并未处于最低。这其实在某种程度上不失为一个好的现象。它说明党委已经在一定程度上抛弃了养尊处优的心态，在慢慢检视自身的民主建设和执政能力的提升，进而将自己看作公共社会的力量之一而非全部，以合理性的眼光看待自己和其他社会力量的关系。由公共理性导出的自评与他评相结合，同时以他评促自评的思路，恰恰是国内法治评估实践在方法论上的一个创新内容。[②]法治评估实质上在公权力的层面上培育了公共理性。2012 年 2 月，《中共杭州市余杭区委员会工作规则》出台。该规则明确区委全会、区委常委会、区委书记办公会等会议的职能与分工，重点规范对重大问题的事先征求意见制度和决策程序。强调党务公开，重大决策除依法应当保密之外，均及时、准确地通

---

5 个法治指数通过专家评审》，见《中国政府法制信息网》，http://www.chinalaw.gov.cn/article/dfxx/dffzxx/zj/hzs/201206/20120600368432.shtml,2013 年 3 月 29 日最后一次访问。

① 2008—2011 年度，"法治余杭"考评中"推进民主政治建设，提高党的执政能力"一项得分依次为：2008 年 100 分，2009 年 108.8 分，2010 年 82 分，2011 年 79 分（此项指标的标准分为 110 分），其他具体的得分情况参见钱弘道：《2011 年度余杭法治指数报告》，载《中国司法》2012 年第 11 期。

② 2008 年 6 月，时任余杭区委书记的朱金坤在接受《法制日报》记者采访时的谈话就正好也反映了党委在这方面的认识和思考。朱金坤书记接受采访时说："有这么一个评价的指标，主要是约束党委、政府的行为，让群众能拿这个指标来评价你党委、政府是不是依法。我们党委、政府也可以用这个指标来考核自己，法治工作上做到了一个什么水准，还有哪些不够的地方。"参见钱弘道主编：《中国法治增长点——学者和官员畅谈录》，中国社会科学出版社 2012 年版，第 135—136 页。

过报纸、电视台等媒体和区政府门户网站向社会公开。该规则的出台与多年来以"法治指数"为引擎的法治余杭实践工程是紧密相关的。

我们有理由得出这样的结论，法治指数、司法透明指数以及电子政府发展指数等与法治相关的活动对公权力机关的透明化、公共化和合理化运作起到了有力的推进作用。

三、法治实践对私权层面公共理性形成的作用

如前所述，公共理性既然是要以一种可以"合理地指称公民为公民的观念"来处理社会的"根本政治正义问题"，其实就本质上说，其目的就是要使每一个公民的思维方式从"理性（rational）"走向"合理性（reasonable）"。"合理性观念本身是由个人成为合理性的两个方面所给定的：他们提出并遵守平等个体之间社会合作系统下的公平条款的意愿，和他们对接受判断力负担之结果的肯认与意愿"。① 笔者以为，从"理性"到"合理性"的跨越其实本质就在于个体在思维方式上立场的改变：如果说"理性"思维是一种主要面向自己的思维，将他人视为"手段"与"工具"一般的客体而存在；那么"合理性"思维则是一种同时面向他人和自己的思维，在这里，"他人"的存在不再只是工具式的客体而已，而是首先将其视为与自己平等的主体来看待。

"司法透明指数"与罗尔斯的公共理性观念里所说"那些并非政府官员的公民"相对应的则是"民意调查指数"。民意调查是通过在不同

① John Rawls: *Political Liberalism*（expanded edition），New York: Columbia University Press, 2005, p.94.

行业、年龄、性别的人群中通过实地调查和发放问卷等社会调查方式，获取当地群众对与司法透明建设相关的十项内容的认知、判断和评价。"十项内容"是从"行政管理透明指标"和"司法过程透明指标"下的47个二级指标当中，选取了与民众知情权联系最紧密、最具代表性的10项。[①]10项指标内容上主要围绕的是民众对于司法知情权、监督权、参与权、表达权各个环节与各个方面的满意程度，比如，法官选拔、处分、个人收入的透明情况，法院判决公布与审理公开的情况，对法院网络建设和舆论态度的满意度，等等。虽然法官在制度框架内对于个案有最后的裁判权，但是，这种裁判权的效力最终是来自于具有公共理性观念的公民整体与公共社会；因为，一个社会的根本政治正义原则是要由民意形成的宪法来确立的。"公共性是一种普遍与共同的视角，公民们由此利用更好的论证力量，彼此说服对方什么是正义的和什么是不正义的。所有人都参与其中的理性的公共运用视角，首先赋予了道德信念以客观性。"[②] 要说服他人就必然要考虑他人的利益和立场，所以最终的结果就是不同个体不得不趋近于一个合理的公共视角。司法透明的民意调查，一方面可以透过民众的反馈督促法院和法官的"公共理性"适用，"践行司法为民、推进司法民主"，"促进司法廉洁""提高司法公信力"；[③] 另一方面，它也可以让民意有效地参与到司法中来，让民众走出个人化的思维，将自己放在一个理想的法官或其他法院工

---

① 参见钱弘道：《司法透明指数研究报告》，2012年11月1日，第58—59页。

② Jurgen Habermas: Reconciliation Through the Public use of Reason: Remarks on John Rawls's Political Liberalism, The Journal of Philosophy, Vol. 92, No. 3 (Mar., 1995), p.124.

③ 参见《最高人民法院关于进一步加强民意沟通工作的意见》（法发〔2009〕20号），载《中华人民共和国最高人民法院网》，2010年2月24日，http://www.court.gov.cn/qwfb/sfwj/yj/201002/t20100224_1915.htm,2013年3月29日最后一次访问。

作人员等公共角色去看待社会，提升自己的公民能力和公民意识，合理地去发出自己作为一个公民的声音，履行自己的公民责任，并以言论和一切"所能够做到的"去保证和监督政府官员信守承诺，维护公共理性。

电子政府发展指数对公民社会公共理性的助推则主要体现在以下几个方面。第一，电子政府发展指数的评测，不仅让政府更加重视自身对公民的面向，本身也是政府和公民之间的一个沟通桥梁，它让公民有更多的机会了解政务信息，参与政府决策。公共理性是一种能力，这种能力的培养，不仅需要公民本身的教育程度等综合素养的配合，更加需要在实质性的参与中实践与提高。电子治理本身就是一个公众参与的民主化渠道。① 之前社会上的确是已经有不少公众参与的方式和渠道，比如重大事项的社会公示、重要草案的征求意见、各类听证会的举办，甚至包括基层自治团体像村民自治、居委会自治等，但是这些方式主要还是让公众基于自身的立场和经验向公部门表达自己的意见，是一个公众与政府两方进行协商的平台。公共理性的观念要求一般公民通过将自己设想为理想的政府官员和公共机关的候选人，选举并监督理想的人员维护公共理性的运行，来履行自己的公民责任和

---

① 治理活动中的公众参与有很多不同的层次，笔者在此暂且粗略地将其区分为三类：以民众为客体的治理，以民众为内容的治理，以及以民众为中心的治理。"以民众为客体的治理"是一种压制型的治理模式，在此民众是统治的对象；"以民众为内容的治理"是将民众视为治理活动的一部分或其中的一个考虑因素，它不排斥民众的意见，甚至也将大众的福祉作为治理的目标，但民众的想法只是众多因素的一环；"以民众为中心的治理"是一种以民众为中心的发展观，在这里，"民众不仅是发展的最终受益者，也是发展的推动力"，同时也是治理的最终决策者，政府的存在是为以公众为主体的治理而服务。部分参见 [印] 哈斯·曼德、默罕默德·阿斯夫：《善治：以民众为中心的治理》，国际行动援助中国办公室编译，知识产权出版社 2007 年版，第 67—70 页。

支持公共理性观念。而电子治理的评估实践则正是引领公民跳出自我的小角度，了解并参与当地的法治建设与公共治理，也让政府更直接和全面地回应公众的期待和需求；因此，它是要营造一个公众与政府形成合力，使双方互相靠拢，进而最终能站到同一个立场上去的渠道和平台。第二，电子政府发展指数中的"人力资本指数（HCI）"也是法治政府非常重要的软实力的体现。人力资本指数主要是对公民受教育程度的评测。教育带给公民的不仅是知识和技能，更重要的是思考能力、评判标准和价值观的养成。通过实践，促使政府和全社会更加重视教育，重视更高层次和更为普及的教育程度，就是重视公民的公共理性，也就是重视自身的法治建设。

表3　2007—2011 "余杭法治指数"群众满意度调查得分汇总表 ①

年份	1	2	3	4	5	6	7	8	9	10	总分
2011	64.30	65.00	69.70	66.80	67.00	63.20	66.40	67.00	71.50	70.60	67.15
2010	62.30	64.60	70.70	62.80	65.10	61.70	66.10	68.70	71.20	70.60	66.38
2009	64.52	68.52	73.71	65.24	66.83	68.05	69.03	67.85	72.40	71.92	68.79
2008	73.77	72.47	69.86	72.08	75.44	72.08	70.70	70.45	71.19	71.99	71.92
2007	76.4	76.4	78.4	77.8	86.8	71.4	74.6	74.4	76.4	76.96	76.96

---

① 这里的群众满意度调查是组织者通过网上民意调查、实地调查和发放调查问卷等社会调查方式，获取当地群众对与"法治余杭"建设密切相关的九项内容（1.党风廉政建设；2.法治政府认同度；3.司法公正；4.权利救济有效；5.民众尊崇法治；6.市场规范有序；7.监督力量健全；8.民主政治参与；9.社会平安和谐）的满意程度，分别对各项进行打分，其中第10项为受访者对余杭的法治总体情况的评分，然后经由分类统计，得出本年度群众对"法治余杭"建设给出的量化评价。

再回头看"余杭法治指数"历年的群众满意度调查结果（参见表3）。五年下来，余杭法治状况总的得分整体呈现了一个略略下降的态势，在2011年有一个微微的增长，同时，在各个单项中，对于其中几个主要针对党风、行政、司法等公部门的评价也都呈现出了类似的走势。应该肯定的是，余杭最近五年的法治建设和发展中，政府机关和公共部门还是一直在朝着良好的方向持续前行，哪怕是最最保守也可以说不会是一年不如一年，那么，与此同时，民众对余杭法治状况，尤其是对于政府机关和公共部门的平均打分大致上略微下调的量化呈现，很大程度上就反映出民众对于公权力机关的期待和标准正在逐年上升。这种期待和标准的提高会促使公权力机关自身进一步的反思和努力自不用说；更重要的是，它本身也体现了此一过程中民众公共理性的成长。法治指数的测定实践本身就是一个公共参与的民主化渠道。调查问卷涉及的广大调查对象，包括其后阶段的外部评审组的评审活动，"其本身就是一场大型的普法教育活动，使众多市民能有机会参与法治建设工作，了解本区法治建设工作的具体情况"。[1]有参与才有认识，有认识才有思考，有思考才有批判，有批判才有完善，法治评估的实践切实地将这些环节构成了一个有机的循环链，在这一循环链中助益着民众的公共理性，也推动着政府的公共理性观念。

四、中国法治实践学派提出的初衷和意义

中国法治实践学派的提出，是中国法治实践的产物，也是近年来中国法治道路上一股正在形成中的新兴力量。它提出的初衷是要着眼于世

---

[1]　钱弘道等：《法治评估的实验——余杭案例》，法律出版社2012年版，第257页。

界背景下的中国的法治发展，并以实践的方法来凝聚全社会的共同力量，"建设社会主义法治国家"。① 由此再进一步看，在转型期的多元的中国社会中，凝聚全社会力量共建法治的核心是什么？培育由"理性"走向"合理性"的公共理性观念就是一条重要和根本的思路。拉德布鲁赫曾把历史上的法根据时间顺序分为三种变迁类型，并认为："从极权国家到宪政国家的发展意味着在国家意志中吸收了人民的意志，意味着法重新失去了个性化，而走向趋同化。今天，立法已不再单单是建立在人民代表（制度）的基础上，而是建立在全民基础之上的。……故此，历史的进程是从无意识的共同意志，中经有意识的个人意志，再到有意识的作为立法者的共同意志。"② 宪政国家和法治社会的基础就在于"建立在全民基础之上的有意识的作为立法者的共同意志"，这种意志是以公共理性为依托的。一个法治社会只有经由公共理性观念的洗礼，才能从"个性化的个人意志"迈向"趋同化的全民基础之共同意志"。之所以用实践的方法来推动公共理性，是因为理论只有与实践结合才能产生现实的价值，③ 才能真正深入人心，才能在全社会各个层面滋养出民众

---

① 《中华人民共和国宪法修正案》（1999 年 3 月 15 日第九届全国人民代表大会第二次会议通过）第十三条："宪法第五条增加一款，作为第一条，规定：'中华人民共和国实行依法治国，建设社会主义法治国家。'"

② ［德］拉德布鲁赫：《法律智慧警句集》，舒国滢译，中国法制出版社 2001 年版，第 154 页。

③ 郑永流教授在一次讲演中曾说道，"中国面临最大的问题并不是'法治是什么'，而是'如何实现法治'。……自然科学是'知难行易'，法治问题却是'知易行难'，因此，应该强调'行'，强调实践。……中国正处于一个重大转型时期，任何制度设计都无法面面俱到，无法与现实完全契合，只有在实践中不断地反思、修正，才可能不断贴近完美地实现法治，而法治永远也不可能有最为完美的方案。"参见郑永流：《从规范法治观到实践法治观——从养路费案观察中国法治之道》，见《转型中国的实践法律观——法社会学论集》，中国法制出版社 2009 年版，第 267 页。

的公共意识。

在中国法治发展的进程中，有两个方面一直是努力的主线：一是如何克服"官本位"的思想惯性，制约与规范政府权力；二是如何培育一个理性、有活力的市民社会，提升公民的权利意识与社会责任。因为只有这两个方面做好了，并且相互之间形成良好的互动，才可能营造出一个真正和谐的社会。而这两个方面从根基上来看，都与"公共理性"的观念有着本质的密切联系；"中国法治实践学派"的兴起，恰如其分地回应与践行了"公共理性"的观念，是今天中国社会"公共理性"的一个助推力量。

2006 年，"余杭法治指数"的研究正式启动，从 2008 年首个"余杭法治指数"的公布到今天，这一法治量化评估体系迄今为止已经不间断地实际运作了五个年头，并仍将不断地进行完善与成熟。①2012 年，湖州市吴兴区法院司法透明指数以及杭州市电子政府发展指数相继发布，这标志着中国法治实践学派正在逐渐地形成。这几个指数化的实践，虽然评估的对象有所不同，但是有一点是一以贯之的，那就是它们所关切的都是中国目前的法治现实，它们所努力的都是想要寻求中国法治发展实实在在的新的增长点。当然，以上只是在已有的中国法治实践中选取的几个例子而已，类似的实践在全国还有许多——比如，中国社会科学院的法治指数实验室于 2011 年 4 月启动"中国司法透明度"② 的国情调研项目，对全国 26 个省、直辖市高级法院和 43 个较大的市中级

---

① 参见钱弘道：《中国法治指数报告（2007—2011 年）——余杭的实验》，中国社会科学出版社 2012 年版。

② 参见王小梅、田禾、吕滨：《中国司法透明指数报告（2011）：2011 年司法公开工作回顾与 2012 年工作展望》，中国社会科学网，2012 年 6 月 22 日，http://www.cssn.cn/news/499631.htm，2013 年 3 月 29 日最后一次访问。

法院通过法院网站公开司法信息的情况进行测评；北京大学公众参与研究与支持中心已连续几年进行的"中国行政透明度观察"；① 浙江省温州市金融综合改革的实验以及 2012 年年底作为温州民间融资利率风向标的"温州指数"的发布；② 等等。"概而言之，中国法治实践学派的特点是：它的背景是中国的，它的内容是法治的，它的视野是国际的，它的方法是实践的。"③

如果说公共理性的不完备是中国历史和现实呈现出的根本"病症"，那么，中国法治实践学派所做的种种努力和指向的方向就是现阶段治疗这一"社会病症"较为直接和具针对性的方法。中华民族是一个以自给自足的小农经济为主要生存方式的大陆性民族，在清末以前相对封闭，有着自己非常独特的民族特性。应当说，中国历史对于当下社会的影响因素几乎超过世界上任何一个国家。中国古代是一个"礼治社会"，身份等级观念极重；人与人之间的关系基本是依附与被依附的关系，社会关系狭隘、社会流动性差、主体意识淡薄。这种身份社会、封建人治的传统就导致了百姓对国家、社会的心态非常被动。"一切历史都是当代史"，这句话不仅建立在自我反思的意义上，也同时建立在生活经验连续性的意义上。改革开放时期以来的社会转

① 参见北京大学公共参与研究与支持中心：《中国行政透明度观察报告（2011—2012）》，法律出版社 2013 年版，第 3—41 页。

② 参见"温州市金融综合改革实验区实施方案新闻通报会"，"中国温州"政府门户网站，2012 年 11 月 23 日，http://www.wenzhou.gov.cn/art/2012/11/23/art_7282_245881.html,2013 年 3 月 29 日最后一次访问；以及"'温州指数'今天向社会首次发布"，"中国温州"政府门户网站，2012 年 12 月 7 日，http://www.wenzhou.gov.cn/art/2012/12/7/art_3598_247549.html,2013 年 3 月 29 日最后一次访问。

③ 钱弘道：《中国法治实践学派正在形成》，载《中国社会科学报》2013 年 2 月 6 日（总第 414 期）。

型，虽然唤起了民众的主体意识，但是却没有唤起民众足够的公共意识。人们虽然从对权力的盲从转向自身的独立存在价值，但同时也在转轨的过程中，将自我膨胀化，过分关注于自我的小圈子，一切以自我的私利为出发点：人们从"蒙昧"走到"理性"，但却没有从"理性"步入"合理性"。

中国的法治建设到了今天毫无疑问已经取得了相当的进展，尤其是党的十一届三中全会之后。从"法制"到"法治"，虽一字之差，但已付出了相当的努力。服务型政府的创建，司法的公开化趋势，执政党的自身建设与反腐、透明的努力，公民意识的持续成长，法律体系的不断完备和成熟，这些都是建设社会主义法治国家的阶段性成果，也是中国法治实践学派能够兴起的历史和现实条件。中国法治实践学派的兴起，是根植于中国的历史和现实的产物，是对中国法治发展道路上已有的理论与实践的反馈；而它的形成，也将反过来促进公共理性观念的形成，推动中国法治道路上升到一个新的发展阶段，构建真正的法治社会。

"中国梦"是所有中国人的梦想，也是植根于整个中华大地和华人社会的梦想。这绝对不可能是十几亿华夏儿女"同床异梦"所能成就的，中国梦不是极端的集体主义想象，也不能是极端的个人主义想象；如果每个人都只关心自己的梦想，自己的利益，不仅中国梦不会实现，即使现在所拥有的也很可能只是暂时的。没有公共理性观念就没有真正的法治社会；没有公共理性观念，中国梦就是一个个相互割裂的碎梦。W. M. Sibley 在《理性的与合理性的》说，对于一个理性的人，我们不知道他要的目标是什么，我们只知道他会运用理智去追求它们；对于一个关心他人而合理行动的人，我们可以推得，他会以一种普遍推理的原则来支配自己的行动，并且他会考虑自身行动对他人的影响。①"公共理性"就是这样一种使政府和公民的"理性"走向公共的"合理性"的思维方式。公共理性指涉的是基于公共领域的理性，这里的"公共"，指的并不完全是与私人领域相对的公领域，而更多的是指整个社会的根本政治正义问题。"公共理性观念建立了一种公民和权力机关应要遵守的关于重要公共议题的公共推理方式，而这种方式与归属于社会文化背景的教会、大学等其他团体的非公共推理方式截然不同。"②罗尔斯想用"公共"二字强调的是它对社会的根本性，而不在人数的多寡；自然，公共理性要处理的必然是关乎社会中复数主体的关系，但并不是说所有复数主体的关系都涉及到公共理性。所以，公共理性观念的适用，应该着眼的不是场所或范围，而是对象本身的性质；不是"在哪里"或"包含什么"，而是"是什么"。所以，公共理性观念并不是拒斥个人利益，"正义的自由理念区分'合理的'与'理性的'，并且存在于利他主义与利己主义之间"，③这两者"之间"的区域就是公共理性必须存在的地方。

同时，要充分和妥善理解公共理性观念，有两个词是必须了解的：一是宽容（toleration），一是互惠准则（criterion of reciprocity）。这两个词同样是今天高度市场经济下的社会需要寻回的。"宽容"这个词在罗尔斯的著作中前后有三个不同的理解角度，其中与公共理性观念实质关系最紧密的一种理解，即从政治的角度，在合理多元主义的事实（the

---

① See W. M. Sibley: The Rational Versus the Reasonable, The Philosophical Review, Vol. 62, No. 4 (Oct., 1953), p.560.

② Rachael Patterson: Reviewing Public Reason: A Critique of Rawls' Political Liberalism and the Idea of Public Reason, 9 Deakin L. Rev. 716, 2004, p.718.

③ John Rawls: The Law of Peoples; with *"The Idea of Public Reason Revisited"*, Cambridge, Massachusetts: Harvard University Press, 2001, p.18.

fact of reasonable pluralism）背景下来理解宽容。① 这种宽容要面对的是自由而平等公民构成的社会里所存在的各种合理学说的分歧，从中获致一个公正、稳定社会所需要的重叠共识（overlapping consensus）。而"互惠准则"体现出的则是一种更为易地而处的关怀。简单地说，它要求每个公民"互相视对方为代际社会合作体系中的自由平等公民"，他们希望据以行事的合理政治正义理念应当符合以下条件，即"我们真诚地相信，我们为我们的政治行动——假使我们作为政府官员而陈述——提供的理由是充足的"，并且，"我们同样合理地认为，其他公民亦会同样合理地接受这些理由"。② 在某种程度上，这两个关键词所蕴含的主旨是自始的与融贯的：宽容与互惠其实是一个尊重到接受再到设身处地的平等、谦抑甚至关怀之过程，它们所要求和体现的是公民对他人、对社会的此类能力和态度。

公共理性观念及其两个关键词的强调，对于当下社会，不是一种理性主义的精神追求，而是不得不行之的现实要求。公共理性必然体现为社会的合力。政府与公民的政治平等与社会合力是公共理性观念的题中

---

① "宽容"一词的另两种理解角度分别是在一种宗教学说等非纯政治性（not purely political）的角度，比如，"在赞成宪政民主体制上，宗教学说会说那是上帝为我们自由的设限；非宗教学说则会以其他方式表达自身"，参见 John Rawls: *Political Liberalism* (*expanded ed.*), New York: Columbia University Press, 2005, pp.460-461；以及在万民法(the law of peoples) 的角度，描述自由人民对非自由人民的宽容。这种宽容不仅"意味着抑制实施政治制裁——军事、经济或外交制裁——以使人民改变其行为方式"，同时也"意味着肯认这些非自由社会为人民社会的资质完备的平等参与成员，他们有特定的权利与责任，包括公民义务要求他们为其他人民提供适于人民社会公共理性的行为"，参见 John Rawls: *The Law of Peoples; with "The Idea of Public Reason Revisited"*, Cambridge, Massachusetts: Harvard University Press, 2001, p.59。

② John Rawls: *Political Liberalism* (expanded ed.), New York: Columbia University Press, 2005, p.446.

之义。合力的形成需要桥梁，公共理性的提升需要实践。"中国的法治模式迄今为止是一种政府主导的模式，这是一个不言而喻的事实情况。但是，是否能够将这种实然模式上升为一种应然模式呢？""法治的过程里面有两个基本的因素：公权力和私权利。公权力和私权利相互博弈的过程就是法治的发展过程，二者相互博弈，相互制衡，达到一种均衡状态，这就是法治的理想状态。公权大大超过私权，或私权大大超过公权，都不是法治的理想状态。"① 法治过程中的两个基本因素成就了三对基本关系：公权力与私权利之间的关系，公权力与公权力之间的关系，以及私权利与私权利之间的关系。这三对关系协调和均衡，都离不开公共理性观念的切实运用。而对于中国国情，在公权力实际占据主导地位的情形下，就更加需要重视公民社会的力量。

从法治实践的若干例证可以看到，法治过程的两个基本因素（公权与私权），迄今为止一系列中国法治实践学派在方法论上的重要维度(以学派的中间力量连结公权力机关与公民社会)，以及公共理性的两方面主体及其导出的两种标准(作为自我评估的标准与作为政治评判的标准)都是相互辅佐与印证的。法治道路的两种实现路径在现实中是不可能截然分开的，它们连结的必然性就在于公共理性适用主体中两个部分的交织性。一个政府官员具有公共理性的社会，其一般公民必然具有公共理性；一个一般民众具有公共理性的社会，其政府官员也必将适用公共理性；民众的公共理性是政府官员公共理性的源泉，同时也其驱动和监督的力量；两者同为法治进程中相辅相成、缺一不可的推动因素。而中国

---

① 钱弘道主编：《中国法治增长点——学者和官员畅谈录》，中国社会科学出版社2012 年版，第 323 页。

法治实践学派的努力，其目的就是要通过实践导向的研究以及实践活动本身，连结这两个部分之间的沟通，成就与这两个部分的合力，培育在中国土壤上的公共理性，找到适合中国国情的法治发展道路和模式。①

要特别指出的，在当下中国，民间组织对于法治发展也是一股非常有益且必不可少的力量。民间组织是公民社会的组织化形式；在公民社会的发展还不成熟的时候，民间组织是一个很好的培育权利意识、社会责任和理性公民的平台。在现代民间组织内，公民的各种个人观点可以自由表达出来，经过碰撞、辩论，由民间组织内部过滤掉极端观点，达成某种共识。②经过这样一个过程，公民逐渐学会了理性思考，培养了理性与合作精神，增进公众的政治认同；使之学会适应公共生活，提高参与的技巧，积累参与的经验，发展参与的能力，在参与中提高公民素质。公共理性的培育需要人们从分化走向团结，从"小我"走向"大我"，而一个良好的团体形式，会有助于拓展人们的立场，看到相互之间的连结性，寻求一种互利共赢的局面。学派已有的实践同样也看到这一法治社会"公共理性"的重要角度。以近五年余杭区内相关的数据资料为缩影来窥探（参见表4），可以发现，居委会选举的参与度以及公民参加各类党派和社团的比率都在逐年提升。公民有越来越多的意愿与行动来参与民间组织，这本身就是公共理性观念的一个强有力的印证！

---

① 在中国近年来兴起的法治评估运动中，其特点就是"政府和公民形成合力推动社会'善治'的发展。具体可参见钱弘道、戈含锋、王朝霞、刘大伟：《法治评估及其中国应用》，载《中国社会科学》2012年第4期（总第196期）。

② 要注意的是，这种共识的达成，不是消极、被动的力量对比的结果或披上伪装的有条件的投降，而是综合对立的势力，并把各个观点中的精彩部分以不完整形式保留下来，因此，它的过程是积极的，也是合理性的。参见［美］卡尔·科恩：《论民主》，聂崇信等译，商务印书馆1994年版，第186页。

罗尔斯在他 1997 年的《再访公共理性观念》(The Idea of Public Reason Revisited)中开篇即说,"公共理性的观念在我的理解中是属于一个良序的宪政民主社会(well-ordered constitutional democratic society)的理念"。① 所以,公共理性是一种思维方式,更是一种治理理念。而这种治理理念在现阶段是与法治相适应的,两者的共通基础就在于社会的根本——公民。无论法治社会还是公共理性,最终的主体还是人民,公民参与是法治的本源,也是法治社会的正当性所在。

表4　2007—2011 余杭区与民主政治完善相关的数据汇总表

历年数据	2007	2008	2009	2010	2011	数据来源
居民参加居委会选举的比率	84.9%	未选举	88.5%	90%	98%	民政局(区)
公民参加各类社团的数量	146 个社团, 140405 人次	161 个社团, 142037 人次	215 个社团, 156349 人次	218 个社团, 158003 人次	224 个社团, 170271 人次	统战部民政局

"善治的实质在于政府与公民的良好合作,但这种合作并不总是直接的,相反常常需要一个中介组织的协调",② 法治实践学派就正好扮演了这样一个搭桥牵线的角色。已经进入"改革深水区"的中国,法治的建设同样有着需要突破的瓶颈。要成就中国特色的法治模式,首先就要面对中国历史和现实最显明和最根本的"病症"——亟待加强的"公共理性"。这一病症是过去长久的实践留下的,也是当下特殊转型期的实

---

① John Rawls:*Political Liberalism*(expanded ed.), New York: Columbia University Press, 2005, p.440.

② 俞可平:《增量民主与善治》,社会科学文献出版社 2005 年版,第 210 页。

践带来的，所以，要想"治愈"它也必须再次用对应的实践来攻坚；因为，用理论来改变社会的力量是间接和缓慢的，而用实践来改变社会的能力是直接和切实的。同时，中国特色的法治模式也需要面对中国的传统和现实的其他一些特殊之处，中国法治的发展模式亦有许多无从直接借鉴的地方，所以寻找中国特色的法治发展模式亦必然要在实践中进行"试错"。"公共理性"是一个转型社会的和谐剂，也是一个现代多元社会的必需品；推进中国的法治发展，需要整个社会的合力，而形成这股合力的基础就是公共理性。中国法治实践学派并不是排斥理论；中国法治实践学派的"实践"是以实践为导向的研究，是以中国现实为基础的研究，更是与实践相结合的研究。

五、余　论

2013 年 3 月 17 日，李克强总理在首场记者会上曾就"改革"这一主题说道，"触动利益往往比触及灵魂还难"。① 利益就是"理性"的表现。为什么今天的中国触动利益会比触及灵魂还难？其实根本的原因就在于"公共理性"观念的缺失，在于社会的思维方式没能完全实现"合理性"的跨越。在合作化、社会化的现代文明国家，没有一个人的利益是可以仅仅依靠自身而创造的，也没有一种"只知索取、不愿付出"的利益是可以长久永续的。"合理性"并不完全是"反理性"的，而是"将理性公共化"，它其实是在以一种长远的方式维持"理性"的存在。一

---

① 参见《李克强：触动利益比触及灵魂还难　水再深也得蹚》，中国网，2013 年 3 月 17 日，http://news.china.com.cn/2013lianghui/2013-03/17/content_28269291.htm，2013 年 3 月 29 日最后一次访问。

个社会的稳定存续需要一些基本的政治正义原则来奠基和保障，而公共理性就是这些原则最合理、可行的实现途径。触动利益的困难在于永远站在自我的点上，用一种完全静态的视角看待利益，但是，利益是会流动的，"宽容"与"互惠准则"某种程度上收益的不是他人，而是潜在的自己。触动利益是维持利益的对立吗？今天中国的法治发展道路上最需要的是什么？也许公共理性观念和中国法治实践学派的努力可以带给我们一些启示。

| 后　记

本文原载《浙江大学学报》（人文社会科学版）2013 年第 5 期。中国法治实践学派究竟有何意义？中国法治实践学派倡导"实践"，实际上是在倡导通过法治实践培育公共理性。本文由我与博士生王梦宇合作完成。

法治精神形成六论

  长期以来，中国社会缺少法治信仰。一个不争的事实是，人治思想依旧盛行不衰，潜规则左右着人们的思想和行为，关系和人情成为中国社会的特色。中国靠什么纾解人治思想和潜规则之困？答案是：法治精神。法治必须被信仰。一个民族法治精神的树立，同时就意味着法治得到普遍信仰。根据中共中央、国务院的《法治政府建设实施纲要(2015—2020年)》，到2020年基本建成法治政府。这个目标的实现必须具备这样一个条件：中国社会普遍树立起法治精神。如果法治精神未能在中国社会基本形成，那就不能说法治政府基本建成。然而，在一个缺乏法治精神传统的社会，要让法治精神变成一种民族精神的组成部分，困难重重。也正因如此，中国法治实践学派从概念提出伊始，就特别强调要不遗余力地传播法治精神，并把它作为义不容辞的责任。

  法治精神的培育是全面深入推进依法治国战略中重大而迫切的任务。中共中央十八届四中全会《法治决定》指出："法律的权威源自人民的内心拥护和真诚信仰。"《法治决定》强调"必须弘扬社会主义法治精神，建设社会主义法治文化，增强全社会厉行法治的积极性和主动性，形成守法光荣、违法可耻的社会氛围，使全体人民都成为社会主义法治的忠实崇尚者、自觉遵守者、坚定捍卫者。"法治精神不是抽象的，它可以通过各种具体形式表现出来，但大体上可以概括为两方面：一方面，政府官员清楚在法律框架内自己可以行使的权力范围，当具体行使权力的时候，应当首先想到用法律方式解决问题，并且相信通过法律途径是解决问题的最好方法；另一方面，民众遇到问题的时候，也同样相信通过法律途径是最可行的解决方法，即便通过法律途径产生了与预期相悖的结果，甚至是明显错误的时候，仍然相信法律，仍然会继续努力通过法律渠道解决问题。

法治精神在全社会的形成需要条件。一方面，我们要认真考察西方社会法治精神的形成过程，借鉴其中有益的经验；另一方面，我们要根据中国社会自身独特的特征，紧密结合中国的实际，创造法治精神所需要的条件。

一、本体论：法治思想的启蒙

中国法治精神形成需要经历以"法治"为内容的思想启蒙。笔者这里所说的"启蒙"不仅仅是一般意义上的普法教育，而是在思想解放意义上的启蒙。中国进行了多年有计划的全国性的普法教育，在法治精神的培育上产生了一定的积极作用，但为什么没有产生根本性的作用？因为常规的普法，对一个缺乏法治精神传统的中国社会来说，还是杯水车薪，隔靴搔痒，何况许多普法宣传活动仍停留于形式主义。对于中华民族这样一个持续数千年的超稳定社会结构来说，缺乏在根本层面发挥作用的法治启蒙，法治精神很难成为民族的精神。

法治精神替代潜规则的过程是观念革命的过程，是思想启蒙的过程。一切文本意义上的制度，如果不能被激活，那只能躺在纸面上。在中国，宪法就需要首先被激活。法治精神不能停留在法律文本里，不能停留于法治口号中，而是必须植根于人们的心灵深处。在人治传统根深蒂固的中国，法治尤其需要启蒙，否则人治传统很难让位于法治精神。中国法治的目标既是制度的，也是意识的。中国法治精神的形成过程实际上是"观念上的革命"①，观念的革命需要的正是启蒙运动。只有经过法治启蒙，法治精神才可能成为社会的主导精神。没有一种真正意义上的法治启蒙运动，法治精神很难取代潜规则，法治中国梦的实现就会变得遥远。历史经验表明，观念的革命和精神结构的改造通常都需要思想解放意义上的启蒙运动。

在西方，法治精神的裂变正是发生在启蒙运动那个时代。在 17 世纪至 18 世纪之间，在欧洲发生的启蒙运动是思想文化解放的最典型例子。它与理性主义思潮等一起对现代政治法律文化的诞生、法治精神的形成发挥了巨大作用。启蒙运动对西方社会进行了一场伟大的洗礼，各个知识领域，如自然科学、哲学、伦理学、政治学、经济学、历史学、文学、教育学等都被启蒙运动精神渗透。美国独立战争、法国大革命都源于启蒙运动，乃至资本主义和社会主义的兴起都源于启蒙运动。战争和革命之后确立起来的《美国宪法》《权利法案》和《人权宣言》成为西方法治精神的标志性文件。启蒙运动从根本上打造了西方近现代意义上的法治精神。反对专制王权、贵族特权、等级制度和愚昧迷信，提倡

---

① 钱弘道：《西方法治精神和中国法治之路》，载《中外法学》1995 年第 6 期。

政治民主、权利平等、个人自由和科学精神是欧洲启蒙运动的内容，表现形式是哲学、法学、戏剧、小说等作品，"理性"是启蒙运动的核心。

启蒙运动塑造了西方社会的权利精神和契约精神。法学是关于权利的学问，法律是关于权利配置的制度，法治是权利保护的方式，契约精神是权利精神的另一种表达。契约是权利的表现方式，权利实施的过程就是权利交换的过程，市场上一切在契约精神指引下交换的是权利。科斯说："市场中交易的不是经济学家通常认为的有形实体，而是为特定行为的权利。"[①] 契约精神，既表现在经济领域，也表现在政治社会领域。经济领域的契约精神和政治社会领域的契约精神的有机组合才是法治国家、法治政府、法治社会的真正基础。西方社会的社会契约理论正是法治的奠基石。卢梭的《社会契约论》是社会契约理论最有代表性的著作。正是《社会契约论》，成为法国大革命的福音书，并推动了美国革命。契约精神就是通过启蒙运动而深入人心的。没有启蒙运动，西方法治精神的形成就失去了条件，失去了一次最重大的洗礼。[②]

英美等普通法系学者一般认为，是洛克的"政府契约"理论为近代法治理论奠定了基础，使得社会能够较为平和地过渡到现代社会，而不必经历血腥革命。然而，普通法传统并不是当时每个国家都具备的历史条件。在近代化过程中，各国都需要按照自己国家的实际情况，选择自己的启蒙方式。所以可以说，是身处欧洲大陆而且集权化程度更高的法国选择了卢梭。在当时的法国，大多数流行出版物还都是宗教类读物，而且人均占有

---

① Daniel H. Cole & Peter Z. Grossman, *Principles of Law and Economics*, pp.4-5, 2005 by Person Education, Inc., Upper Saddle River, New Jersey 07458.

② 参阅钱弘道：《英美法讲座》序言："契约精神"，清华大学出版社 2004 年版，第 13—22 页。

图书量非常有限。但就是在这种情况下，卢梭的著作却几乎成了那个时代识字人群人手一本的必备读物。虽然一些学者认为卢梭的"社会契约"理论对西方传统的法统和法权造成了很大的破坏，成为近代无政府主义和社会主义的理论先声。但是，这些影响是否是卢梭当时所能预见到的，或者说卢梭是否希望自己的作品产生这样的效果却是我们无法获知的。无论在大革命中造成了怎样的血腥和混乱，自由、民主和人权等基本概念正是被卢梭引入了大众的视野，逐渐成为社会意识层面上的价值尺度。卢梭著作的这种作用是无法估量的。我们不能像普通法系学者那样只看到卢梭的破坏作用，而忽视了法国当时的特殊情况，更不能抹杀卢梭为法治所作出的贡献。更为重要的是，洛克和卢梭之争应该使我们认识到，法治启蒙者或者启蒙运动的推动者们应当注重本国的客观历史特点，选择与本国相适应的法治启蒙道路，而不能照搬他国模式。①

中国的法治启蒙与英法两国的启蒙明显不同。这种不同首先就体现在了中国独特的近现代化过程之中。在中国，"五四运动"是典型的思想解放运动，是具有里程碑式的启蒙运动。"五四运动"的旗帜是"民主"和"科学"，体现的是"彻底地、不妥协地反帝反封建的爱国精神"。②在"五四运动"中，一大批知识分子脱颖而出，成为改造中国的精英，为中国的思想解放作出了不可磨灭的贡献。"五四运动"冲破了禁锢中

①　关于卢梭的政治法律思想，可参阅笔者《为卢梭申辩》一书，法律出版社 1999 年版。

②　有的学者并不赞同"五四运动"的精神是"民主"和"科学"。如英国学者玛格丽特·麦克米兰（Margaret Macmillan）研究"巴黎和会"的专著 *Peacemakers: Six Months That Changed the World*（汉译名《大国的博弈：改变世界的一百八十天》），其中专门谈到中国及发生在中国的"五四运动"。她说："5 月 4 日是中国民族主义发展的里程碑，它代表了知识界动乱的整个阶段，但更重要的是，它标志着中国知识分子开始抵制西方。1919 年之前，他们寻求西方民主和自由主义，通常是因为他们找不到别的范例。"

国人的封建专制主义牢笼，对中国社会的变革产生了巨大影响。它对中国共产党的建立和发展起到了重要的作用。即便到今天，中国社会仍然深受"五四运动"影响。

中国改革开放的成就是伴随着思想解放取得的。没有思想解放，一切成就都难以谈起。1978 年以来，中国破除领袖的个人崇拜、突破凡事都问姓"社"姓"资"的禁锢、冲破姓"公"姓"私"的争论，这些都是重大的思想解放。思想解放为中国注入了新鲜的血液，中国因此焕发出蓬勃的生命力，中国因此创造了经济奇迹，中国因此重塑了大国形象。

全面推进依法治国，本质上是重大的政治改革，是中国社会的大改造，目标是用法治代替人治。用法治代替人治，不是一般意义上的制度修补，而是对治理体系和能力的根本变革，是中国社会精神层面、思想意义上的革命。因此中国必须经历启蒙意义上的法治精神洗礼。问题是，中国当今社会是否可能经历一场法治启蒙运动？

一般而言，重大的思想解放运动都处于新旧制度或体制交替的转折点，首先出现了社会变革的条件。文艺复兴、启蒙运动、"五四运动"、改革开放后的思想解放都是特定的历史条件促成的。当前中国是否存在法治启蒙的条件？实际上，中国的法治革命肇始于中共十一届三中全会，后来的从计划经济转向市场经济成为法治启蒙最大的历史条件。改革促成了意识形态发生重大变化，促成了新思想的形成，促成了顶层设计的重大选择。1999 年《宪法修正案》的法治入宪和 2014 年中共中央出台《治国决定》成为法治进程中的标志性事件，具有里程碑意义。以全面建成小康社会、全面深化改革、全面推进依法治国、全面从严治党为内容的"四个全面"战略部署成为中国法治启蒙的新的巨大契机。可以说，中国已经具备法治启蒙的条件；甚至可以说，中国法治启蒙运动已经开始。中国的法治启蒙运动时间跨度相对较长，它更多地依赖于渐变的积累，而不是突变性的事件。在这种背景下，我们要回答的问题是，在中国的历史条件下，由国家和政府主导的法治启蒙运动应当如何进行？在这个过程中，法学学者又应当作出怎样的贡献？

二、动力论：法学学派的形成

法学家群体是推动法治精神形成的强大动力，中国法治精神的形成条件在学术上表现为法学学派的出现。法治精神的形成，必须以理论为基础，以理论为先声。法治精神也是理论的一种表现形式。

启蒙运动的成就之一就是孕育了一个在世界上占主导地位的法学学派——自然法学派。正是以自然法学派为代表的学术流派的形成，才使得西方法治理论、西方法治精神形成一个系统；换言之，启蒙运动、契约精神的弘扬、自然法学派的产生、现代法律体系的构建、西方法治理论和法治精神的形成，是一个合乎历史逻辑和社会实践的有机整体。

一个法学理论薄弱的社会是不可能盛行法治精神的。单维度的形式主义普法难以完成形成法治精神的历史使命。要完成这样一个艰巨的任务，需要一个条件，即法学研究的繁荣和理论的重大发展。学派形成就是理论发展和成熟的标志。因为"学派，是基于研究主体、研究对象、研究方法、研究旨趣等要素而形成的一个相对稳定的学术群体，是特定时期特定领域之学术思想和理论体系的杰出代表。"① 那么，中国是否可

---

① 钱弘道：《中国法治实践学派的兴起与使命》，载《浙江大学学报》（人文社会科学版）2013 年第 5 期。

能形成法学流派？

如前所述，中国客观上正在进行一场历时相对持久的法治启蒙运动。法治启蒙运动的一个伴生现象就是学派的形成。伴随这样一个法治启蒙运动，契约精神得以弘扬，法治实践不断深入推进，中国特色的社会主义法治理论得以形成，中国法学学派得以产生，法治精神得以最终成为社会的主流精神。法治于是被信仰。

"中国法治实践学派"概念 ① 的提出，实际上就暗含着上述逻辑。中国法治实践学派概念是笔者在 2012 年提出来的。这个学术概念的提出既是笔者主持法治指数、司法透明指数、电子政府发展指数等具有创新意义的实验总结，也是认真考察中国法治实践和理论发展后作出的结论。客观上，在中国，随着法治实践的步步推进，法学界出现了一大批学者陆续从抽象研究的范式转向注重实践的研究范式，从规范研究转向实证研究，并且正在形成具有相同研究内容、方法和旨趣的群体。公丕祥教授认为："以关注法治实践经验、强化法治实证研究为主要特征的法

---

① 参见钱弘道：《中国法治实践学派正在形成》，载《中国社会科学报》2013 年 2 月 6 日；钱弘道：《中国法治实践学派的兴起与使命》，载《浙江大学学报》（人文社会科学版）2013 年第 5 期；钱弘道：《中国法治实践学派及其界定》，载《浙江大学学报》（人文社会科学版）2014 年第 5 期；李步云：《法治实践学派的哲学基础是马克思主义》，载《中国社会科学报》2013 年 7 月 24 日；武树臣：《法治实践呼唤法治实践学派》，载《中国社会科学报》2013 年 7 月 24 日；邱本、徐博峰：《中国法治发展道路与中国法治实践学派》，载《浙江大学学报》（人文社会科学版）2013 年第 5 期；武树臣、武建敏：《中国传统法学实践风格的理论诠释——兼及中国法治实践学派的孕育》，载《浙江大学学报》（人文社会科学版）2013 年第 5 期；钱弘道：《中国法治实践学派的界定》，载《浙江大学学报》2014 年第 5 期"中国法治实践学派及其理论研究"专栏，2015 年第 1 期《中国社会科学文摘》转载；钱弘道、崔鹤：《中国法学实证研究客观性难题求解——韦伯社会科学方法论的启示》，载《新华文摘》2015 年第 2 期。

公丕祥：《中国法治实践学派正在茁壮成长》，载钱弘道主编：《中国法治实践学派》第三卷，法律出版社 2016 年版，第 317 页。

治实践主义研究路径，显示出崭新的研究气象，广泛而深刻地影响着中国法学与法治研究乃至社会科学领域。一个植根于中国法治实践土壤之中，具有深厚的理论基础和宽广的全球愿景的中国法治实践学派正在茁壮成长。"① 公丕祥教授的观点准确地描述了中国法治实践学派正在形成中的趋势。

中国法治实践学派是以中国法治为研究对象，以探寻中国法治发展道路为目标，以创新中国法治规范体系和法治中国理论体系为具体任务，以实践、实证、实验为研究方法，注重实际、实效，具有中国特色、中国风格、中国气派的学术流派。张文显教授认为："中国法治实践学派是对法治中国伟大实践的理论回应，它以中国法治为问题导向，以实践哲学为理论基础，倡导实践主义精神和实学精神。它实际上反映了中国法学研究的一种走向。"② 张文显教授对中国法治实践学派的评价是客观的，概括是精炼的。伟大的中国法治建设，法治中国理论建设，中国法学流派的谋建，契约精神的弘扬，法治精神的启蒙，是一个不可缺一的逻辑整体。法治启蒙不是纯粹的哲理思辨，而是紧扣中国实际、深入中国法治实践的具体行动。中国法治实践学派倡导实践主义、行动主义，法治精神只有通过具体的实践和行动才能得到真正培育。

中国法治实践学派这个概念被提出后，在国内外很快形成影响，并且得到了一大批学者的鼎力支持。李步云教授认为："法治实践学派最根本的特点在'实践'二字。它的一些标志性活动，如测评法治指数、

① 公丕祥：《中国法治实践学派正在茁壮成长》，载钱弘道主编：《中国法治实践学派》第三卷，法律出版社 2016 年版，第 317 页。

② 张文显：《中国法治实践学派：一个成长中的学派》，载《光明日报》2016 年 10 月 24 日。

司法透明指数、电子政府发展指数，都是从一个市、一个省的法治现实中分析和归纳出来，其评估活动又紧紧服务于当地的法治建设实践。它提炼出来的一些理论见解和改革建议，都是来自实践又指导实践。对我国法治中国建设的顶层设计亦应作如是观，即必须从中国的政治、经济、社会、文化出发，从中国的法治实践出发，来提出具有鲜明中国特色的理论、理念与制度安排。"① 张文显教授认为："这些年，特别是党的十八届四中全会提出了建设中国特色社会主义法治体系以后，我们才从法律转向了法治，从规则转向了更广泛的实践。中国法治实践学派可以说是这种转向的学术概括和提炼，非常及时。它更重要的意义是从学派角度提出一种方向，树立一面旗帜，倡导一种精神，这样就更能凝聚力量，为全面推进依法治国的伟大实践提供理论支撑。"② 公丕祥教授认为："当下中国正在茁壮成长的法治实践学派，植根于中国大地上生机勃勃的法治实践土壤之中，蕴涵着深厚的法理基础。这一法治实践主义的学术研究取向，鲜明表达了当代中国区域法治实践的法理逻辑，正在构成一种独具特质的法治中国进程中的区域法治发展的理论阐释系统。"③ 近年来，浙江、江苏、河北、西南等地先后建立中国法治实践学派研究基地，法律出版社每年出版《中国法治实践学派》，《浙江大学学报》（人文社会科学版）每年不定期推出"中国法治实践学派"专栏，围绕中国法治实践学派的讨论不断举行；更为重要的是，各项法治改革

---

① 李步云：《法治实践学派的哲学基础是马克思主义》，载《中国社会科学报》2013 年 7 月 24 日。

② 张文显：《中国法治实践学派：一个成长中的学派》，载《光明日报》2016 年 10 月 24 日。

③ 公丕祥：《中国法治实践学派正在茁壮成长》，载钱弘道主编：《中国法治实践学派》第三卷，法律出版社 2016 年版，第 317 页。

在实践中陆续推进，法学研究问题导向比以往任何一个时候更加突出，一批注重实际、注重实效的学术成果陆续问世，法学研究发展出现良好态势。种种迹象表明，中国法治实践学派已经成为中国法学界的一个重大学术动向。虽然，学派的形成不是短时间就能完成的，但中国法治实践和启蒙运动为形成学派创造了基本条件。

三、对象论：培育领导干部法治思维

法治的核心目标是限制公权力，因此中国法治精神形成的一个标志是领导干部群体的法治思维普遍形成，官员运用法治思维、法治方式成为自觉，因此，领导干部是法治精神培育的核心对象。那么，中国官员群体是否可能普遍形成法治思维？促使官员法治思维形成的条件如何创造？这恐怕是人们最担忧的问题。

我们必须正视严峻的现实。"改革开放以来，中国经济的发展一直是政府和市场博弈的过程。权力进入市场，参与市场交易，形成权力经济，即'权力＋市场'的经济模式。权力成为官员手中的资本，与金钱一起共同垄断大量资源和财富。"[①] 客观上，中国官场已经形成权力买卖市场，权力已经成为高度垄断性的"商品"，权力买卖已经成为官场的一种政治生态，用金钱购买权力成为一些官员不得不接受的潜规则。长期以来，跑官要官、拉票贿选、买官卖官等不正之风屡禁不止，组织人事制度被扭曲，钻营小人得到重用，优秀人才无用武之地，干部怨恨，群众不满，严重损害中国共产党的威信，严重败坏社会风气，严重损害

---

① 钱弘道：《从权利规律看权力制衡》，载《中国法律评论》2014 年第 4 期。

党和国家事业的健康发展。[①] 我们常常说，中国法治建设的一个特点是政府主导。政府主导，某种意义上讲，是官员主导，因为政府的权力是依赖官员去行使的。我们现在要求官员在工作中充分运用法治思维，充分表现法治能力，但官员满脑子潜规则，又怎能自觉运用法治思维和法治方式？政府官员的权力滥用恰恰是中国法治精神缺失的主要表现，也是中国法治精神形成的最主要威胁。

制度建设毫无疑问是法治精神形成的首要条件。党的十八大以来，中国反腐败的成就是有目共睹的，相应的制度建设努力也应当充分肯定。十八届六中全会专题研究部署全面从严治党问题，审议通过的《关于新形势下党内政治生活的若干准则》和《中国共产党党内监督条例》就是近年来通过制度从严治党的突出例子。十八届六中全会后，中央很快出台重大政治改革措施，启动监察制度改革，设立监察委员会，北京、山西、浙江作为先行试点改革的省份。这次改革的目标是实现组织和制度创新，整合反腐败力量，扩大监察范围，丰富监察手段，实现对行使公权力的公职人员监察全面覆盖，建立集中统一、权威高效的监察体系，履行反腐败职责。这次改革的效果如何，需要时间来验证。

官员群体的法治思维需要有计划地培育。法治精神首先要灌输到领导干部脑子里，法治启蒙首先要从领导干部着手。

中国特色社会主义法治理论应当作为领导干部必修课程。笔者做了一项调研。党的十八届四中全会《法治决定》出台至今已经过去两年多

---

① 参见钱弘道：《领导干部选拔任用制度亟需改革》，载《中国法治实践学派》编委会内部阅读资料《法治参考》，2014 年 12 月 29 日。

时间，有多少领导干部认真阅读过《法治决定》？答案是令人吃惊的。某县级市科级以上领导干部不到 2% 通读过《法治决定》。某县级法院不到 3% 通读过《法治决定》，某中级法院也是不到 3% 司法干警阅读过《法治决定》。上述调研数据仅是部分抽样调查的结果，且样本还是法治与经济发达地区的省份。那么，按照上述调研数据，全国党政干部、司法干警认真阅读《法治决定》的比例就可以得到一个大概的推断：全国大部分官员、司法干警不读《法治决定》。《法治决定》是中央最重要的文件之一。它规定："坚持把领导干部带头学法、模范守法作为树立法治意识的关键，完善国家工作人员学法用法制度，把宪法法律列入党委（党组）中心组学习内容，列为党校、行政学院、干部学院、社会主义学院必修课。"党员干部连《法治决定》都不阅读，怎样领会中央全面推进依法治国的精神？法治精神的培育无异于是奢谈。

领导干部需要法治启蒙，而且要作为重点工作有计划地展开。从中央到地方，各级党员干部要用中国特色社会主义法治理论武装头脑，提升在法治实践中运用法治思维和法治方式的能力，在实践中自觉运用法治理论。法治理论教育必须抓住立法、执法、司法机关各级领导班子，这是关键。完全有必要建立领导干部学习法治理论的常规性制度，使中国特色社会主义法治理论成为必修课程，对领导干部法治理论水平进行系统培训，通过科学有效方式考核领导干部掌握、运用法治理论的能力和水平，有计划、有步骤地落实中国特色社会主义法治理论进头脑工程。

领导干部要用中国特色社会主义法治理论武装头脑是具体的，不是抽象的。领导干部要在法治实践的各个环节贯彻中国特色社会主义法治理论，重点在于落实党的十八届三中、四中、五中、六中全会提出的一系列法治建设的重大任务。在党的执政活动中，在立法、执法和司法各个法治环节，将贯彻中国特色社会主义法治理论作为一项基本要求。每项重大任务的实施必须以中国特色社会主义法治理论为逻辑主线，充分论证每项重大任务的理论基础，制定具体的实施方案。各级领导干部要自觉运用中国特色社会主义法治理论。通过实践来检验理论，组织力量，及时总结各种实践经验，发展完善理论。

各地要真正落实将法治成效纳入领导干部考核体系。法治考核运用得好，会对法治思维和法治精神的培育产生倒逼效应。要把法治成效考核作为培育法治精神的重大风向标，成为培育领导干部法治精神的指挥棒。据笔者调研，许多地方并没有对法治成效考核作出认真安排。

建立科学的法治建设指标体系和评估机制，通过指标体系引领法治建设具体工作，通过法治评估培育法治自觉，这是一条培育法治精神的途径。中国的法治评估已有多年实践，它"既受国际法治评估研究的影响，也是中国法治建设发展的逻辑延伸。"[1] 以笔者主持的余杭法治评估实验为例。余杭法治评估从 2006 年启动课题研究开始至今已有近十年时间。每年我们对余杭法治指数进行测定，分析数据，撰写《余杭法治指数报告》，对余杭区委区政府提出法治整改建议。余杭区委区政府会根据建议对各部门限期整改。因此余杭法治评估活动实际上是通过将法治指数作为引擎的系统工程，对法治建设的推进和领导干部法治精神的培育产生了积极效果。

笔者认为，要建立法治评估责任制，将所有领导干部的法治水平纳入干部考核机制，将法治评估结果和责任人挂钩。用法治成效考核政绩，要适用到各级领导干部，要将"一把手"作为考核重点，切实执行

---

① 钱弘道等：《法治评估及其中国应用》，载《中国社会科学》2012 年第 4 期。

党的十八届四中全会《法治决定》的规定："党政主要负责人要履行推进法治建设第一责任人职责。"干部法治水平的考核应当包括法治方式、法治能力、法治精神等法治素养指标，并且作为干部升迁奖惩的主要依据，要在选人用人的实践中认真贯彻落实《法治决定》的要求："在相同条件下，优先提拔使用法治素养好、依法办事能力强的干部"。

法治评估机制是否科学直接影响着评估效果。传统政绩考核方式弊端很多，形式主义严重，浪费资源。余杭法治指数、浙江湖州市吴兴区人民法院司法透明指数、浙江河北"阳光司法指数"等都已开始运用第三方评估机制。第三方评估机制的最大优点是能发挥法治评估的监督功能。法治评估的第三方评估机制实质上是民间组织和社会公众有序的民主参与机制，这种机制能够产生倒逼效应，迫使领导干部高度重视自身的法治素养和当地的法治成效，由此形成培育领导干部法治精神的良好氛围。①

四、路线论：人民高度参与

中国法治精神形成的条件还表现为人民群众能否真正参与。公民法治精神培育的最佳方式是参与。人民群众在参与中得到法治启蒙。每个公民只有在参与中才能真正体会主体意识，才能真正受到权利精神的熏陶。没有参与，权利缺少行使主体，就只能躺在宪法和法律的文本上，就只能附着在口号和文件中。只有激活宪法，让宪法得到真正贯彻实施，让人民群众拥有各种参与机会，才可能培育出法治中国必须具备的

---

① 钱弘道、王朝霞：《论法治评估的转型》，载《中国社会科学》2015 年第 5 期。

法治精神。

法治水平由人民群众来评判。多年来，我们开展了法治指数、司法透明指数、电子政府发展指数等法治实验。在每项实验中，我们都设计了人民群众的参与机制。实验过程和结果表明，人民群众参与到具体法治活动中，是最佳的法治精神培育模式。例如在法治指数中，我们每年对杭州市余杭区的各个乡镇街道进行民调，让人民群众直接评价余杭区的法治水平。每次民调的被访对象多达 1000—2000 人。这种方式比以往的普法宣传更有效。普法宣传是单方的灌输，人民群众是被动的。让人民群众给法治水平投票，一定程度上他们是主动的，与立法、执法、司法机关是互动的，是能产生互动效果的。再如在浙江湖州吴兴区法院司法透明指数的实验中，我们让律师、当事人、人大代表、政协委员以及社区居民等直接参与民调活动。又如，在杭州市电子政府发展指数中，我们设计了基础设施、人力资本、在线服务三个维度，其中在线服务这个维度直接评估政府与民众的互动水平，人民群众是否能够通过网站得到政府的高效服务，能否通过网站监督政府，能否通过网站参与培育民主和法治的精神。实验表明，通过参与，让人民群众评判法治水平，是一种行之有效的法治精神培育机制。

人民群众应当更深入地参与基层民主与法治。充分保证村民自治，让村民直接行使民主权利，直接参与民主选举、民主决策、民主管理、民主监督，是中国特色民主的一种表现方式，也是一种培育法治精神的最有效的途径。尽管我们已经有许多成功的经验，但实践中还存在种种问题。最大的问题是，村民还没有充分行使自己的民主权利，没有成为基层法治的主体力量。村民无法参与到许多应该参与的村务活动中，民主选举、民主决策、民主管理、民主监督这四个"民主"局限性极大。

我们对此也做了大量调研。调研发现，村支部书记是上级安排的，许多地方村支部书记长期不变，村委会主任完全听命于支部书记，村一级组织几乎成为低于乡镇的下一级政府，村民自治失去了实质性意义。有的地方，党支部书记和村委会主任同流合污，沆瀣一气，成为利益共同体，瓜分集体利益，将道路、水库、光缆等所有项目分包给亲戚或朋友，"苍蝇"成群，腐败严重。有的村，一旦事发，整个班子成员被判刑，基层班子完全瘫痪。有的地方，村书记和村委会矛盾激化，热衷于权力斗争，导致村务工作荒废，村民利益受损。还有些地方，黑恶势力通过各种手段占据党支部书记和村委会主任职位，拉帮结派，为非作歹，村民敢怒不敢言，严重破坏法治。

上述情形在许多地方都有不同程度、不同方式的表现，成为基层法治建设的严重障碍。要解决这些问题，需要人民群众的真正深入参与到民主和法治建设中去。唯有真正的参与，民主和法治精神才有可能在中国社会生根，才能从根本上实现自觉的法治。

人民群众应当成为遏制腐败的依靠力量。中央反腐败的决心是大家肯定的，中央反腐败的行动是大家支持的，中央反腐败的成绩是大家看得到的，但是反腐败要依靠法治，遏制腐败的力量要依靠人民。人民是遏制腐败可以依靠的最强大力量。只有让人民真正成为监督各级政府权力的依靠力量，腐败才有可能从根本意义上得到遏制。

如何让人民成为遏制腐败的依靠力量？权力既然来自人民，那就让人民来监督政府。历朝历代都有反腐败行动，有的朝代反腐败的威慑力巨大，但都没有从根本意义上遏制腐败。明代朱元璋的反腐败近乎恐怖。"朱元璋在历史上曾主持政治整肃四次，时在公元1376和1393年之间，被检举的对象有政府高级官员、高级将领、公费学生、寻常百姓、各处地主，以及家族首长。"反腐败牵涉范围极大。"和主犯曾有来往也是有罪之凭据，一种含糊的道德上之罪名即可置人于死地（专家曾作估计，因这样的检举而丧生的不下十万人）。当案情结束之际，皇帝也以各项罪名将各审判官处死。"[①] 朱元璋的统治如果有成效，依靠的是专制的恐怖力量。而今天中国需要的是走向法治的现代治理体系和治理能力，依赖的应当是民主和法治，依赖的是人民的力量。民主是让人民当家作主，法治是用人民的权利制约人民赋予政府的公权。唯其如此，民主和法治精神才能成为中国社会的主流精神，社会主义核心价值观才能得到真正体现。

中国有各种监督机制，党内纪律检查、人大监督、民主监督、行政监督、司法监督、审计监督、社会监督、舆论监督，各种监督都已经成为权力体系的一部分。但各种监督机制尚没有形成科学有效的权力运行制约和监督体系，监督合力和实效并没有得到良好体现。特别是人大监督、民主监督、社会监督、舆论监督这些机制中，人民的监督力量远远没有得到充分发挥，这也正是中国到目前为止，民主和法治建设不尽人意的重要原因。

五、结构论：权力向社会下放

法治的根基在社会。全面推进依法治国，就意味着权力下放，民间社会力量与民间社会活力迸发，社会组织日益成长。民间组织是推进法治启蒙的不可或缺的主体。发展社会组织，充分发挥社会组织在法治精

---

① 黄仁宇：《中国大历史》，上海三联书店 2007 年版。

神培育中的作用是全面推进依法治国的重要环节。中国需要更多的社会组织。社会组织在法治建设中的作用远没有得到发挥。

社会组织是制约公权滥用的重要力量。我们讲法治社会建设，就必须讲社会组织的作用。离开社会组织，法治社会建设就变成空洞的说辞。社会组织是相对于政府、企业而言的，是社会组织政府、企业之外的第三部门。社会组织之所以被称为第三部门，因为社会组织不像政府拥有公权力，也不像企业具有盈利性，社会组织是具有非营利性、非政府性、志愿性、草根性等特征。社会组织在法治社会建设中起着推动法治社会秩序形成、促进法治社会良性运行的作用。党的十八届三中全会《改革决定》规定："发挥人民团体和社会组织在法治社会建设中的积极作用。建立健全社会组织参与社会事务、维护公共利益、救助困难群众、帮教特殊人群、预防违法犯罪的机制和制度化渠道。"根据这个规定，社会组织在法治社会建设中的作用就被凸显出来。

社会组织之所以能推动法治精神的形成，就是因为它具有独立性、非政府性、非营利性等特征。因为独立性，所以社会组织不依附于政府，所以可以成为监督制约公权的力量；因为非政府性，所以可以承担政府权力清单之外的工作；因为非营利性，所以社会组织追求的社会利益。法治精神与社会组织的上述特点是天然契合的。一方面，社会组织作为私人的自我组织，功能也日益扩张，在现代社会经常承担部分公共事务的管理，从而对国家权力形成了挤压；另一方面，社会组织的发展重新整合了个人力量，虽此种社会组织不具有强制性权力，但组织起来的个人就会形成制衡权力的一股力量，特别是舆论和道德上的力量，这就会逐步形成约束公权力、制衡公权恶性扩张的法治精神。

社会组织是凝聚法治共识的重要平台。社会组织还将成为中国公共领域最重要的具体化载体，从而进一步成为中国公共舆论产生的重要平台。哈贝马斯从制度范畴解释了公共领域与私人领域的分离形式，他指出，公共领域具体有两层意义：它既是公共权力运行的领域，也是私人聚集的场所，社会组织就是一种典型的私人的聚合，同时中国的社会组织也无往而不处于中国国家公权运行的影响之下，因而，社会组织是很典型的公共领域。哈贝马斯进一步指出，当公共权力作用于公共领域时，就会产生一个批判性的空间，公众就是其中的批评主体，而社会舆论就是主要工具。一方面国家权力话语必然试图干涉和规训公共领域，另一方面市民社会也必然会对公共权力话语作出自己的评论，从而形成对权力话语的抵抗和均衡。这里就形成了两个共识凝聚的关系：一方面，在国家和社会之间，两种话语体系互相冲突和调和，通过国家社会的"交往"，最终形成社会外部共识；另一方面，公民社会内部针对国家权力，也会不断地产生竞争性的观念和评价，这些观念同样会冲突和调和，也会形成市民社会内部的融贯的话语体系。社会组织在这个过程中都会发生重要作用，它一方面是公民与国家话语进行交流和批判的平台，可以借以形成国家社会都可以接受的总体性法治观念；另一方面公民们通过不同的社会组织结合起来，使得各种观点均可以形成有效的表达力量，通过代表不同群体的不同社会组织间的竞争、交流、沟通，最终形成社会内部的法治精神。

社会组织不仅在解构性和竞争性的角度，倒逼国家社会法治精神的型塑，在建设性、保护性的视角，社会组织同样发挥着无比重要的作用。社会组织是一种有序化的公民组织形式，通过组织内部的理性化交往、沟通，可以形成更为理想、合理的观点。成熟的社会组织将成为舆论的稳定器，法治秩序的发展前提是秩序的稳定性，这就需要社会存在一些基本的共识，而社会组织就是各种小共识的体现。如果社会长期不能形成共识，人民处于一盘散沙的原子化状态，政府的无限权威就成为必须，国家成了社会利益的最高决定者，公民成了被保护者，这就会使得社会分裂，良性的法治精神也无法形成。另外，社会组织也是市民社会健康多元化的有效保障，从而保护了良性法治精神型构的环境。市民社会必定是多元化的，社会内部各利益群体间的竞争不可避免，如果失去作为组织手段的社会组织，个人的竞争就会无序化、极端化，历史上各种革命最后向暴政的蜕变就是证明，而社会群体为公民间的博弈提供了结构性的保护和支持，可以防止社会博弈中的过度非对称均衡，避免某群体受到过度的歧视或压制；社会组织的各种组织规则，也成为国家法之外的民间法，受到公民更多的主动认同，从而在国家法之外为社会博弈提供了一个更为灵活和柔性的制度保护。社会组织在结构和制度两方面，缓解了社会内部冲突、社会与国家冲突，凝聚了社会共识，从而为法治精神的发展提供了思想上的根基。

大力发展社会组织，完善法治精神自我塑造渠道，是今后应该高度重视、认真落实的任务。中国当前的社会组织无论数量和质量都无法满足法治社会建设和法治精神培育的需求。社会组织在中国法治精神型构中的重要性尚未被充分认知，应当从以下几个方面入手，大力发展社会组织，促进中国特色社会主义法治精神良性发展：

其一，鼓励社会组织参与立法，培养公民参与精神。社会组织参与立法，可以有效提高立法的公平性与科学性。社会组织具有公益性、非营利性等独特优势，通过社会组织对民众进行组织，有效地提炼和代表民众利益，有序地参与各级立法，可以推动立法民主化，有效地遏制立法的部门利益化。积极研究社会组织参加立法听证、论证、质询的办法，全面征求社会组织对立法的意见、建议；甚至可以尝试委托有资质、有能力的社会组织作为第三方，提出法律草案，以淡化立法中的政府色彩，加强立法对人民利益的代表。充分发挥社会组织的调查研究优势，鼓励社会组织协助进行立法调研，以掌握社会新情势，揭示立法中存在的主要问题，为立法提供有效依据；鼓励高校等学术团体以智库形式参与立法，理论和实践相结合，以学术资源支援立法实践。在这一过程中，公民得以有组织地参与我国立法事业，从而培育了公民的法治参与精神。

其二，鼓励社会组织协助普法，强化公民守法意识。公民的守法意识是社会法治文化的重要内容之一。社会组织是公民的自我组织，对公民在心理上具有高度的亲和力和接受度。可以积极鼓励引导社会组织，参与全民普法工作，发挥社会组织灵活迅速、贴近一线的优势。一方面，要将社会组织视为政府普法的重要补充，由于政府部门官僚科层制的特征，难免会在时效性、亲和力上存在欠缺，影响普法效果；而各级政府工作繁多，无法兼顾，对普法重视不足，也会使得普法工作大打折扣。社会组织多层级、多区域的网状结构，可以有效地针对本区域居民情况，结合组织自身的结构、目标、成员特征，参与普法工作。要充分发挥社会组织普法渠道的优势，大力加强城乡社区、基层社会组织在普法工作中的任务比重，可以采取各种措施，支持各基层社会组织建立发展普法志愿者队伍，开展基层群众喜闻乐见的活动，进行本区域针对性的普法。这一过程中，必将有效地强化公民的守法意识。

其三，鼓励社会组织协助执法，加强公民权利义务观念。社会组织参与协助执法，可以有效地提高法律实效。当前，我国还存在着一定的"有法不依、执法不严、违法不究"现象，选择性执法现象时有出现，执法程序缺乏规范性，透明度不够，从而影响了法律执行效果。社会组织参与协助执法主要有三种方式，其一是发挥协调沟通作用，通过社会组织，有效地组织和引导人民，有序有效地进行利益表达，维护自身权利，从而提升公民权利意识；其二是发挥社会组织的自身能力，协助配合国家各部门的工作，例如，相关的社会组织可以协助公安机关的调查取证工作、协助国家机关的通知传达工作等，通过公民参与，可以加强公民主动服务于法治建设的义务观念；其三是发挥社会组织的监督功能，社会组织可以作为主体，对国家各部门的行政、司法等行为进行监督，申请各项信息公开，对各种国家权力活动的公平性进行质疑和批评，甚至可以自行发起公益诉讼，通过这些行为，从而培育了公民的监督意识。

其四，鼓励社会组织提供法律服务，提升公民的法治认同感和法治有效性。将法律服务作为一种社会福利，积极鼓励社会组织向公民提供各种法律服务。首先，从向下的角度，社会组织可以作为法律公共服务进入基层的中转平台，以基层社会组织为平台，组织整合各种法律资源，直接向需要法律服务的公民提供帮助，特别是向弱势群体倾斜，以维护社会公平正义；其次，从向上的角度，社会组织应当提升自身专业性，从而向政府提供法律公共服务。政府应当积极简政放权，在各种专业领域，向社会组织购买法律公共服务，使法律服务专业化、市场化。例如，各种法律实效的调研和研究、法律政策实施效果的统计，都可以交由专业社会组织操作；政府内部的各种评估、考核，也可以交由第三方社会组织，以提升评估的中立性、客观性、有效性。

六、方法论：法治纳入国民教育

黑格尔重视教化（Bildung）的作用，他认为，作为个体存在的人，要向着更高的精神普遍性存在提升，这种提升过程就是教化，即自然存在的异化。[①] 社会学学者将教育视为一种人的社会化的过程，所以国民教育是法治启蒙的核心方法。法治教育应体现在从中小学到大学的整个国民教育中，以启蒙教育逐步深入系统地培育起国民的法治精神。中共中央十八届四中全会《法治决定》规定："把法治教育纳入国民教育体系，从青少年抓起，在中小学设立法治知识课程。"这一规定要求明确，但任务艰巨。

张文显教授认为："厉行法治需以法治精神的启蒙教育为先导。"[②] 张文显教授这里所说的"启蒙教育"的对象是全体人民，但青少年的法治启蒙教育更显得迫切。这不仅因为我国青少年法治观念淡薄，由此引发违法犯罪现象呈现持续高发态势，还因为青少年群体是影响我国法治建设事业成功与否的命脉。在中小学开展法治启蒙教育是做好法治精神培育与弘扬工作的关键环节与时期，党的十八届四中全会明确提出法治教育要"从青少年抓起"。西方许多国家都十分注重法治启蒙教育。例如美国，专门出台了《1978年法治教育法案》，成立了法治教育协会，编制了专门系统的法治教育教程，并通过多元互补的法治教育方式强化培育中小学生的法治精神，值得借鉴。

---

① 黄小洲：《黑格尔教化思想的方法论特征》，载《广西师范大学学报》（哲学社会科学版）2013年第7期。

② 张文显：《厉行法治需以法治精神的启蒙教育为先导》，载《法学》1989年第4期。

我们以往的中小学教育过于重视应试教育，虽然多年来也强调素质教育，但并没有改变应试教育的状况，中小学生读书考试极为辛苦，在一定程度上沦为考试机器。而素质教育首先应该让每个学生懂得自己的权利，但很多学生连权利都不知道为何物，这是我们当下教育体制的悲哀。在中小学开展法治启蒙教育，让中小学生从小培养独立的人格，懂得保护自己的权利和承担相应的义务，也懂得尊重他人的权利，这是法治精神最基本的培育。笔者尝试开展法治启蒙的实验性研究。2015 年，笔者与浙江省金华市浦江县黄宅中学开展法治启蒙的合作实验。中学生非常欢迎深入浅出的法治启蒙课。他们已经具备了接受初步法治启蒙的知识基础，12—19 岁是进行法治启蒙的最佳年龄段。实验结果表明，中国可以尝试广泛开展法治启蒙教育实验，但最大的困难是法治启蒙教育的师资力量不足。

法治启蒙教育已变得十分迫切。虽然我国法律知识教育已经历了 1979—1990 年的启动阶段、1990—2000 年的推进阶段、2001—2010 年的拓展阶段、2010 年至今的深化阶段，① 但仍然停留于一般法律知识的介绍，法治教育作为专门的一项重点工作推进存在着诸多困难。目前没有在学科设置、课程标准、课时保障、师资力量、考核体系方面明确法治教育的独立性、系统性和主体性；对法治教育指导实施的方式比较单一零碎，还没有形成一个包含法治教育理论研究、法治教育试点示范、法治教育经验总结、法治教育方法创新、法治教育考核体系确立等重要工作在内的系统领导实施体系。② 在法治中国建设的艰巨任务之下，提

① 王敬波：《号脉青少年法治教育》，载《中国德育》2014 年第 22 期。
② 夏丹波：《中小学独立开设法治教育课构想》，载《人民论坛》2015 年第 3 期。

升法治启蒙教育质量变得十分迫切。法治启蒙教育开展应是全方位、多链条、重实效。首先，通过编制法治启蒙教育中长期规划，编写适合不同年龄段中小学生的法治教育专门教程，切实将法治教育纳入中小学整个知识教育体系中；其次，吸取传统思想政治教育的失败教训，借鉴率先开展法治启蒙教育的经验，设置灵活而生动的法治教育方式，使法律成为中小学生自觉自愿学习的重要知识；再次，通过对教师、家长与社区工作人员的法治教育，发挥成年社会主体在中小学法治教育中的引领作用，将法治精神潜移默化地植入中小学生的价值观中。

作为国家未来发展的中坚力量，大学生应是专业素养与法治精神兼备的群体。然而，高等院校在校生的法治素养令人堪忧。高校法治教育明显存在"短板"。自 20 世纪 80 年代以来，高校就开始针对非法学专业在校生开设《法律基础》这门公共必修课程，对大学生进行普法教育[①]。从这一实践现况而言，高校法律教育早已存在。但是，为何实践中出现了大学生法治素养令人堪忧的状况呢？

第一，课程合并带来高校法治教育的实质空位。2006 年，中宣部与教育部根据中共中央国务院 16 号文件精神将"思想道德修养"与"法律基础"两门课程合并成了"思想道德修养与法律基础"一门课程。从 2006 年至今，"思想道德修养与法律基础"中只有两章法治教育相关内容，由于这两章法治内容被置于教程后面，在有限课时的安排下，法治教育课时常常被思想道德修养内容挤压替代，连计划中的六课时都难以保障。由此反映出当前高校法治教育定位不准的问题，基于法治教育与

---

① 姚建宗：《当代中国的社会法治教育反思》，载《大庆师范学院学报》2011 年第 4 期。

道德教育之间存在关联性的简单考虑，将两者合而为一，使法治教育置于道德教育的从属地位，实践操作上又进一步消弭了这种从属地位，直接带来了法治教育空位后果。尤其是在社会急速信息化的背景下，高校法治教育空位的危害被无限放大出来。①

第二，高校法治教育模式单一，法治精神培育效果差。即便在能够保证六课时法治教育的高校，在短暂的授课时间以及大班教学的情况下，教师根本无法把法治精神讲深讲透，更没有时间与办法带领学生深入实践切实体验与感受，致使高校法治教育没有起到应有的法治精神培育效果，充其量只是粗框架的法治宣传。

第三，教程内容陈旧并与实践严重脱节。"思想道德修养与法律基础"教程因其主干部分——"思想道德修养"内容与时俱进性不强，没有及时修订，但法律基础内容则因我国法律修订与制定需要每年进行修改，因而出现了高校法治教程中法律知识陈旧现象，加之大量的"思想道德修养与法律基础"授课教师来自非法学专业，不知适当更新，从而使学生接受了过时的法治教育。

高校法治教育如何去"短板"？中共中央十八届四中全会提出的"推动中国特色社会主义法治理论进教材进课堂进头脑"发展路径，其实已经设定了高校法治教育的改革方向，即开设专门的法治公共必修课程。作为各个学科的通识课程，法治课程应专门独立设置，不与思想道德修养合并讲授。目前教育部正在研究从教材编写、课程安排、教学评价、教师队伍建设等方面抓紧完善宪法和法治教育的保障机制。未来高校法

---

① 大学生群体思想活跃、求知欲强，而信息海洋瞬息万变、良莠不齐，正确引导学生判断信息，是高校法治教育过程中的重要内容。参见耿兆辉等：《中国高校法治教育的问题与路径选择》，载《河北大学学报》（哲学社会科学版）2014 年第 6 期。

治教育的法治精神培育功能值得期待。根据党的十八大报告提出的"深入开展法制宣传教育，弘扬社会主义法治精神"要求，未来高校法治教育教程不仅要有具体法律条文的分析与运用，也要重视法治精神的论述与培育，着重从强调宪法精神、权利保障、权力制约、法治责任等方面培养大学生的法治精神。在法治教程具体内容安排上，根据十八大报告规定的"科学立法、严格执法、公正司法、全民守法"方针，具体确定教程内容体系，引导大学生在立法、执法、司法和守法的各环节，正确认识有关的权利义务关系，依法行使权利，依法履行义务。① 唯有如此，对大学生社会主义法治理念教育才能成功实现。这既是加快打造精英层、中坚、骨干力量的需要，同时也成就了一支通过多种途径、运用不同形式对国民进行社会主义法治理念培育的重要力量。②

目前，中国的法治教育师资力量与法治教育任务相比远远不够。如果将法治教育纳入整个教育体系，必然要配备大量且专业的教育教师人才。而且，我们同样需要注意的是，师资队伍自身的法治水平也急待提高。无论是学前教育和小学教育中的虐待和体罚事件，还是学术不端和师德败坏行为也都是法治教育环节所存在的问题。

一方面，我们可以通过对教育系统原有师资进行法治培训，有选择性地使一批非法学专业教师逐步具备法治教育资质，解决短缺专门法治教育教师的眼前困难。从高校法治教育层面来看，雄厚的师资力量能够推动高校法治教育的进程，拥有法学专业背景的专职教师能在充分认知

---

① 陈大文、王一冰：《全面推进依法治国背景下大学生法治教育新任务探讨》，载《思想理论教育》2015 年第 2 期。

② 莫良元：《高校法治教育实践过程中存在的问题与对策》，载《中国大学教学》2013 年第 12 期。

大学生心理特点的基础上采用灵活多变的教学方式、言传身教的法治理念、丰富多样的社会实践进行教育。① 但当前大多从事法治教育的教师来自马克思主义与思想政治教育专业，不具备法治教育的专业能力，但在短时间内配齐专业法治教育教师有难度的情况下，就可以通过让非法学专业教师接受各种形式的法治培训，增强其法治教育能力，以此解决师资短缺问题。

另一方面，我们可以通过拥有法学院的高等院校特别加强培育不同层次的法治教育人才，并尽快输送到法治教育一线从事教学工作。美国的法治教育课程一般由受过正规法学教育的教师担任，教师具备较为健全的法律知识和实践体系。这就保证了法治教育有一支专业化、学术化、高质量的师资队伍。② 未来无论是中小学还是高等院校，都需要大量具备法学专业背景的师资人才，这些专门人才具备良好的执行力，能够很好地完成法治教育工作，实现法治精神培育与弘扬的目标。良好的执行力在法治教育中指的是教育者自身首先要有很强的服务意识和积极的工作态度，其次要有使被教育者自愿接受的教育内容的编排能力。③ 这就要求法学院提高自身法学专业教育质量，确保输送出的法治教育人才具备法治教育上的高素质与高能力。无论哪种法治教育师资力量的增强途径都需要财政资金等外部条件的支持。这决定了法治教育是一项系统工程，不能一蹴而就，在保障充足财政资金供给的基础上，加强法治

---

① 攀红霞、张万红：《我国高校法治教育的问题与路径》，载《煤炭高等教育》2015 年第 2 期。

② 谢佑平、王永杰：《多元视野下的美国青少年法治教育：途径、策略及启示》，载《青少年犯罪问题》2007 年第 3 期。

③ 宋世勇、肖周录：《香港地区廉政法治教育的基本内涵及经验》，载《中共中央党校学报》2010 年第 3 期。

教育师资力量培育的组织建设，创设良好法治教育的外部环境，① 才可能培育出合乎要求的法治教育师资力量，并能充分发挥这些师资力量的有效作用。

结　语

中国法治的前途有赖于法治精神在中国土地上真正生根发芽、茁壮成长。法治精神的培育不单纯是政府、学校等个别部门的工作，而是全社会的工作。法治精神是每个人的财富，每个人都是弘扬法治精神的直接责任人。法治精神的型构过程是一场真正意义上的思想启蒙。法治启蒙不是纸上谈兵，而是真正意义上的法治行动。法治启蒙要体现在中国特色社会主义法治理论的建设中，要体现在立法、执法、司法、守法各个环节的具体实践中，要体现在从中小学到大学的整个国民教育体系中，要体现在每个人和社会组织的积极努力和奉献中。当权利真正得到珍视和保护，当法治精神真正主导社会，当一切服从法律变成自觉，中国才可以说真正迈进了一个法治的国度。中国法治实践学派的特点就是行动，就是要做法治精神的传播者，做法治启蒙运动的推动者。中国法治实践学派正是适应法治启蒙的需要而产生的，法治启蒙需要中国法治实践学派。中国法治实践学派走进实践传播法治精神，在理论创新中传播法治精神，在捍卫权利中传播法治精神。

---

① 　吴巧慧：《抓住青少年法治教育两大路径》，载《中国德育》2014 年第 22 期。

| 后 记 ----------------------------------

　　本文原载公丕祥教授主编《法治现代化研究》创刊号，2017 年 1 月正式出版，也是中国法学会主办的"中国法学家论坛"的征文稿，经过修改而成。博士生杜维超、博士后方桂荣分别参与最后两部分写作讨论。博士后冯烨、章彦英、方桂荣、王朝霞、康兰平、肖建飞以及博士生崔鹤、张洁参与定稿校改。

责任编辑：张伟珍

装帧设计：周方亚

责任校对：张红霞

图书在版编目（CIP）数据

中国法治实践学派的基本精神／钱弘道 著 . — 北京：人民出版社，2017.8

（中国法治实践学派书系／钱弘道主编）

ISBN 978 - 7 - 01 - 017057 - 2

I. ①中⋯　II. ①钱⋯　III. ①法制 - 研究 - 中国　IV. ① D920.0

中国版本图书馆 CIP 数据核字（2016）第 309455 号

中国法治实践学派的基本精神

ZHONGGUO FAZHI SHIJIAN XUEPAI DE JIBEN JINGSHEN

钱弘道 著

人民出版社 出版发行

（100706　北京市东城区隆福寺街 99 号）

北京新华印刷有限公司印刷　新华书店经销

2017 年 8 月第 1 版　2017 年 8 月北京第 1 次印刷

开本：710 毫米 ×1000 毫米 1/16　印张：20.25

字数：280 千字

ISBN 978 - 7 - 01 - 017057 - 2　定价：62.00 元

邮购地址 100706　北京市东城区隆福寺街 99 号

人民东方图书销售中心　电话：（010）65250042　65289539